A PROVA

Raymond A. Moody e Paul Perry

DA VIDA

ALÉM

7 razões para acreditar
na vida após a morte

DA VIDA

Tradução
Vinícius Rizzato

Copyright © Raymond A. Moody e Paul Perry, 2023
Publicado em acordo com a editora original, Atria Books,
uma Divisão da Simon & Schuster, Inc.
Copyright © Editora Planeta do Brasil, 2025
Copyright da tradução © Vinícius Rizzato, 2025
Todos os direitos reservados.
Título original: *Proof of Life after Life: 7 Reasons to Believe there is an Afterlife*

Preparação: Diego Franco Gonçales
Revisão: Andréa Bruno e Fernanda Guerriero Antunes
Projeto gráfico e diagramação: Renata Zucchini
Capa: Elmo Rosa

Dados Internacionais de Catalogação na Publicação (CIP)
Angélica Ilacqua CRB-8/7057

Moody, Raymond A.
  A prova da vida além da vida / Raymond A. Moody, Paul Perry ; tradução de Vinícius Rizzato. -- São Paulo : Planeta do Brasil, 2025.
  240 p.

  ISBN 978-85-422-3167-0
  Título original: Proof of Life after Life

  1. Experiências de quase-morte 2. Espiritualidade 3. Filosofia I. Título II. Perry, Paul III. Rizzato, Vinícius

  25-0096   CDD 133.901

Índice para catálogo sistemático:
1. Experiências de quase-morte

Ao escolher este livro, você está apoiando
o manejo responsável das florestas do mundo

Acreditamos nos livros

Este livro foi composto em Source Serif Pro e Bilo
e impresso pela Lis Gráfica para a
Editora Planeta do Brasil em janeiro de 2025.

2025
Todos os direitos desta edição reservados à
Editora Planeta do Brasil Ltda.
Rua Bela Cintra, 986, 4o andar – Consolação
São Paulo – SP – 01415-002
www.planetadelivros.com.br
faleconosco@editoraplaneta.com.br

*Dedicado com amor à minha esposa, Cheryl,
e aos filhos em nossas vidas, Carter, Carol,
Avery, Samuel e Ray Junior.*
— Raymond A. Moody, médico e doutor

*Para minha esposa, Darlene,
e nossos filhos e netos, que são tudo para nós.*
— Paul Perry

Sumário

Apresentação, por Eben Alexander 7
Prefácio: O elenco de provas, por Paul Perry 11
Introdução: Para além das experiências de quase-morte 15

1: Experiências de morte compartilhada (EMC) 29
2: Motivo 1: Experiências extracorpóreas (EE) 45
3: Motivo 2: Experiências precognitivas (EP) 71
4: Motivo 3: A luz transformadora 91
5: Motivo 4: Lucidez terminal (LT) 111
6: Motivo 5: Musas, curas e habilidades espontâneas 135
7: Motivo 6: Luz, névoa e música 155
8: Motivo 7: O psicomanteum 177

Conclusão 203
Agradecimentos 209
Questões para discussão 213
Como construir o próprio psicomanteum? 219
Notas 221
Sobre os autores 239

Apresentação

A humanidade ganhou um presente extraordinário quando, em 1975, o dr. Raymond Moody publicou o impactante livro *A vida depois da vida*. Professor de filosofia fascinado pelos gregos antigos, ele buscou inspiração em mentes brilhantes, tal qual Platão, que documentou diversos relatos que davam a entender que a vida após a morte existia.

O professor Moody foi levado a publicar sua pesquisa após conhecer uma série de histórias memoráveis de mais de cem pacientes que compartilharam suas experiências de quase-morte, permitindo assim um vislumbre intrigante da realidade atual da vida após a morte, antes proposta pelos antigos filósofos gregos. Ainda assim, ele notou que aqueles relatos de moribundos eram por sua natureza subjetivos, e que o mundo racional exigia um elenco de evidências quantificáveis e concretas capazes de confirmar tais relatos.

Apesar de, nas décadas seguintes, ele ter escrito inúmeros livros muito relevantes sobre a vida após a morte, este que você está segurando é sua primeira tentativa de consolidar as várias linhas de evidências que se sobrepõem no suporte à realidade da vida após a morte.

Milhões de pessoas em todo o mundo estão cientes das contribuições do dr. Moody, tornado pai deste campo ao cunhar, em 1975, a expressão *experiências de quase-morte* (EQM), mas poucas conhecem seu memorável livro *Glimpses of Eternity* [Lampejos da eternidade], publicado em 2010. Essa obra foi inteiramente dedicada às *experiências de morte compartilhada* (EMC), que consistem em sua maioria dos mesmos extraordinários ingredientes das EQM, só que acontecem com pessoas normais e saudáveis, estejam elas ao lado de uma pessoa que está morrendo ou distantes.

Neste livro, ele amplia bastante o conceito de EMC e mostra uma infinidade de maneiras pelas quais elas oferecem provas concretas de que existe consciência para além dos confins do cérebro e do corpo, e confirma nossas noções de alma e a possibilidade de relacionamentos amorosos existirem mesmo depois da morte do corpo físico.

Essa ampliação incorpora aos estudos sobre a vida após a morte importantes novas áreas de atuação, como evidências mais atuais de experiências extracorpóreas e experiências precognitivas envolvendo episódios espirituais (incluindo alguns muito pessoais para o dr. Moody, sua família e amigos). Além disso, ele discute a lucidez terminal (ou paradoxal), um breve episódio de volta à vida – com capacidades cognitivas, emocionais e comunicativas totalmente restauradas – de pessoas sobre quem se acreditava estarem com lesões cerebrais irreversíveis e incapazes de tal lucidez; apesar disso, casos assim não são incomuns.

O autor analisa casos específicos do poder transformativo da luz, bem como curas inexplicáveis e novas habilidades adquiridas após experiências de quase-morte. São particularmente fascinantes os detalhes que ele partilha sobre o psicomanteum: proveniente da Grécia antiga, trata-se de uma técnica de observação de espelhos que ele descobriu ser bastante efetiva para abrir canais de comunicação com entes queridos que já partiram.

No mais, estas páginas oferecem um rico compêndio de relatos de casos e também uma vasta análise que permite ao dr. Moody apresentar um trabalho que resume bem sua carreira, apoiando e materializando de maneira inabalável a promessa feita em sua obra de 1975, *A vida depois da vida*. Este livro oferece, de fato, provas concretas de vida após a vida! Boa leitura!

> — **Eben Alexander**, médico, ex-neurocirurgião de Harvard
> e autor de *Proof of Heaven* [Uma prova do céu],
> *The Map of Heaven* [Um mapa do céu] e *Living in a Mindful
> Universe* [Vivendo em um universo consciente]

Prefácio

O elenco de provas

Corria o ano de 1987 quando Nat Sobel, meu agente literário, perguntou se eu gostaria de ser coautor de um livro com o dr. Raymond Moody. Aquilo revelou um problema para mim. Apesar de ser o editor-executivo da revista *American Health*, publicação sobre saúde de bastante sucesso, eu não tinha ideia de quem era Raymond Moody, muito menos o que era uma experiência de quase-morte (EQM).

Meu agente ficou chocado quando ouviu aquilo.

— Você não ouviu falar de *A vida depois da vida*? — ele perguntou. — Você não assiste à Oprah?

Já tínhamos quase terminado de comer quando minha falta de conhecimento sobre o dr. Moody e seu campo de estudo fez um silêncio sepulcral recair sobre a mesa. Bem, eu me senti um ignorante.

Nat então mudou de assunto e eu pensei que a conversa sobre o livro ainda não escrito do dr. Moody tinha evaporado. Mas não tinha. Assim que terminou seu hambúrguer, Nat tirou um papel do bolso de sua jaqueta e o jogou na mesa.

— Aqui está o número de Moody, ligue pra ele — falou. — Você precisa conhecer esse cara e o que ele fala. Vai aprender muita coisa.

Eu liguei para o dr. Moody naquela mesma noite e tive a impressão de ele ser uma pessoa bastante tranquila e amigável, não o doutor formal que eu esperava conhecer. Ele me disse para chamá-lo de Raymond e, contrariando minhas expectativas, ficou bastante animado quando soube que eu nunca tinha ouvido falar dele e que eu não sabia nada sobre experiências de quase-morte.

— Poderemos começar do zero — ele falou.

Na semana seguinte, peguei um avião para encontrá-lo na Geórgia; ele foi me buscar no aeroporto. Sua casa ficava a mais de uma hora de distância dali, o que acabou nos dando a chance de conversar sobre diversos assuntos: tesouros escondidos, comportamento criminoso (afinal de contas, Raymond é um psiquiatra), política e, claro, experiências de quase-morte. Quando chegamos na sua casa, eu já tinha concordado em ser o coautor do que viria a se tornar o nosso primeiro livro. O tema era algo novo e fascinante para mim, e, enquanto eu escrevia *The Light Beyond* [A luz além], aprendi o que constitui uma EQM: muitos dos que quase morrem saem de seus corpos durante aquele período de tempo e muitos deles veem entes queridos que já faleceram, sendo expostos a uma luz que emana bondade e sabedoria. Fiquei deslumbrado. Decidi ali mesmo que iria me esforçar pessoalmente para escrever uma recheada biblioteca à altura de Raymond e seus conhecimentos no campo de EQM.

Pode-se dizer que, hoje, essa biblioteca já está quase completa. Incluindo este *A prova da vida além da vida*, nós já fomos os coautores de seis livros, fizemos dois filmes e somos os responsáveis por uma coleção de centenas de áudios de entrevistas. Essas gravações são muito especiais, uma vez que combinam o murmúrio do riacho que atravessa a propriedade de Raymond, no interior do Alabama, com o ranger de sua cadeira de balanço; juntos, esses sons criam uma atmosfera hipnótica para suas aulas de improviso. Toda vez que escuto uma dessas gravações, sou levado de volta para o dia daquela entrevista e sou tomado pelo mesmo sentimento de gratidão de quando estive ali.

O que mais me surpreende todas as vezes que ouço essas gravações são as profundas mudanças na crença do próprio Raymond sobre a vida após a morte. Quando começamos a trabalhar juntos, ele não aceitava a ideia de que experiências de quase-morte fossem prova de vida após a morte. O motivo para seu ceticismo era bastante claro: EQM são experiências subjetivas que só quem vivencia pode conceber. Por esse motivo, para apresentar provas de uma crença tão ousada quanto esta – de que a consciência sobrevive à morte do corpo –, o evento em si precisaria ser presenciado por ao menos uma testemunha. E eu não quero dizer observar uma pessoa morrer, mas sim, de algum modo, juntar-se a ela nessa experiência de morte. Esse tipo de testemunho é chamado de experiência de morte compartilhada (EMC). Como você verá neste livro, ele acontece quando uma pessoa viva de alguma maneira se junta aos acontecimentos que envolvem uma pessoa que está morrendo.

Uma EMC pode ocorrer de diversas formas: ver uma névoa deixar o corpo da pessoa que está morrendo é uma delas; comunicar-se fisicamente com ela à distância é outra; e assim por diante.

Raymond e eu começamos a pesquisar a fundo as EMC por volta de 2005, mas já estávamos cientes de sua existência havia mais de uma década – lendo sobre os fenômenos que aconteceram centenas de anos atrás e também ouvindo a respeito dos contemporâneos. Chegamos até a mencioná-los em nosso primeiro livro, incluindo os detalhes de algumas EMC que também estão incluídas neste livro. Então um dia, sentados em nossas cadeiras de balanço, nos ocorreu: as EMC *são provas* de vida após a morte. Aquela compreensão súbita redirecionou nossa pesquisa e passamos a coletar, estudar e organizar as EMC em categorias.

Acreditamos que as informações reunidas nestas páginas provam que a consciência sobrevive à morte física. Indo mais além, Raymond acredita que o conjunto de evidências concretas proporcionadas pelas EMC significa que não é mais necessário provar que exista vida após a morte. Pelo contrário, os descrentes é que precisam provar que ela não existe.

— Esperar que exista vida após a morte é algo bastante racional de se fazer — diz Raymond. — Não consigo pensar em nenhuma maneira de refutar as evidências. Eu tentei, mas não consigo. Então eu digo que sim, acreditar na vida após a morte é racional.

As páginas a seguir contêm o conjunto dessas provas racionais.

— **Paul Perry**

Introdução

Para além das experiências de quase-morte

Ninguém sabe ao certo se a morte é de fato a maior dádiva que os homens podem receber, mas teme-se que ela seja a maior maldição, como se disso houvesse certeza.

— **Platão**

É difícil de imaginar que, por si só, a experiência de quase-morte (EQM) não seja prova definitiva da existência de vida após a morte. Eu não duvido que ela seja real; afinal, eu a nomeei e a expliquei em 1975.[1] Eu, pessoalmente, acredito que as EQM provem em parte a existência de vida após a morte. Escutei muitas pessoas contarem de quando saíram de seus corpos, de quando viram parentes mortos e testemunharam uma luz brilhante e inteligente. Tanto que preciso concordar com William James, um psicólogo e filósofo do século XIX cuja própria EQM o levou a dizer: "Ele vê, mas não consegue explicar a luz que o banha e através da qual ele vê os objetos que provocam sua admiração. Se não conseguimos explicar a luz física, como poderemos explicar a luz que é a verdade em si?... Mas desejas, Senhor, que eu encerre em palavras pobres e entediantes sentimentos que o coração por si só pode entender?".[2]

Ainda assim, quando concluí a minha investigação inicial para *A vida depois da vida*, notei que meu trabalho ainda não respondia a uma dúvida de muitos leitores, aquela que Platão considerou ser a pergunta mais importante do mundo: *o que acontece quando morremos?*

A EQM em si é um acontecimento subjetivo que não é vivenciado por ninguém além da pessoa que passa por ela. Embora muitos considerem as histórias sobre EQM prova suficiente de vida após a morte, é a natureza subjetiva dessa experiência que a impediria de ser apresentada em um tribunal como prova definitiva de vida após a morte. Em outras palavras, é difícil acreditar em uma experiência de quase-morte, e na vida após a morte que ela pressagia, até que você a vivencie.

LIMITES DA EQM

Eu acredito que as EQM sejam evidências reais da existência de uma vida após a morte, mas eu também sei que elas são acontecimentos subjetivos e sem prova concreta, o que faz com que eu e outras pessoas que acreditam nessas evidências falemos com um coração subjetivo, e não um cérebro objetivo.

Durante minhas primeiras pesquisas, eu interpretava meus próprios dados com um propósito claro: estava analisando um fenômeno médico interessante e sentia o dever científico de nomeá-lo e de explicá-lo. Após conversar com muitos entusiastas que tiveram uma EQM, eu sentia em meu coração subjetivo que havia vida após a vida, mas a minha objetividade não ia além da vontade: eu não tinha nenhuma prova concreta que equivalesse ao que eu tinha aprendido na faculdade. E, de qualquer modo, eu não me sinto confortável em dizer no que as pessoas devem ou não acreditar, sobretudo quando se trata de um assunto tão importante. Assim, eu guardei minha opinião para mim mesmo e deixei que os leitores formassem suas próprias opiniões com base nas "evidências" que eu consegui reunir.

Eu examinei todos os casos que tinha compilado e, no verão de 1975, extraí deles catorze características em comum que resumiam o que eu viria a chamar de experiência de quase-morte, ou EQM.

1. **Inexpressabilidade:** Essas experiências são basicamente inexprimíveis, porque não existem palavras em nossa comunidade de idiomas que expressem a existência de consciência durante a morte. Na verdade, muitas pessoas que tiveram uma EQM dizem coisas como "não existem palavras que possam expressar o que eu estou tentando dizer". Isso é um problema, claro, porque se alguém não consegue descrever o que aconteceu, não poderá prover para outras pessoas ou receber delas o conhecimento sobre a EQM pela qual passaram.
2. **Ouvindo a declaração de óbito:** Durante minhas pesquisas, inúmeras pessoas contaram ter ouvido dos médicos ou de outras pessoas o anúncio de suas mortes.
3. **Sentimentos de paz e tranquilidade:** Muitos descreveram sentirem-se bem e terem boas sensações durante suas experiências, mesmo após serem declarados mortos. Um homem com uma lesão grave na cabeça e com sinais vitais negligíveis contou que toda a dor desapareceu e que ele começou a flutuar em um espaço escuro. Ele pensou: *Acho que eu morri.*
4. **Barulho:** Em muitos casos, pessoas relataram estranhas sensações auditivas, como um ruído barulhento ou zunido alto. Alguns acharam esse barulho bastante relaxante; outros, bastante desconfortável.
5. **Um túnel escuro:** Pessoas relataram a sensação de serem puxadas com rapidez através de um espaço escuro, com frequência descrito como um túnel. Por exemplo, um homem que passou por uma EQM devido a queimaduras e lesões decorrentes de uma queda contou que foi em direção a uma "escuridão vazia" onde flutuava e dava cambalhotas.
6. **Extracorpóreo:** Durante essas experiências, geralmente depois da parte do túnel, a maioria das pessoas descrevem a sensação de deixarem seus corpos e de olharem para si próprias desde algum lugar fora de si mesmas. Algumas descreveram esse evento como se fossem "uma terceira pessoa na sala" ou como "estar no palco durante uma peça". As experiências extracorpóreas pelas quais essas pessoas passaram são ricas em detalhes. Muitas descreveram procedimentos e atividades médicas com tamanha riqueza de detalhes que restaram poucas dúvidas para os médicos entrevistados de que os

pacientes – geralmente em coma – tinham mesmo presenciado os eventos que aconteceram durante a EQM.

7. **Encontrando outros:** Depois das experiências extracorpóreas, muitas vezes ocorriam encontros com outros "seres espirituais" que estavam ali nos arredores para facilitar a transição para a morte ou para dizer que ainda não havia chegado a hora de partir.

8. **Um ser de luz:** O elemento em comum mais incrível que encontrei e aquele que causava o maior impacto nos indivíduos era o encontro com uma luz muito brilhante, quase sempre descrita como um "ser de luz". Esse ser apareceu diversas vezes nos relatos: no início como uma luz fraca, mas que logo ficava muito brilhante até atingir um brilho sobrenatural. Descrita muitas vezes como "Jesus", "Deus" ou "anjo" por aqueles com vivência religiosa, a luz se comunicava com a pessoa (às vezes em uma língua que ela nunca tinha ouvido) e perguntava se estava "pronta para morrer" ou o que ela tinha realizado na vida. O ser de luz não fazia essas perguntas de modo crítico; pelo contrário, as fazia de modo socrático, com o objetivo de obter informações que ajudassem o indivíduo a seguir o caminho da verdade e autorrealização.

9. **Análise:** A sondagem feita pelo ser de luz muitas vezes levava a uma análise da vida da pessoa. Esse momento é carregado com uma enorme energia, e a vida inteira da pessoa é mostrada para ela de uma maneira panorâmica e muito intensa. A análise é extraordinariamente rápida e ocorre em ordem cronológica, bastante vívida e real. Por vezes, é descrita como "tridimensional". Outros dizem que é "muito carregada" de emoções e até mesmo formada por múltiplas dimensões, de modo que a pessoa pudesse saber os pensamentos de todos os presentes na análise.

10. **Divisa ou limite:** Em alguns desses casos, a pessoa dizia chegar até uma "divisa" ou "limite" de onde não poderia voltar. Essa divisa era descrita de diversas maneiras: aquosa, uma névoa, uma porta, uma cerca em um campo ou mesmo uma linha ou uma linha imaginária. Num dos casos, a pessoa foi levada até a linha pelo ser de luz, que perguntou se ela queria morrer. Quando a pessoa respondeu que não sabia nada sobre a morte, o ser disse:

— Passe essa linha e você saberá.

Ao passar, ela sentiu o "mais maravilhoso sentimento" de paz e tranquilidade, e todas as suas preocupações desapareceram.

11. **O retorno:** É claro que os indivíduos que eu entrevistei voltaram para suas vidas físicas. Alguns resistiram e queriam permanecer no estado de vida após a morte. Outros disseram que a volta para a vida física se deu pelo túnel. E, quando voltaram, estavam de bom humor e com uma sensação boa que durava por muito tempo. Alguns mudaram tanto – de maneira positiva – que a personalidade que tinham antes da EQM desaparecera. Eram outras pessoas em comparação com seus antigos "eus".

12. **Não contar aos outros:** As pessoas com quem eu conversei eram normais, com personalidades equilibradas e funcionais. Mas, por terem medo de serem tachadas de lunáticas ou com problemas mentais, muitas vezes preferiam ficar em silêncio e não falar sobre suas experiências – ou contar apenas para pessoas muito próximas. Pelo fato de não haver palavras com as quais pudessem expressar aquilo pelo que tinham passado, preferiam guardar para si mesmas de modo a ninguém pensar que fossem instáveis por terem esbarrado contra a morte. Muitas só se sentiram confortáveis o suficiente para compartilhar suas experiências quando ouviram falar da minha pesquisa. Esses indivíduos, que tinham passado por uma experiência de quase-morte e ficado em silêncio por muito tempo, com frequência me agradeciam e diziam coisas como:

— Obrigado por seu trabalho. Agora sei que não sou louco.

13. **Efeitos positivos na vida:** Embora essas pessoas não desejassem relatar suas experiências, os efeitos que elas tiveram nas vidas desses indivíduos foi notável e visível. Muitos me contaram que, graças a essas experiências, suas percepções sobre a vida mudaram e se expandiram. Eles passaram a refletir mais e a serem mais gentis com aqueles ao seu redor. Suas visões fizeram com que tivessem novos objetivos e novos princípios morais – e uma determinação renovada para viver de acordo com eles.

14. Novas percepções sobre a morte: Todos relataram ter novas percepções sobre a morte. Eles não mais a temiam, e muitos deles ainda tinham a sensação de que um substancial crescimento pessoal ainda estava por vir antes de deixarem a vida física. Também passaram a acreditar que não havia um modelo de "recompensa ou punição" na vida após a morte. Pelo contrário, o ser de luz lhes mostrou seus atos "pecaminosos" de maneira bastante explícita e deixou claro que a vida era um aprendizado, não uma plataforma pela qual seriam julgados no futuro.

Descobrir essas características em comum foi a parte mais importante da minha pesquisa e, quando paro para pensar, talvez a coisa mais importante que eu vou fazer na minha vida. Antes, ninguém havia de fato estudado essas experiências, apesar de cada um dos elementos das EQM estar presente ao longo dos registros humanos na história. Estava tudo ali, bem na frente de todos, e mesmo assim ninguém os organizou de uma maneira que o público pudesse acessá-las.

O trabalho que realizei em *A vida depois da vida* abriu as portas para mais pesquisas, médicas e filosóficas, sobre o tema da morte, trazendo informações fundamentais para quem teve uma dessas experiências intrigantes – e que agora podia ficar tranquilo sabendo que não estava sozinho.

Contudo, muitos dos que leram esse livro foram além. Eles acreditavam que eu havia desvendado o segredo e finalmente provado a existência da vida após a morte. Mas decerto não era o caso. Mesmo sendo incríveis, ainda falta uma coisa para essas características em comum: objetividade.

UMA CONCLUSÃO COMPREENSÍVEL

Eu entendo por que as pessoas confundem as EQM com prova de vida após a morte. Ao ler as características que sugeri, preciso reconhecer que elas contêm muitos dos elementos de vida após a morte discutidos em quase todas as religiões. Só que, além desses elementos, surgiram perguntas difíceis sobre a subjetividade das EQM e o quanto elas poderiam provar algo para além do desejo de uma pessoa em seu leito de morte. Eu percebi que, para conectar as EQM e a vida após a morte, precisaria pesquisar mais a fundo, e eu não estava seguro se esse era um caminho que eu estava disposto a seguir.

Para começar, era raro eu me envolver nessas especulações. Desde que iniciei minhas pesquisas, sempre deixei bem claro que as EQM eram subjetivas e que não passavam de provas científicas apenas das observações da própria pessoa que passou pela EQM. Mas também acho justo deixar as pessoas tirarem as próprias conclusões. E, sendo realista, contar sobre alguém que teve a morte clínica decretada, deixou seu corpo, viu parentes falecidos e encontrou um amável ser de luz pode atiçar a mente das pessoas.

SINAIS DE EXPERIÊNCIAS DE MORTE COMPARTILHADAS

Por muito tempo, existiram rumores de que meus professores na Faculdade de Medicina da Geórgia me ostracizaram por escrever um livro tão "esquisito". Isso nunca aconteceu. Pelo contrário, eles me apoiaram – e também à minha obra – com bastante interesse. Toda semana algum professor vinha até mim e perguntava se não podia escutar as fitas das entrevistas daqueles que haviam falado sobre suas experiências de morte. Aqueles curiosos doutores quase sempre ouviam nessas histórias situações que também tinham ocorrido com seus pacientes – ou com eles mesmos –, a maioria se encaixando nos moldes presentes no meu livro.

Também descobri com meus colegas que, entre as histórias contadas por seus pacientes, estavam aquelas que não se encaixavam na definição padrão de EQM. Aliás, que não se encaixavam em nada com que eu estivesse familiarizado. Os episódios narrados por eles eram parecidos com uma EQM, mas não tinham acontecido com pessoas doentes ou moribundas, e sim com quem as acompanhava. Por exemplo, alguns desses pacientes relataram a aparição de familiares já falecidos que vieram ajudar seus entes queridos a completar a passagem. Outros ouviram uma música etérea quando seus entes queridos morreram. Raramente havia apenas uma pessoa na sala quando esses fenômenos aconteciam. Ao contrário, quase sempre havia pelo menos duas pessoas na sala – às vezes, famílias inteiras. Todos relatavam ter testemunhado a mesma experiência sobrenatural.

Uma experiência paralela

As histórias que eu ouvia de pacientes relacionadas à morte continham elementos objetivos que pareciam ligados à EQM, mas não eram EQM. Em vez disso, pertenciam a uma categoria diferente, na qual, de alguma maneira, a experiência de morte de uma pessoa era transmitida para outra, que então a vivenciava.

Nem sempre esses eventos compartilhados ocorriam no leito de morte. Alguns aconteciam à distância, às vezes até mesmo do outro lado do mundo, e muitos se davam na forma de sonhos certeiros ou visões que previam a morte de um ente querido.

Descobri muitos desses episódios enquanto pesquisava medicina histórica. Por exemplo, encontrei uma coleção dessas experiências enquanto explorava os arquivos do século XIX da pesquisa dos fundadores da Society for Psychical Research (SPR) [Sociedade para a Pesquisa Psíquica] na Inglaterra. A SPR publicou uma obra em dois volumes chamada *Phantasms of the Living* [Fantasmas dos vivos], compilada pelos pesquisadores pioneiros Edmund Gurney, Frederic W. H. Myers e Frank Podmore e que continha mais de setecentos casos de fenômenos paranormais. Muitos eram visões no leito de morte e outras formas do que eu viria em breve a chamar de experiências de morte compartilhada (EMC). Apesar de nenhum desses homens ter tido formação profissional em pesquisa, suas técnicas de coleta e checagem de dados eram impecáveis. Os três fizeram de tudo para se comunicar com mais de uma pessoa sobre cada caso compilado.

Outro livro, *Death-bed Visions: The Psychical Experiences of the Dying* [Visões no leito de morte: as experiências psíquicas dos moribundos], continha o trabalho de sir William Barrett, professor de física no Royal College of Science [Faculdade Real de Ciências], de Dublin. Apesar de ter sido publicado somente após a morte de Barrett, em 1926, aquele era nada mais nada menos do que o primeiro estudo científico sobre a mente dos moribundos. Entre outras coisas importantes, ele conclui que, na maioria das vezes, pacientes moribundos pensam de maneira clara e racional e que os episódios que os envolvem são quase sempre espirituais e sobrenaturais.

UM NOVO MOLDE PARA EXPERIÊNCIAS DE MORTE

Muitas das experiências coletadas por aqueles primeiros pesquisadores se encaixam com perfeição em um molde parecido e foram contadas pelos entes queridos dos falecidos que passaram um bom tempo cuidando deles. Reparei que essas experiências empáticas, por serem experiências de morte que puderam ser compartilhadas de maneira subjetiva com os vivos, pertenciam a uma categoria própria.

Na época, não procurei por mais histórias de EMC porque ainda estava coletando relatos de EQM. Em vez disso, eu as arquivei nos meus muitos cadernos, nos quais registrava projetos para o futuro. No fim, passei a chamá-las de EMC porque esse termo é amplo o suficiente e capaz de englobar tudo o que elas eram: episódios nos quais uma pessoa viva e saudável compartilha a experiência de morte de alguém que está morrendo.

Uma EMC pessoal

Gostaria agora de revelar um caso particular meu. Meus leitores de longa data talvez já tenham ouvido esta história antes, mas vale a pena repeti-la porque essa EMC abriu meus olhos para um novo campo de estudos sobre a vida após a morte.

Dezenove anos depois de começar a pensar em EMC, eu tive uma. Ou melhor dizendo, todos os adultos da minha família tiveram uma.

Minha mãe, aos 74 anos de idade, foi diagnosticada com linfoma não--Hodgkin. Esse câncer, que afeta os glóbulos brancos do sangue, estava em um estágio muito avançado quando descoberto por um médico, que afirmou que fazer quimioterapia àquela altura surtiria pouco efeito; ela tinha menos de duas semanas de vida.

Minha mãe era o pilar da nossa família, e agora nós precisávamos ser o pilar dela. Então nos reunimos em Macon, Geórgia, onde ela morava e estava hospitalizada, para passar seus últimos dias ao seu lado. Éramos seis – irmãos, irmãs, maridos e esposas – e fizemos o nosso melhor para que ela tivesse o máximo de conforto e amor possível. Cuidamos dela em casa somente por alguns dias. Pouco depois seu quadro piorou e todos nos mudamos para o hospital para garantir que ela não ficasse sozinha.

Naquele que viria a ser seu último dia, mais uma vez estávamos todos reunidos em seu quarto. Além de mim, estavam presentes minha esposa, Cheryl, meu irmão, que é policial, e sua esposa, e nossa outra irmã e seu marido, um pastor. Nos dois dias anteriores nossa mãe estivera em coma, mas então ela acordou e tentou conversar com a gente através da máscara de oxigênio.

— Você pode repetir, por favor? — pediu minha irmã Kay.

Ela retirou a máscara e disse com a voz fraca:

— Eu amo muito todos vocês.

Aquele momento de lucidez nos deu esperanças de que ela aguentasse ficar conosco mais um ou dois dias. Contudo, poucos minutos após declarar seu amor por nós, ela ficou muito fraca, deixando claro que o fim era apenas uma questão de tempo.

Formamos um círculo de mãos dadas em volta da cama à espera de que ela fizesse a passagem. Nisso, o quarto mudou de formato de repente – para todos nós. Para mim, ficou com o formato de uma ampulheta. Quatro de nós sentimos como se estivéssemos sendo erguidos do chão em um elevador de vidro. Eu me senti sendo puxado para cima, assim como outros dois de nós.

— Olha — disse minha irmã, apontando para o pé da cama. — Nosso pai está aqui! Ele voltou para buscá-la!

Vários de nós o vimos. E, quando digo "o vimos", quero dizer que nós o vimos como se ele estivesse ali parado na nossa frente, em carne e osso.

Todos relataram que a luz no quarto ficou mais suave e desfocada, opaca como a luz de uma piscina à noite.

Esses acontecimentos místicos não nos deixaram com medo. Pelo contrário, eles pareceram ser uma espécie de mensagem de outro mundo que fez com que a tristeza deixasse o quarto e fosse substituída por uma grande alegria. Meu cunhado, um pastor metodista, resumiu bem o sentimento coletivo quando disse:

— Senti que deixei meu corpo físico e fui para outro plano com ela. Foi diferente de tudo o que já tinha acontecido comigo.

Passamos os dias após o falecimento de nossa mãe tratando de pequenas burocracias que sempre surgem após uma morte. Aproveitamos para conversar sobre o que havia acontecido e concluímos que o que deveria ter sido um dos dias mais tristes de nossas vidas foi, na verdade, um dos mais felizes. Todos concordamos que tínhamos viajado pelo menos metade do caminho até o céu com nossa mãe e, com a visita de nosso pai, compartilhamos muitas de suas experiências de morte no caminho. Foi a única conclusão a que conseguimos chegar.[3]

PROVANDO QUE EXISTE VIDA APÓS A MORTE

Além da minha história de EMC pessoal, durante minha vida eu já quase morri duas vezes. Eu não tenho mais medo da morte, seja pelas coisas nas quais passei a acreditar graças às minhas pesquisas, seja pelas minhas próprias experiências. Mas crer em algo não basta para convencer os outros, e isso nos leva à questão de como eu posso convencer você, leitor, de que existe vida após a morte.

Como professor de filosofia, ministrei diversos cursos universitários sobre a questão da sobrevivência da consciência *post mortem*. Meus cursos não eram focados nos temas que sustentam a possibilidade de vida após a morte; em vez disso, o conteúdo consistia nos obstáculos e dificuldades que os grandes pensadores haviam identificado e, de maneira muito eloquente, articulado.

É inútil continuar essa importante investigação se estivermos procurando um motivo que sustente ou favoreça a existência de vida após a morte. Certa vez, C. S. Lewis disse: "Se você procurar pela verdade, talvez no fim você encontre conforto. Se procurar por conforto, terminará sem conforto e sem a verdade – apenas com adulação e vontade de crer no início e somente desespero no fim".[4]

Assim, a fim de agirmos com honestidade intelectual e bondade para com os outros seres humanos, é preciso que formulemos o conceito de prova de vida após a morte de maneira precisa e consciente. Afinal, o que quer dizer *prova*? Prova é um modo racional de fazer com que todos que acreditam nela cheguem à mesma conclusão lógica. Porém, um vasto espectro de diferentes significados foi atribuído a essa palavra, portanto precisamos ser mais específicos.

Prova é uma palavra conspícua que, infelizmente, é vista com frequência nas manchetes de tabloides que cheiram a sensacionalismo e atiçam as emoções. Claro que evitaremos esse uso sensacionalista e indesejado, uma vez que a vida após a morte é um tema que afeta os sentimentos de pessoas vulneráveis. Precisamos delinear com muito cuidado os tipos de prova aos quais vinculamos o tema vida após a morte.

Assim, como posso provar que existe vida após a morte ao mesmo tempo que me atento ao peso dessa palavra e às crenças e emoções das pessoas? Do mesmo modo que fiz com a EQM: contando histórias de pessoas reais, explorando as experiências e estudos dos meus colegas pesquisadores, categorizando-as de maneira clara e com cada uma delas sendo relevante para a conclusão.

HISTÓRIAS CONTAM A HISTÓRIA

Tudo isso – o início da minha jornada nas pesquisas sobre a vida após a morte, a percepção de que a existência da EMC poderia ser a conexão concreta que faltava para provar a existência da vida após a morte, minha crescente coleção de histórias sobre EMC de pessoas de todos os cantos do mundo e as minhas próprias experiências – me trouxe até meu objetivo: provar a existência da vida após a morte.

Por isso, *A prova da vida além da vida* é um livro que apresenta uma nova arena para os estudos sobre a morte, focando na natureza da consciência e explorando a certeza de que ela se separa do corpo no momento da morte. A consciência surge do material neuronal (o cérebro) e é capaz de existir de maneira independente da massa encefálica, sobretudo em períodos de muito estresse, como a morte? Se sim, então a consciência, separada do cérebro, equivale à alma? E a alma? Ela parte para um novo plano de existência?

    Talvez essas perguntas possam ser respondidas através de coleta de informação mais objetiva, que é o propósito ao estudarmos EMC. Neste livro, você encontrará uma vasta gama de histórias. Cada uma delas ajuda a contar a grande história de *A prova da vida além da vida*. Talvez você reconheça algumas dessas histórias dos meus outros livros – eu as considero meus "grandes *hits*" –, enquanto outras talvez tenham sido publicadas em livros que abordam o tema de vida após a morte de outros pesquisadores, do século XVIII até os dias atuais. Um dos motivos para a variedade dos relatos ao longo dos anos é que um relatório de duzentos anos atrás contém os mesmos elementos de um registro moderno – ele mostra que as histórias já eram dignas de nota por causa de suas peculiaridades. E agora, para honrar as pessoas a quem essas histórias pertencem e os pesquisadores que as coletaram ao longo dos séculos, todas essas histórias passam a apoiar a minha tese de que a consciência sobrevive à morte do corpo.

1

Experiências de morte compartilhada (EMC)

Só existem duas maneiras de viver a vida: uma é como se nada fosse um milagre. A outra é como se tudo fosse um milagre.

— **Albert Einstein**

Com a morte da minha mãe, eu soube como era ter uma EMC. Eu também soube que aquela experiência tinha sido real porque os mesmos eventos foram relatados por outras cinco pessoas presentes.

Eu me senti estranhamente elevado por essa experiência, como se naquele momento eu estivesse no caminho superior que eu sempre soube estar lá, mas ainda não tenha sido visto por mim mesmo. Lembrei-me do que um homem certa vez me disse quando estava contando sobre sua EQM: "Ninguém acredita nessas experiências até passar por uma", ele disse. "Então a pessoa começa a acreditar e só sabe falar disso."

E foi isso que aconteceu comigo. A sensação de ter compartilhado a morte da minha mãe foi prova suficiente de tudo o que eu tinha estudado e que presumia saber sobre as experiências de morte. Agora eu tinha presenciado um caso que continha uma prova concreta. Eu poderia muito bem ter deixado o campo dos estudos sobre a morte ali mesmo, satisfeito de ter testemunhado a prova de uma pessoa viva passando por uma EMC. O que mais tinha para pesquisar?

Na verdade, muita coisa.

Eu queria ouvir diretamente das pessoas mais histórias de EMC e, assim, comecei a perguntar sempre que surgia a oportunidade. O conteúdo das minhas aulas mudou. Eu apimentava minhas discussões em sala com perguntas sobre EMC. Para isso, eu incluía a história da morte da minha mãe seguida da minha definição de EMC: uma experiência de morte compartilhada pode conter os mesmos elementos que usamos para definir uma experiência de quase-morte. Mas a diferença é que a pessoa com quem a experiência ocorre não está prestes a morrer – nem doente ou machucada –; ela está na companhia de alguém que está morrendo. E, à medida que ela observa o processo de morte da outra pessoa, ambas dividem esse momento de maneira muito íntima, tanto que passei a dizer que se trata de experiências empáticas.

Eu então perguntava quantos deles haviam passado por uma experiência assim. Em média, uma a cada quinze pessoas levantava a mão. Depois que eu contava a história da minha mãe e eles compreendiam de maneira mais profunda de que se tratava aquela experiência, eu perguntava mais uma vez quantos deles haviam passado por aquilo. O número então era bastante diferente, com cerca de três a cada quinze pessoas levantando a mão. Isso me deixava perplexo, porque era quase o mesmo número de pessoas que levantava a mão quando eu perguntava se alguém havia passado por uma EQM.

A ideia de pesquisar um território inexplorado me animou. Assim como tinha acontecido com os meus primeiros estudos sobre EQM, não havia quase nenhuma pesquisa atual sobre EMC. No fundo, era um tema sem nome – às vezes debatido, mas pouco explorado. Parecia que os poucos pesquisadores que o mencionavam sabiam do tesouro que tinham em mãos. As EMC poderiam constituir prova concreta de que a alma se separava do corpo, prova de telepatia, evidência de uma memória compartilhada. Estava tudo ali, em uma única experiência.

Sendo também um estudante de filosofia, graças a essa nova área de estudo me vi de volta à Grécia antiga. Os filósofos gregos tinham muito interesse na vida após a morte. Sócrates afirmou que o estudo da vida após a morte era o "cuidado da alma",[1] portanto uma das coisas mais importantes que uma pessoa poderia fazer.

O estudo da vida após a morte é tão importante que Sócrates, supostamente, em seu leito de morte, disse a seu amigo Cimmias:

> [...] apesar de ser muito difícil nesta vida, se não impossível, conseguir ter convicção sobre essas questões, ao mesmo tempo é completamente débil não usar até o último pingo de energia para testar as teorias disponíveis, ou desistir antes de as termos examinado de todas as maneiras possíveis e esgotado todos os nossos recursos. É o nosso dever fazer uma dessas duas coisas. Seja para averiguar os fatos – através do conhecimento ou descobrindo por meios próprios –, ou, se isso for impossível, para determinar a melhor e mais confiável teoria que a inteligência humana pode oferecer.[2]

LIDERANÇA DE PLATÃO

Minha abordagem ao estudar as EMC foi a mesma adotada por Platão, que acreditava que a chave da pesquisa sobre vida após a morte estava em estudar as experiências individuais. Sem elas, ele considerava não restar muito para nos guiar no caminho.

Platão levava bem a sério a busca pela vida após a morte. Em *Fédon*, definindo a morte como a "separação da alma do corpo", Sócrates se mostra contente por sua morte estar próxima – o que de fato aconteceu, já que ele tinha acabado de ser envenenado e estava em seu leito de morte enquanto falava.[3]

Por meio da observação, Platão chegou à conclusão de que o estudo das histórias era o único modo genuíno capaz de explorar a prova de vida após a morte. Foi através da análise persistente de estudos de caso que, perto do fim de sua vida, ele conseguiu resumir esta filosofia: "Ou a morte é um estado de inexistência e completa inconsciência, ou, como se diz, ocorre uma mudança e a migração da alma deste para outro mundo. [...] Pois bem, se a morte for dessa natureza, eu digo que morrer é ganhar, pois a eternidade é então uma única noite".[4]

Concordo com a visão perspicaz de Platão, pelo menos em se tratando do valor dos estudos de caso. É através da análise de casos que eu também conduzo minhas pesquisas, porque, sem eles, não restaria muito para nos guiar no caminho.

Foi por meio da coleta e análise de estudos de caso de diferentes tipos de EMC que fui capaz de determinar diversas razões concretas que me fizeram acreditar na vida após a morte.

PARA ALÉM DA EQM

Muitas das pesquisas atuais sobre a vida após a morte parecem começar e terminar com a experiência de quase-morte. Talvez devessem começar com a EQM, mas não terminar com ela. Embora as EQM sejam experiências intensas que contêm todos os elementos que alguém poderia esperar de um episódio profundamente místico (que é como a morte é vista por muitos), a EQM é uma experiência subjetiva que acontece somente com uma pessoa e não pode ser vivenciada por mais ninguém, exceto pela pessoa que a teve.

A natureza subjetiva das EQM faz delas evidências circunstanciais e, portanto, elas não fornecem provas para além de qualquer dúvida razoável, justo o que procuramos.

Contudo, as EMC oferecem provas, para além de dúvidas razoáveis, de que a alma sobrevive à morte do corpo. Por definição, elas são experiências que uma ou mais pessoas compartilham na transição de uma pessoa que está morrendo.

Por exemplo, diversos indivíduos presentes no leito de morte de alguém podem relatar terem testemunhado uma aparição visitando o moribundo. Talvez eles não saibam quem é a aparição, mas depois descobrem, olhando fotos antigas da família, que se tratava de um parente falecido havia muito tempo. Outras pessoas podem relatar uma "névoa" deixando o corpo do ente querido, como a escritora Louisa May Alcott, que registrou a morte de sua irmã Elizabeth em seu diário particular. Assim ela descreveu o evento:

> Uma coisa curiosa aconteceu e eu vou contá-la aqui, já que o doutor G. [dr. Christian Geist, de Boston] disse que era real. Momentos após o último suspiro, enquanto nossa mãe e eu observávamos em silêncio a sombra recair sobre seu rostinho delicado, eu vi uma névoa sutil surgir do corpo e flutuar pelos ares até desaparecer. Os olhos da minha mãe acompanharam os meus e, quando perguntei "o que você viu?", ela descreveu a mesma névoa sutil. O doutor G. disse que era a vida deixando o corpo de forma visível.[5]

Outras versões de EMC incluem as experiências precognitivas, também por vezes chamadas de aparições críticas, que é quando uma pessoa saudável presencia de maneira inesperada a aparição de um ente querido que está morrendo, quase sempre muito longe dali. Tal evento pode acontecer na forma de um sonho ou de uma experiência hiper-real, que é quando o falecido parece estar presente no mesmo recinto.

TIPOS DE EXPERIÊNCIA DE MORTE COMPARTILHADA

Em grande parte, este livro trata dos diferentes tipos de EMC, incluindo descrições dessas experiências em paralelo com estudos de caso que oferecem provas vivas de que a consciência sobrevive à morte do corpo. Refiro-me mais especificamente às sete experiências descritas neste livro; juntas, elas constituem um argumento bastante forte a favor da vida após a morte – que contém todos ou alguns dos elementos a seguir:

- Separação entre mente e corpo
- Volta de uma morte aparente
- Comunicação psíquica
- Aumento substancial de conhecimento como resultado de estar quase-morto

O mais importante de tudo é que haja uma testemunha confiável para cada um desses elementos, pois é assim que podemos ter certeza de que eles são reais e comprováveis. O objetivo é apresentar evidência concreta o suficiente capaz de ser defendida em um tribunal. Quer dizer, isso se um tribunal lidasse com questões ligadas à vida após a morte.

A seguir estão elencados os sete tipos de EMC que, de acordo com as minhas estimativas, constituem prova suficiente de que existe vida após a morte. São os sete motivos para se acreditar em uma vida após a vida. Sem dúvida há muitos outros, dependendo daquilo em que você acredita. Dito isso, aqueles nos quais eu me foquei são os que eu acredito que forneçam as provas mais sólidas.

Motivo 1: Experiências extracorpóreas

Muitas pessoas que tiveram experiências de quase-morte relatam terem passado por experiências extracorpóreas (EE), nas quais observavam o próprio corpo e outros eventos ao seu redor enquanto permaneciam na fronteira entre a vida e a morte. Muitas dessas EE envolvem pairar sobre o próprio corpo e testemunhar os acontecimentos ao seu redor, como médicos e enfermeiros trabalhando sem parar para reanimar um coração, para estancar um grave sangramento ou tratar qualquer outra situação possivelmente fatal. E, quando esses indivíduos retornam ao estado consciente, contam com extraordinária riqueza de detalhes o que viram e ouviram enquanto os médicos e enfermeiros lutavam para salvá-los.

As EE são magníficas e impressionantes, sobretudo se a pessoa que passa pela experiência de quase-morte é capaz de narrar eventos dos quais ela não deveria ter conhecimento, já que estava inconsciente. Se ela narra esses eventos de um modo condizente com quem os possa confirmar, então essa narração objetiva vale ouro para as pesquisas sobre consciência.

Aqui está um caso emocionante de EE contado por uma mulher que quase se afogou em um acidente de barco. Este caso se encontra nos arquivos da Near-Death Experience Research Foundation (NDERF) [Fundação para Pesquisa de Experiências de Quase-Morte], dirigida pelo médico Jeffrey Long e sua esposa, Jody. O instituto coletou e estudou relatos de pessoas de todo o mundo sobre experiências de quase-morte.

Quando notei, estava mais ou menos a trinta metros acima do rio e olhava para baixo, em direção ao bote preso nas pedras bem embaixo de mim. Vi emergirem os dois homens que estavam no bote e procuravam por mim. Vi a outra mulher que estava em nosso bote rio abaixo, agarrada a uma pedra. Eu observei meu marido e minha irmã mais nova – que já tinham descido a correnteza à nossa frente sem problemas – correndo de volta pela colina para se darem conta daqueles detritos flutuando rio abaixo. Havíamos tirado tudo do bote deles e colocado no nosso caso eles virassem, mas a descida deles foi tão tranquila que nós entramos e os seguimos.

De cima, vi meu marido subir em uma pedra no rio. Por causa do barulho da correnteza, ele não conseguia ouvir o que os dois homens que ainda estavam no bote gritavam para ele. Ele não tinha ideia de onde eu estava ou o que tinha acontecido, mas sabia que eu tinha desaparecido. Parecia que queria pular na água e ir me procurar, e foi então que me vi ao seu lado tentando impedi-lo – porque ele não nadava muito bem e eu sabia que não iria adiantar nada. Quando estiquei o braço para pará-lo, minha mão passou direto por ele. Eu olhei e pensei: "Meu Deus, estou morta".[6]

Muitos pesquisadores acreditam que experiências extracorpóreas no momento da morte são provas de que a alma pode deixar o corpo. Alguns ousaram dizer que as EE provavam a existência de um ser supremo. Isso pode ou não ser verdade, mas o que pode ser dito com certeza é que, na atualidade, as EE são episódios que vão além da capacidade intelectual e das habilidades científicas de um pesquisador. Mesmo assim, muitos deles estão tentando estudá-las. Você lerá mais sobre isso no capítulo 2.

Motivo 2: Experiências precognitivas

Experiências precognitivas, também conhecidas como aparições críticas, são eventos que ocorrem quando uma pessoa saudável presencia a aparição de um ente querido que está passando por um problema crítico ou morrendo. Esse encontro visionário geralmente parece ser muito real, como se a pessoa em situação crítica estivesse de fato no mesmo recinto que a outra. Também pode acontecer como uma alucinação auditiva, que é quando a pessoa que está falecendo conversa com o observador.

Aqui está o caso envolvendo uma mulher, que nesta versão chamarei de Betsy, e seu marido, Bob. Ele tinha sido diagnosticado com demência precoce anos atrás e não estava muito bem quando esta EMC aconteceu.

Por mais estranho que possa parecer, este caso não teve nada a ver com Bob, mas sim com sua mãe, que estava falecendo em um hospital local. Betsy era bastante próxima de sua sogra, por isso ela passava seus dias cuidando de ambos os seus entes queridos. Não é preciso dizer que, à época, ela vivia sob uma nuvem de estresse mental extremo.

Quando sua sogra estava de fato morrendo, Betsy contratou uma enfermeira para cuidar de seu marido enquanto ela passava a maior parte do tempo no hospital com a mulher. Certa noite, Betsy se viu em um túnel que tinha surgido de súbito no quarto do hospital. No final dele, havia uma versão muito mais nova de sua sogra, aparentemente acenando para Betsy e dizendo com uma voz clara e forte:

— Venha, é muito bom aqui.

Betsy recusou o convite, acenando com os braços e dizendo que ela precisava ficar para cuidar do marido doente.

Então, Betsy percebeu que a sogra não acenava para ela, mas sim para Bob, que também estava no túnel, atrás de Betsy.

Bob também aparentava estar jovem e saudável – e estava visivelmente feliz enquanto olhava para essa versão mais saudável da mãe.

Logo em seguida, o túnel se fechou e sua sogra faleceu. Betsy então se viu sozinha no quarto, perguntando-se o que tinha acabado de acontecer.

Em menos de um mês Bob pegou uma infecção respiratória e também morreu.

Para Betsy, ambos os eventos foram intrigantes e reconfortantes ao mesmo tempo. Ela interpretou que sua sogra sabia que a vida de Bob se aproximava do fim e então dava boas-vindas para ele, para sua "nova vida". Ela me disse:

— Era como se ela estivesse em uma piscina e gritasse para o filho: "venha, a água está boa". Eu sinto muita falta dos dois, muita mesmo, mas ao mesmo tempo foi uma experiência maravilhosa e intensa.[7]

Experiências precognitivas são extraordinárias e variam bastante. São também suntuosas, o que as torna fascinantes. Tanto que o falecido Erlendur Haraldsson, um renomado pesquisador de aparições da Islândia e que você conhecerá melhor no capítulo 3, as chamou de "a prova mais convincente de vida após a morte".[8]

Motivo 3: A luz transformadora

Passar por uma experiência de morte muda uma pessoa de maneira positiva e visível? Para testar essa pergunta, um time de pesquisadores foi formado em Seattle com o objetivo de responder a uma única questão: existem efeitos transformadores desencadeados por experiências de morte que podem ser documentados e observados?

Após um complexo estudo envolvendo mais de quatrocentas pessoas que passaram por EQM, os resultados mostraram uma grande variedade de mudanças – concretas e significativas – na personalidade dos participantes testados, incluindo diminuição da ansiedade em relação à morte e um maior gosto pela vida em comparação com aqueles que não passaram por uma EQM. Aumentos nos níveis de inteligência e nas habilidades psíquicas também foram notados.[9]

Para evitar soar muito otimista, é justo dizer que nem todas as mudanças são positivas, mesmo quando parece ser esse o caso ao analisar os dados recolhidos pelos pesquisadores. Algumas pessoas mudam tanto depois de passar por uma EQM que afirmam não serem mais as mesmas. É difícil de acreditar, mas um cônjuge que costumava ser exigente e de pavio curto pode se transformar, após uma EQM, em uma pessoa gentil e tolerante, o que talvez seja uma mudança maior do que um casamento possa suportar. Também pode ser demais para uma carreira, se o profissional conhecido por ser de um jeito de repente muda na direção oposta.

Uma história ouvida pelo meu colega pesquisador Melvin Morse é um ótimo exemplo do que eu estou falando. Um advogado, a quem chamarei de David, foi até o dr. Morse com um problema perturbador. Depois de um dia cheio no tribunal, o homem sofreu um infarto em seu escritório que quase o matou. Ele foi levado às pressas para o hospital, onde *stents* foram inseridos em suas artérias coronárias, salvando assim sua vida. Após receber alta, dias depois, ele voltou para o trabalho com um coração mais saudável e um modo de enxergar a vida também mais saudável.

Esse novo modo de ver a vida não funcionou muito bem para a sua carreira. Ele era conhecido no trabalho como "a marreta" por causa de sua capacidade de pulverizar as pessoas nos depoimentos, mesmo se elas não merecessem. Isso foi antes de sua EQM. Pós-EQM, ele virou um amorzinho e passou a se recusar a fazer as pessoas chorarem.

Depois de perder seu talento nato para o conflito, David deixou de ser necessário para o escritório e foi demitido.

— Eu simplesmente não tinha mais aquilo dentro de mim — disse. — Por um tempo fiquei preocupado, mas depois percebi que tinha sido melhor assim. O infarto me fez perceber que o meu antigo eu não duraria muito mais, e vi isso como uma bênção.[10]

David foi para um escritório menor, onde passou a trabalhar com direito de família. Passava oito horas por dia no escritório, em vez das doze horas de antes.

Para muitos na situação de David, essa mudança pode ser tão extrema quanto aquelas vistas num livro de ficção, por isso às vezes eu chamo essa transformação de Síndrome de Scrooge, por causa do antes e depois pelo qual passa o personagem Ebenezer Scrooge de *Um conto de Natal*, romance clássico de Charles Dickens.

Motivo 4: Lucidez terminal

A lucidez terminal (LT) é definida como um lapso de lucidez e energia que ocorre pouco antes da morte. Ela ocorre, algumas vezes, na ausência completa de atividade cerebral detectável. Em outras palavras, pessoas que sofreram morte cerebral podem voltar de repente de uma morte aparente, chocando entes queridos e funcionários do hospital, tal qual Lázaro, embora esse episódio seja rápido. Pacientes com morte cerebral retornam por um período curto de tempo de maneira triunfante e conversam de forma clara sobre coisas específicas (assuntos familiares, por exemplo), apesar de o eletroencefalograma mostrar que o cérebro em si não está funcionando. É como se o cérebro fosse ignorado por uma consciência que não requer massa cinzenta para funcionar.

O que isso significa? Quer dizer que a massa cinzenta do cérebro não é necessária para a produção de consciência? Que cérebro e mente de fato funcionam de maneira independente e que a LT é um modo observável de testemunhar a separação do cérebro e da mente? E se for esse o caso, significa então que a consciência sobrevive à morte do corpo?

Até mesmo o grande psicólogo Carl Jung viu a ironia da consciência existir sem cérebro quando disse: "A perda total da consciência pode ser acompanhada por percepções do mundo exterior e experiências de sonho lúcido. Uma vez que o córtex cerebral, no qual reside a consciência, não funciona durante esses momentos, ainda não existe uma explicação para esses fenômenos".[11]

Na minha opinião, casos de LT fornecem clara evidência de que ocorre um dualismo e de que existe algum tipo de separação entre a mente e o corpo, indicando que a consciência não requer um cérebro físico para funcionar. Aliás, alguns casos de LT mostram que o próprio cérebro pode atrapalhar o funcionamento da mente.

A lucidez terminal é, sem dúvidas, uma experiência de morte compartilhada, pelo simples fato de ser testemunhada por uma ou mais pessoas logo após a morte do corpo, e por vezes após o sistema cognitivo e as funções cerebrais terem deixado de funcionar. Isso indica que um retorno à vida é bastante improvável, para não dizer impossível. Um pesquisador de LT disse uma vez: "EQM e lucidez terminal são opostos. A EQM é sobre partir, e a LT é sobre voltar".[12] O que parece estar "voltando" à vida é, na verdade, a alma da pessoa.

Motivo 5: Musas, curas e habilidades espontâneas

Muitos que vivenciam experiências de quase-morte relatam terem visitado saguões de conhecimento onde eram expostos ao que parece ser – ou mesmo, como dizem alguns, submetidos ao *download* –, para eles, toda a informação do mundo.

Uma pequena parte desses indivíduos retorna com novos talentos – uma melhora em suas habilidades e no intelecto – como resultado desse encontro poderoso e transformador. Outros são curados, física ou mentalmente, graças a essa exposição. Muitos voltam com anjos da guarda, que permanecem com eles para o resto da vida como consultores espirituais.

Alguns passam por mudanças dramáticas. Chegam a trocar de profissão ou ficam obcecados por temas ligados à espiritualidade, enquanto outros se tornam artistas talentosos, como pintores, escritores, atores e assim por diante. Mas a experiência também pode afetar outros aspectos da personalidade. Pessoas próximas notam essas mudanças, e elas são tão evidentes que todos percebem uma diferença significativa. O simples ato de testemunhar essas mudanças faz do observador uma testemunha da experiência compartilhada.

Como pode uma coisa assim acontecer, sobretudo quase que de uma hora para outra? O capítulo 6 apresentará dois médicos e alguns outros indivíduos cujas vidas mudaram para melhor depois que eles quase morreram.

Motivo 6: Luz, névoa e música

Ao longo da história, também foram relatados fenômenos de luz e névoa surgindo próximo à pessoa que está morrendo. Tais fenômenos seguiram sendo relatados século após século até chegarmos aos dias atuais. Apesar de nunca os ter visto pessoalmente, já ouvi testemunhos emocionantes de pessoas que os presenciaram.

Um dia, no hospital onde eu trabalhava em Macon, Geórgia, participei de uma conversa entre um instrumentador cirúrgico e um estagiário justamente sobre esse tema. O estagiário tinha ouvido rumores de que uma enfermeira do turno da noite tinha visto uma paciente brilhar bem de leve enquanto morria. A enfermeira, abalada por esse acontecimento incomum, relatou o caso para a chefe de enfermagem, que contou para outra enfermeira, e assim por diante. A história por fim chegara até o estagiário, que ficou fascinado como algo tão surpreendente não estava documentado nos livros de medicina.

O instrumentador respondeu que fazia parte do corpo médico havia anos e já tinha escutado algumas histórias parecidas. Isso não o impressionava mais, mas desejava ver o fenômeno com os próprios olhos.

Interessei-me pela conversa e comecei a fazer perguntas. Mas, antes que o instrumentador pudesse responder, uma enfermeira que tinha acabado de entrar na sala interrompeu e deu sua opinião:

— Aquilo não passa de ilusão de ótica — declarou, colocando um fim na conversa.

Anos mais tarde, ouvi uma opinião diferente vinda de um oncologista em Charlotte, na Carolina do Norte. Ele tratava de um paciente com câncer em estágio terminal quando ouviu o monitor cardíaco começar a apitar e a tela exibir uma linha reta, indicando a ausência de batimentos cardíacos. Quando foi checar os eletrodos para ter certeza de que ainda estavam conectados, o paciente brilhou. O doutor me disse ter ficado surpreso com o que testemunhou, e nos meses seguintes refletiu muito sobre o ocorrido.

— Eu não sei o que foi aquilo, mas tenho certeza de que aconteceu — contou. — Só que, para ser honesto, não tenho motivos para acreditar que o que eu vi fosse sua alma. Tudo o que eu posso afirmar com certeza é que havia uma luz.

Luzes misteriosas vistas nos quartos de pacientes moribundos podem ter múltiplas origens. Podem ser independentes do corpo da pessoa que está morrendo ou se originar no corpo em si. Alguns dizem ter visto um halo ou uma luz brilhante em volta da cabeça do moribundo, ou mesmo uma névoa ou contornos deixando o corpo. Em certos casos, esses contornos tinham um formato humano.

Além do mais, às vezes pessoas relatam terem ouvido uma música inexplicavelmente bonita durante a experiência de quase-morte. Só que, de novo, isso é algo que só elas ouviram, fazendo, portanto, que o evento seja muito subjetivo. Com a EMC, a situação já é outra, já que a música às vezes é ouvida por várias pessoas, quando não por todas, ao lado do leito de morte. Casos assim são surpreendentes porque, de maneira mais convincente, mostram não ser possível atribuir o que acontece apenas ao cérebro moribundo do paciente.

Um dos casos mais famosos aconteceu no século XVII, no leito de morte do escritor alemão Wolfgang von Goethe, quando cinco pessoas ouviram, de maneira inexplicável, uma música etérea ressoar pela casa sem conseguirem identificar de onde vinha.[13] Em outro caso espantoso, uma pessoa surda e não vocalizada indicou que havia escutado música, assim como as outras pessoas ao lado de seu leito de morte, numa recuperação dos sentidos semelhante à visão cega, que se dá quando pessoas cegas afirmam terem enxergado durante a EQM.[14]

Luz, névoa e música são fenômenos paranormais muitas vezes presenciados por aqueles na companhia dos moribundos. São temas discutidos em conferências, mas é raro receberem atenção dos pesquisadores no campo dos estudos da morte. Eles são importantes, pois mostram que parte da essência da pessoa que está morrendo não só sobreviveu como também se manifestou para os outros.

Motivo 7: O psicomanteum

De maneira independente e por todo o mundo, em tempos antigos e modernos, de forma intencional ou acidental, as pessoas descobriram que, ao observar uma profundidade clara, podiam abrir as portas para um mundo visionário e ver novamente entes queridos que já partiram.

Como psiquiatra, o que mais me intrigou foram as possibilidades terapêuticas que isso poderia implicar. Se um encontro com o falecido fosse capaz de atenuar a dor do luto, então um encontro com o falecido era o que eu queria oferecer. E se isso significasse ter que voltar ao passado para encontrar meios para fazê-lo, eu estava disposto a isso.

Estudei todos os métodos que pude encontrar, em especial aqueles dos antigos gregos, que criaram uma câmara chamada psicomanteum, capaz de reestabelecer uma ligação com os mortos de maneira bastante efetiva. Cheguei ao ponto de construir um psicomanteum na minha casa em Creekside, Alabama. Quando o disponibilizei para clientes, descobri algo muito bizarro: uma grande porcentagem dos que realizavam o processo de observação se reencontrava com os entes queridos já falecidos. Alguns desses reencontros eram tão vívidos que os participantes insistiam que o ente querido tinha voltado à vida em carne e osso.

Aqui está um exemplo de um contador público de Nova York. Ele teve uma conversa íntima com sua falecida mãe e declarou:

Não há dúvidas de que a pessoa que eu vi no espelho era minha mãe! Contudo, ela estava mais feliz e saudável do que no finalzinho de sua vida. Seus lábios não se moveram, mas ela falou comigo e eu ouvi com bastante clareza o que ela tinha a dizer. Ela disse "eu estou bem", e sorriu com alegria. Eu me mantive o mais tranquilo que pude. [...] Minhas mãos tremiam e sentia meu coração bater mais rápido. [...] Eu disse "é muito bom te ver de novo", e ela respondeu "concordo". [...] Senti ela se aproximar e me tocar, como se quisesse que eu tivesse certeza de que ela estava bem nesse novo lugar. E foi isso. Ela simplesmente desapareceu. Pelo que pude ver e ouvir, eu sei que ela não está mais sofrendo como nos seus últimos dias aqui na Terra. [...] Isso, por si só, já faz com que eu fique bem mais tranquilo.[15]

Todas as semanas surgiam histórias de encontros reais vindas do psicomanteum. Alguns clientes relataram terem tido longas conversas, enquanto outros disseram que seus entes queridos saíram do espelho (que é o que eu usava como intermediário para a observação) e se sentaram com eles. Outras vezes o ente querido não aparecia no psicomanteum, mas depois, quando o cliente voltava para seu quarto de hotel. O filho de uma mulher apareceu no quarto de hotel onde ela estava hospedada e segurou sua mão durante a longa conversa que tiveram. Depois ele a abraçou com muito carinho e, como ela conta, simplesmente foi embora. A comediante Joan Rivers veio ao psicomanteum e saiu em lágrimas após ter uma conversa franca com seu falecido marido, Edgar, que tinha cometido suicídio. Ela descreveu a experiência em meio a muitas e sinceras lágrimas, mas não me contou o que Edgar dissera exatamente, apenas que agora ela entendia a dor que o levara a se matar.[16] A apresentadora Oprah Winfrey, por outro lado, ficou chocada e confusa quando uma coronel aposentada da força aérea, que havia se voluntariado a ir até o psicomanteum, contou para a plateia que sua mãe tinha saído do espelho e sentado tão perto dela que ela conseguia sentir sua presença.[17]

Alguns amigos me encorajaram a colocar uma câmera escondida dentro do psicomanteum, mas obviamente meu juramento de confidencialidade na relação entre médico e paciente sempre me impediu de cometer tal violação. Como resultado, todas as afirmações de encontros que ocorreram com o ente querido falecido "real" ficaram no âmbito do encontro subjetivo para mim – posso apenas ouvir sobre isso, mas não testemunhar.

Tudo isso mudou quando uma mulher, que tinha vindo ver sua falecida filha, tirou uma foto de três orbes que apareceram para ela em plena luz do dia e continham a essência de sua filha. Foi a partir dali que eu passei a ver o psicomanteum de uma maneira completamente diferente, mostrando para mim uma prova de sobrevivência da alma.

UMA VISÃO DA ALMA EM AÇÃO

As experiências de morte compartilhada deixam claro que a consciência não é apenas uma reação química que ocorre no cérebro, separada do espiritual. Elas são prova de que experiências de quase-morte são mais do que apenas carência de oxigênio no cérebro. As pessoas que veem de perto alguém que está morrendo ou que escapou da morte por um triz podem passar pelas mesmas experiências transcendentais que elas. Esse novo desdobramento – extensivos estudos sobre experiências de morte compartilhada – nos coloca nos limites da vida após a morte.

2

Motivo 1: Experiências extracorpóreas (EE)

Precisamos reconhecer que somos seres espirituais, com almas, e que existimos em um mundo espiritual, assim como somos seres carnais, com corpos e cérebros, e existimos em um mundo carnal.
— John C. Eccles

A maioria daqueles que passam por experiências extracorpóreas (EE) fica convencida de que sua consciência deixou o corpo e que testemunhou eventos que não deveria ter visto – já que estava inconscientes. Como espectadores de um filme, essas pessoas foram capazes de ver e ouvir eventos mundanos. Se estivessem em uma sala operatória, conseguiam se elevar acima do próprio corpo e observar o médico salvar sua vida, sendo capazes de mais tarde descrever tal procedimento em detalhes. Essa sensação de deixar o próprio corpo é relatada por cerca de 50% daqueles que tiveram uma EQM e é um forte indicador de que de fato existem uma mente *e* um corpo.

ANÁLISE DE UMA EE

Para entender melhor a quantidade de EE diferentes que nós, pesquisadores, conhecemos, eu incluí diversos exemplos aqui. O objetivo deles é mostrar que não só as EE ocorrem com uma multitude de pessoas e sob as mais variadas circunstâncias como também que elas acontecem de maneiras diversas e afetam de imediato o psicológico de quem passa por elas e daqueles que as testemunham como EMC.

UMA EE REAL

Um exemplo clássico de uma EE ocorreu em 1984 com o rei Hussein, da Jordânia, que sofreu uma hemorragia após tomar um anticoagulante para tratar um problema cardíaco. Os médicos foram chamados, mas, antes que conseguissem reverter o efeito do anticoagulante, o rei entrou em estado de choque e seu coração parou. Estarrecidos, os médicos trabalharam em um ritmo mais acelerado. Sua esposa, a rainha Noor, mais tarde descreveu em sua autobiografia: "Meu marido estava, para todos os efeitos, morto".[1]

Os médicos conseguiram reanimar seu coração. Dias após ter sofrido o infarto, Hussein declarou que a experiência tinha sido bastante agradável. A rainha recontou assim suas palavras: "Não senti dor, nem medo ou preocupação alguma. [...] Eu era um espírito livre flutuando acima do meu próprio corpo. Foi uma sensação muito agradável. De verdade".[2]

Uma tomografia que deu errado

Durante uma tomografia computadorizada, outra EE ocorreu com uma mulher chamada Andrea. De acordo com suas próprias palavras, o que aconteceu com ela foi o que se segue. Mais tarde, suas observações foram confirmadas por todos do quadro médico que haviam cuidado dela:

> *Assim que o contraste foi injetado em mim, comecei a espirrar sem parar. Fizeram o escaneamento e então a enfermeira disse que eu já poderia sair. Nessa hora eu não conseguia mais falar nem respirar. Em seguida, eu desmaiei e a enfermeira começou a chamar desesperadamente pela equipe do código azul. Quando eles chegaram, acho que eu estava "morta". Eu vi a equipe entrar e ficar em volta de uma pessoa – quer dizer, isso é o que eu achei na época. Nunca me ocorreu que*

aquela pessoa pudesse ser eu. Eu estava bem calma, mas muito triste pela mulher (eu), uma vez que a equipe do código azul não conseguia reanimá-la. Eu "me" vi sendo entubada e também vi as tentativas de me reanimar por meio das compressões torácicas. Eu vi meu cateterismo e tudo o que acontecia ao meu redor. Quarenta e cinco minutos depois, meu coração voltou a bater sozinho. Eu fui trazida de volta para meu próprio corpo.[3]

Algumas pessoas chegaram até mesmo a se "separar" do próprio corpo durante cirurgias e testemunharam – com detalhes – o uso de instrumentos especiais e procedimentos complexos sendo realizados em seu coração ou cérebro. Dado que se acredita que a anestesia deixa uma pessoa desprovida de consciência, muitas vezes os cirurgiões ficam chocados com a precisão com a qual pacientes relatam o que aconteceu no mundo consciente em volta deles enquanto se achava que estavam inconscientes.

SAUDÁVEL, MORTO E DE VOLTA À VIDA

Por vezes, a prova de que uma pessoa saiu de seu corpo vem da perspectiva de uma terceira pessoa, alguém que presenciou enquanto o indivíduo estava fora de seu corpo. Como você pode imaginar, uma EE como essa é um evento bastante raro, sendo tratado com respeito pela comunidade que estuda a morte.

Eu fiquei sabendo de um caso desses por acaso. Após dar uma palestra na Itália, um homem – um cirurgião – de aspecto muito sério me abordou no fundo do auditório e disse que já havia algum tempo estava intrigado por causa de um episódio ocorrido enquanto ele realizava uma cirurgia.

Ele disse que estava fazendo uma cirurgia eletiva em um jovem com uma saúde impecável. Era um procedimento que ele já havia feito muitas vezes antes e não tinha por que acreditar que algo de ruim iria acontecer. Mas aconteceu. Pouco depois de a cirurgia começar, o paciente sofreu uma parada cardíaca e o cirurgião não conseguia revertê-la. No início, ele tentou a compressão torácica, e quando isso não funcionou ele buscou um desfibrilador para dar uma descarga elétrica no coração. Nada. O coração do jovem continuou parado. O cirurgião disse que teve um mau pressentimento: o paciente não iria sobreviver. "Meu Deus, como isso foi acontecer?", ele se perguntou. "E o que eu vou dizer para a família?"

De repente, enquanto tentava lidar com aquela dolorosa situação, a porta da sala de operações se abriu e uma mulher começou a apressá-lo. Ela estava tão desesperada que no início ele achou que fosse uma paciente que tinha escapado da ala de psiquiatria do hospital e o estava atacando.

O cirurgião conta que ela gritava:
— Não deixe meu marido morrer! Ele não está morto. Eu estava na sala de espera quando meu marido apareceu para mim. Ele me falou que você acha que ele está morto! Ele me disse que eu precisava entrar aqui e te dizer que ele não está morto.

O cirurgião falou que não se lembra de retomar o processo de reanimação, apenas que entrou em "piloto automático" e continuou estimulando o coração do paciente com muito vigor. Logo o coração do jovem voltou a bater.

Após ser levado para a sala de recuperação e recobrar a consciência, o paciente contou para o doutor o que tinha acontecido a partir do seu ponto de vista:
— Eu estava acima do meu corpo olhando para você, e eu sabia que você achava que eu estava morto. Eu dizia "eu não estou morto, eu não estou morto", mas você não me ouvia. Então eu fui até a sala de espera e falei para a minha esposa entrar aqui e te avisar que eu não estava morto.[4]

COMUNS E PODEROSAS

As histórias que eu acabei de compartilhar são muitas coisas: incríveis, esperançosas, fascinantes. Mas, primordialmente, são histórias concretas que sugerem que a alma possui a habilidade de sair do corpo e transmitir uma mensagem – nesses casos, uma bem poderosa: eu ainda estou vivo. Juntas, as histórias de EE capazes de ser comprovadas podem bastar para convencer muitos de nós, incluindo o mais cético dos cientistas, de que algo de especial existe no conceito de que o corpo pode morrer, mas a alma continua viva.

Dado que histórias são ferramentas fundamentais ao explicar a separação da consciência, eu incluí aqui muitas que ilustram com clareza casos concretos de EE e por que eles são tão importantes ao definir a consciência. Algumas pertencem à NDERF, uma organização que reuniu com sucesso relatos de experiências de quase-morte de todos os cantos do mundo. Outras são do meu arquivo pessoal.

Testemunhou sua cardioversão

Esta é uma história que o dr. Melvin Morse me contou sobre um garoto de 7 anos que sofreu uma parada cardíaca no lobby de um hospital. Esse estudo de caso foi escrito a partir das notas da minha entrevista com Morse.

O garoto se lembra de estar no lobby do hospital e ter um mau pressentimento, como "quando você passa por uma lombada em um carro e sente um frio na barriga". Ele ouviu um som como de um apito e pessoas falando. Em seguida, flutuava colado ao teto e olhava para baixo em direção ao seu corpo. A sala estava escura, mas uma luz suave iluminava seu corpo. Ele ouviu uma enfermeira dizer:

— Gostaria de não ter que fazer isso.

E observou enquanto realizavam uma reanimação cardiorrespiratória. Viu a enfermeira "colocar um óleo no [seu] corpo e então entregar as pás ao doutor". Após as pás serem colocadas nele, "o doutor apertou o botão e [ele] de repente estava de volta ao seu corpo e olhando para o médico".

Ele sentiu muita dor quando o choque atravessou seu corpo e afirmou que, por causa da dor que essa técnica – conhecida como cardioversão – causa, teve pesadelos com bastante frequência.

As enfermeiras presentes disseram que ele abriu os olhos após a cardioversão e falou:

— Isso foi muito estranho. Eu estava flutuando em cima do meu corpo e fui sugado de volta para dentro dele.[5]

EE confirmada

Este é um caso relatado a mim por Viola Horton – uma mulher que passou por uma cirurgia de emergência – e por toda sua família e seu médico, um emergencista. Foi uma das primeiras EE confirmadas de que eu tive conhecimento e foi a que me convenceu de que a consciência podia perambular e retornar ao corpo.

Viola saiu de seu corpo, em seguida da sala de operação, e confirmou sua EE ao descrever o que vira e ouvira em outras partes do hospital. De acordo com relatos do médico de Viola sobre o que ela compartilhou, a mulher saiu do seu corpo, foi até a sala de espera e viu sua filhinha vestindo roupas xadrez que não combinavam. Mais tarde Viola contou para sua família sobre aquela experiência, e, quando ela disse ter visto a menina vestindo roupas que não combinavam (ela tinha se vestido com pressa para poder acompanhar a mãe), eles souberam que ela tinha estado naquela sala de espera com eles. Ali ela viu seu cunhado no orelhão. Aproximou-se para tentar fazer contato com ele e pôde ouvir sua conversa.

— Pois bem, eu estava indo para outra cidade visitar o tio Henry — dizia ele para um colega de trabalho. — Mas pelo jeito minha cunhada vai bater as botas, então é melhor eu ficar por aqui para carregar o caixão.

Ela contou tudo isso para o médico alguns dias depois. Sua família ainda duvidava de tudo o que tinha acontecido, até que ela virou para seu cunhado e disse:

— Da próxima vez que eu morrer, pode ir visitar o Henry porque eu vou ficar bem.

Todos tinham ouvido o que ele falara no telefone e ficaram tão chocados quanto ele ficou envergonhado quando perceberam que ela tinha visto e ouvido tudo o que havia sido dito e feito.[6]

Um encontro extracorpóreo

Esta é uma EE ímpar. Trata-se da comunicação entre dois irmãos, cada um deles em hospitais diferentes e cada um deles perto do fim da vida ao mesmo tempo: o irmão por problemas no coração e a irmã em coma diabético. Quem me contou esta EE foi o irmão, um soldado em Fort Dix, Nova Jersey. Quero deixar claro que já utilizei esse mesmo estudo de caso em *Glimpses of Eternity* e decidi usá-lo novamente por causa de sua natureza complexa:

> Eu saí do meu corpo e fui até o canto do quarto, de onde observei os médicos tratarem de mim lá embaixo.
> De repente eu estava conversando com a minha irmã, que estava lá em cima comigo. Eu era muito ligado a ela, e estávamos tendo uma ótima conversa sobre o que acontecia lá embaixo quando ela começou a se afastar de mim.
> Tentei ir junto, mas ela me dizia para ficar onde eu estava:
> — Não chegou a sua hora — ela disse. — Você não pode ir comigo porque não chegou a sua hora.
> Nisso ela desapareceu através de um túnel enquanto eu fiquei ali, sozinho.
> Quando acordei, falei para o médico que minha irmã tinha morrido. Ele negou, mas, após eu insistir, ele pediu para uma enfermeira ir checar. E de fato ela havia morrido, como eu disse que tinha acontecido.[7]

Eu estava perto de Fort Dix quando fiquei sabendo dessa história. Com algum tempo livre, decidi visitar o médico envolvido no caso. Não apenas ele confirmou o ocorrido como também adicionou que sua conduta profissional mudou a partir dali. Ele contou que aquele caso era tão estranho que normalmente ele não o investigaria. Afinal, ele era um médico do exército, muito ocupado e cheio de pacientes, e aquilo mais parecia um sonho do que algo real. Mas, quando foi confirmado que a bizarra visão do paciente tinha sido verídica, o doutor decidiu que não trataria mais histórias como essa com ceticismo. Ele prometeu a si mesmo que iria escutar as histórias de cada paciente e avaliá-las a partir de um novo ponto de vista.

Eu lembro quando ele disse:

— Acontecem coisas para as quais não há uma explicação médica, e eu não quero perder a oportunidade que elas me proporcionam de aprender.[8]

OS INVESTIGADORES

Existem relatos sobre EE há milhares de anos. No Egito, imagens delas aparecem em hieróglifos, nos quais o espírito da pessoa falecida aparece deixando seu corpo. Bem mais tarde, os antigos gregos abordaram as EE de uma maneira filosófica graças a Hermótimo, um filósofo de 800 a.c. que ficou famoso por ser capaz de sair de seu corpo quando quisesse e viajar longas distâncias. Por causa disso, Hermótimo se tornou uma sensação entre os outros filósofos, que acreditavam que sua habilidade de sair do corpo comprovava a existência de uma mente e de um corpo.

A ideia de que a mente possa se separar do corpo abriu as portas para o que hoje é conhecido como o problema mente-corpo, o estudo da relação entre a mente e o corpo, ou se uma mente não material existe de fato.

CIÊNCIA MODERNA E AS EE

Nos dias de hoje, muitos pesquisadores já aplicaram o método científico para estudar as EE. No passado, eu não fui um deles. Quando escrevi *A vida depois da vida*, deixei claro para os leitores que aquele não era um trabalho científico. Era, sim, um trabalho de observação, pura e simplesmente. Se fosse necessário ser feito um estudo científico, eu disse, outra pessoa teria que fazê-lo.

Pouco depois do lançamento do meu livro, o cardiologista Michael Sabom aceitou o desafio. Ele estava presente na sala quando Sarah Kreutziger, uma assistente social e psiquiatra na Universidade da Flórida, em Gainesville, deu uma aula sobre meu livro em uma escola dominical para adultos. Sua apresentação pareceu impressionar a todos os presentes, menos Sabom, que não acreditou que os relatos de experiência de quase-morte no livro fossem reais.

Mais tarde, naquela mesma semana, Kreutziger ligou para Sabom e falou que o pastor tinha ficado sabendo de sua aula e queria que ela a desse para todos da igreja. Ela então pediu que Sabom se juntasse a ela.

Ele concordou com uma condição: perguntaria a vários de seus pacientes que tinham sofrido um ataque cardíaco se haviam passado por uma EQM enquanto eram reanimados. Kreutziger concordou e disse que iria perguntar a seus pacientes se eles já tinham vivenciado algum dos episódios de EQM encontrados no meu livro.

Isso viria a se tornar um "estudo de igreja" de longo prazo (que foi como eu chamei aquilo). Para tal, Sabom insistiu com Kreutziger para que eles coletassem meticulosamente observações concretas por meio de um método rigoroso e imparcial, também conhecido como método científico. Ele achava – e com razão – que meu método para coletar estudos de caso em *A vida depois da vida* tinha sido muito aleatório e desorganizado para sua rígida abordagem médica.

Os dois pesquisadores concordaram em utilizar pacientes que estiveram fisicamente próximos da morte, ou seja, pacientes que haviam passado por uma catástrofe psicológica extrema da qual não se esperava que sobrevivessem sem uma intervenção médica.

As vivências de cada um dos pacientes com uma experiência de quase-morte confirmada foram comparadas com aquelas descritas no meu livro. Kreutziger e Sabom registraram os históricos educacionais, ocupacionais, sociais e religiosos dos pacientes e analisaram o conteúdo de suas EQM, confrontando-as com as influências daqueles históricos.

Para Sabom, as EE mais interessantes foram as relatadas pelos meus voluntários. Eles afirmavam se recordar de muitos detalhes visuais, mesmo estando inconscientes, e por isso não deveriam se lembrar de nada.

A dupla conduziu seus estudos em aulas nas mais diversas igrejas e organizações da sociedade civil, escolhendo uma série de estudos de caso a partir da audiência. Kreutziger se mudou para a Louisiana para concluir seu doutorado, e Sabom seguiu sua carreira na Emory University School of Medicine [Escola de Medicina da Universidade Emory] e como médico supervisor no Atlanta Veterans Administration Hospital [Hospital de Veteranos de Atlanta], onde teve acesso a muitos sobreviventes de uma quase-morte. A atribuição nesse novo hospital expandiu e muito o tamanho de sua população de estudo.[9]

Sabom e eu, em conjunto com o doutor Kenneth Ring, o médico Bruce Greyson e John Audette, acabamos unindo forças para criar em 1977 a International Association of Near-Death Studies (IANDS) [Associação Internacional de Estudos de Quase-Morte], uma organização voltada para os estudos de experiências de quase-morte.

Sabom iniciou o Atlanta Study [Estudo Atlanta] em 1978, uma investigação sobre as experiências de quase-morte focada majoritariamente em EE. Ao provar que a consciência tinha de fato deixado o corpo no momento da morte clínica (definida como o instante em que os sinais de vida externos do paciente não estão mais presentes e ainda não foram restaurados com êxito), Sabom comparou o que o paciente se lembrava de ter visto com as notas da equipe médica sobre o que tinha ocorrido durante a reanimação. Pelo fato de Sabom ser cardiologista, a maioria de seus estudos de caso são de indivíduos que haviam sofrido paradas cardíacas. Trata-se de uma vantagem, já que quase todos concordam que um paciente cujo coração parou está próximo da morte.[10]

Preciso admitir que senti um grande alívio com as descobertas feitas por Sabom e Kreutziger. Eles não só são excelentes pesquisadores, comprometidos com o método científico, como também estavam dispostos a enterrar seus vieses e a aceitar os resultados da pesquisa. Antes de o Atlanta Study começar, Sabom não confiava nas conclusões que eu tinha escrito em *A vida depois da vida*. Ele, aliás, achava que eu havia inventado a maior parte dos estudos de caso. Kreutziger acreditava nas conclusões às quais eu tinha chegado. Ainda assim, quando chegou o momento de coletar e analisar os estudos de caso, ambos os pesquisadores guardaram suas opiniões para si e basearam suas conclusões nos resultados dos estudos.

Graças ao trabalho meticuloso de ambos, Sabom e Kreutziger reuniram excelentes estudos de caso, como as quatro EE comprováveis listadas aqui. São casos em que a consciência dos pacientes se separou de seus corpos e eles foram capazes de "ver", e mais tarde descrever, o que a equipe médica que cuidava deles estava fazendo. Cada um desses casos foi contado pelos pacientes com suas próprias palavras e depois autenticado pelos médicos.

Visão inconsciente
Após ser reanimado, um homem descreveu o procedimento:

> — E quando mencionei algumas coisas que ele (o doutor) tinha feito, foi aquilo que realmente fez ele pensar "bem, de fato eu fiz isso. Eu sei que você estava inconsciente, então você deve ter visto". Havia algumas coisas, não lembro exatamente o que agora, que eu precisava ter visto ou então eu não saberia que ele as tinha feito.[11]

O doutor disse que era impossível
Em uma situação extracorpórea, um paciente disse ao médico o que ele tinha visto durante uma parada cardíaca:

> Quando o dr. B (me) viu, ele disse que tinha sido por pouco, que eu tinha morrido e tudo o mais. Eu falei:
> — Dr. B, eu não morri. Eu sei tudo o que aconteceu.
> Eu contei quando ele se aproximou da minha axila direita, mudou de ideia e foi para o outro lado. Ele respondeu que era impossível e que àquela altura eu estava legalmente morto e era incapaz de ter visto aquilo. Ele apenas fez que não com a cabeça, não conseguia entender como aquilo tinha acontecido. Então eu perguntei:
> — Estou certo?
> No que ele respondeu:
> — Sim, você está certo! — Ele balançou a cabeça mais uma vez e simplesmente foi embora.[12]

Linha reta
Um corretor de imóveis de 50 anos descreveu sua parada cardíaca e EQM:

> Então meu peito começou a doer e eu desmaiei. Por um período não lembro nada do que aconteceu, mas um tempo depois lembro de estar no teto olhando para baixo em direção aos médicos que cuidavam de mim. [...] [A enfermeira] pegou uma agulha e logo começou com a intravenosa. [...] Tudo estava no seu lugar como sempre esteve – a mesinha de cabeceira, a

cadeira, tudo o que me vinha à cabeça. [...] Parecia que ele [o médico] estava com uma mão no meu peito e o golpeava continuamente com muita força. Eu via a cama se mexer para cima e para baixo. [O monitor cardíaco] ainda não estava funcionando naquela hora. Havia uma luz vermelha ligada e uma linha reta no monitor. [...] Seja lá o que eles fizeram, fez o monitor voltar a funcionar. Foi então que eu voltei para a cama.[13]

Reentrada perfeita
Um homem relembra seu ataque cardíaco:

Eu não aguentava mais a dor. [...] Então desabei. Foi quando ficou tudo escuro... [...] Pouco depois. [...] Eu estava sentado em algum lugar lá em cima e conseguia olhar para baixo, e nunca tinha reparado que o chão era de ladrilhos preto e branco. Essa é a primeira coisa que eu lembro de ter consciência. [...] Reconheci a mim mesmo lá embaixo, meio que encurvado em uma posição quase fetal. Duas ou três pessoas me ergueram e me colocaram em uma bandeja, não uma bandeja, um carrinho. [...] Eles amarraram minhas pernas e me levaram. Assim que me colocaram na mesa, [o médico] me acertou, e não de leve, ele me deu uma senhora pancada. Ele levou o punho até bem atrás da cabeça e me acertou bem no meio do peito. Então eles começaram a pressionar meu peito. [...] Eles enfiaram um tubo de plástico, daqueles que você coloca em uma lata de óleo, eles enfiaram aquilo na minha boca. [...] Naquele momento, eu reparei em outra espécie de mesa preparada com um monte de coisas ao lado. Mais tarde eu fui saber que aquela era a máquina com a qual eles fazem a compressão em você. [...] Eu conseguia ver minha orelha direita e este lado do meu rosto, porque eu estava olhando para o outro lado. [...] Conseguia ouvir as pessoas conversando. [...] Aquilo [o monitor cardíaco] parecia um osciloscópio. Ele emitia a mesma linha várias vezes, uma depois da outra. [...] Eles enfiaram uma agulha em mim. [...] Fizeram isso com as duas mãos – achei isso muito estranho. [...] Então eles pegaram uns discos redondos que tinham uma alça em cima. [...] Colocaram um aqui – acho que esse era maior que o outro – e colocaram um aqui [o paciente mostrou os lugares corretos no peito] [...]

Eles fizeram a compressão e eu não respondi. [...] Me pareceu que, de algum jeito, eu podia escolher entre voltar para o meu corpo e ter a chance de ser salvo por eles ou eu poderia simplesmente morrer, isso se eu já não estivesse morto. [...] Eu sabia que ficaria tudo bem, mesmo se meu corpo morresse ou não. [...] Eles fizeram a compressão uma segunda vez. [...] Eu voltei para o meu corpo, simples assim.[14]

Como prova adicional da precisão da percepção das EE, Sabom pediu aos pacientes que descrevessem as reanimações pelas quais todos tinham passado durante suas paradas cardíacas. Essas respostas foram comparadas com as de um grupo de 25 "pacientes cardíacos tarimbados" que também haviam sido reanimados, mas não tiveram nenhuma EQM ou EE.[15] O estudo concluiu que os que tiveram uma EQM e uma EE tinham sido capazes de dar descrições muito mais precisas em relação àqueles que não tiveram uma EE, sendo isso evidência bastante clara de que as EE de fato ofereceram uma visão precisa da realidade.[16]

ESTUDOS ADICIONAIS

Outro estudo que vale a pena ser lido foi publicado em 2006 por Penny Sartori. Ela entrevistou quinze pessoas que passaram por EQM, oito das quais relataram ter saído de seus corpos.[17] Ela comparou as narrativas do que elas haviam visto com as de pacientes que tiveram uma EQM, mas não uma EE. Ela descobriu que quem afirmava ter saído do corpo descrevia as reanimações com bastante precisão, enquanto os outros descreviam esse processo de maneira imprecisa.[18]

Em um complicado estudo publicado no ano seguinte, a doutora Jan Holden, pesquisadora e educadora na Universidade do Norte do Texas, reuniu todas as EQM acompanhadas de EE que até então já tinham sido publicadas em artigos acadêmicos e livros.[19] Ela descobriu que 89 desses casos continham observações de eventos terrenos cotidianos, enquanto catorze pessoas que vivenciaram EQM descreveram "fenômenos espirituais, e não físicos" que foram capazes de serem verificados mais tarde.[20] Os critérios do estudo eram tão rigorosos que uma EE seria considerada imprecisa se uma única observação estivesse incorreta.[21] Apesar dos critérios rígidos, 92% das descrições de EE foram consideradas corretas, um saldo final que prova que as EE são reais.[22]

O médico Jeffrey Long, fundador da NDERF, publicou um estudo sobre a precisão das observações feitas durante EE em experiências de quase-morte.[23] Essa investigação analisou 617 EQM que foram compartilhadas em uma pesquisa no site da NDERF,[24] entre as quais 287 incluíam relatos de EE com informações suficientes para determinar sua veracidade.[25] Uma análise dessas 287 EE descobriu que 280 delas (97,6%) descreveram eventos terrenos que aconteceram durante suas EQM com observações completamente realistas.[26] A partir desse grupo de estudo de 287 pessoas que tiveram EE, 65 pessoas que tiveram uma EQM investigaram pessoalmente a precisão de suas observações de EE após se recuperar de seus encontros cara a cara com a morte.[27] Nenhuma delas encontrou qualquer imprecisão em suas observações durante as EQM.[28]

Muitas dessas EE continham observações que estavam muito fora da realidade cotidiana da pessoa. Long incluiu um desses casos em um premiado ensaio intitulado "Evidence for Survival of Consciousness in Near-Death Experiences: Decades of Science and New Insights" [Evidência de sobrevivência da consciência em pessoas que passaram por experiência de quase-morte: décadas de ciência e novas percepções].[29] Nesse ensaio, ele citou o caso de uma mulher que preferiu ser identificada apenas por seu primeiro nome, Kate. Ela estava sob anestesia geral – em outras palavras, estava em um sono induzido por medicamentos no qual a consciência como um todo é colocada em compasso de espera durante a operação:

> Eu estava no teto olhando a cirurgia acontecer lá embaixo. Não estava estressada. O cirurgião pediu por um instrumento. Deram a ele um errado, então ele o arremessou no chão. Em seguida, comecei a avançar por um longo túnel, que ficava cada vez mais claro. Estava escutando uma música maravilhosa, e desde então eu amo aquela música. Eu saí em um lugar claro, cheio de flores e árvores, com um riacho onde

havia uma ponte que parecia ser feita de troncos de árvore entrelaçados. Minha avó estava do outro lado dessa ponte. Ao seu lado havia uma mulher com brilhantes olhos azuis, uma pinta escura próximo à boca e uma covinha no queixo. Eu nunca a tinha visto antes. Quando comecei a atravessar a ponte, minha vó disse para eu voltar, que ainda não era a minha hora. Ela disse que um dia eu iria para lá. Nisso senti uma grande tristeza, pois queria muito estar com ela. Quando eu era criança, ela sempre esteve comigo quando eu precisava dela. Depois disso, ouvi um grande "assobio". Em seguida, percebi que estava consciente de novo. Minha mãe, de quem eu nunca tinha sido muito próxima, chorava ao lado da cama. Ela disse:
— Nós quase te perdemos. Você ficou muito mal e inconsciente por dias.
Eu falei: — Preciso te contar uma coisa.
Ela respondeu:
— Não, agora você precisa descansar.
Mas eu insisti e contei para ela sobre a experiência. Ela não estava acreditando até eu chegar na parte da ponte. Minha avó era sua mãe. Descrevi a senhora ao lado da minha avó e minha mãe disse que era a avó dela, que morrera muito antes de eu nascer. Quando o cirurgião veio me ver, ele me contou quão mal eu estive e que eu tinha morrido na mesa de cirurgia. Falei que tinha visto tudo, inclusive quando ele arremessou o instrumento no chão. Em seguida, contei a ele toda a história.[30]

"Kate com certeza não esperava que o cirurgião jogasse um instrumento no chão", escreveu Long em seu artigo. "Ela também não esperava ver sua falecida bisavó, que havia morrido muito antes de ela nascer."[31]

Kate estava sendo operada sob anestesia geral, o que significa que ela não deveria ter nenhum lapso de consciência, ponto-final. Além disso, se tivesse quase morrido de parada cardíaca, ela não deveria ter sido capaz de ter uma experiência lúcida e organizada, sobretudo sob anestesia geral. "Deveria ser totalmente impossível ter qualquer tipo de memória daquele período", escreveu Long. "E, mesmo assim, uma grande quantidade de pessoas que passaram por uma experiência de quase-morte vivenciou uma EE sob anestesia geral."[32]

CONECTADO À SABEDORIA UNIVERSAL

Muitos dentro do mundo médico acreditam que a anestesia geral seja "o sono dos mortos", uma vez que a pessoa sob seu efeito não consegue ter consciência de nada. No entanto, a pesquisa de Long e dos outros que estudaram as EE contradiz essa ideia. Suas evidências bastante convincentes mostram que existe um tipo de "superconsciência" capaz de se sobrepor à anestesia, algo importante para o tema da alma.

A alma, como dito por Long, é "uma essência não física que continua a existir mesmo após a morte do corpo".[33] Essa essência é formada por nossas memórias, personalidade e pessoalidade – uma definição popular da alma. Mas a definição de Long vai além: ele propõe que existe uma "parte de nós" conectada à sabedoria espiritual, uma biblioteca universal de informações espirituais que só pode ser acessada através de certos tipos de experiências, uma delas sendo a EQM.[34] Outros jeitos podem ser sonhos inusitados, lampejos de inspiração (aqueles momentos "já sei"), déjà-vus ou ainda fagulhas de uma conexão com algo maior do que nós. Pouquíssimas pessoas conseguem se conectar de maneira significativa com a sabedoria universal, mesmo quando tentam através de determinadas disciplinas, como a meditação ou uma profunda oração. Porém, experiências como a EQM podem acionar esse tipo de conexão e, quando isso acontece, podem provocar uma EE e dar acesso a experiências místicas e a informações que não sabíamos que existiam antes.

Para que tais experiências místicas aconteçam, normalmente é necessário um gatilho, como o medo, ou talvez algum acidente ou uma parada cardíaca. Quando esse gatilho acontece, o universo se abre. Às vezes, essa abertura inclui uma experiência extracorpórea, durante a qual a consciência parece deixar o corpo e vagar livre em tempo real. Depois disso, alguns são capazes de descrever – com detalhes – pessoas, lugares e coisas que nunca tinham visto antes.

É aí que entram em jogo a sabedoria, informações e reflexões que vão além de suas existências terrenas. Eles ficam cientes da existência de um ser supremo de um modo que seria improvável sem a EE. Parafraseando Long, eles passam a entender conceitos como conexão, unidade e unicidade, coisas que não conheciam antes da EE. Tudo isso fez Long acreditar que experiências de quase-morte são cocriações, parte EQM terrena e parte sabedoria divina, com uma sensação arrebatadora de amor e inteligência que muitos identificam como a presença de Deus.[35]

Comentários como esse não fazem de Long alguém benquisto entre algumas figuras na comunidade de pesquisa médica, especialmente por aqueles que não acham cientificamente apropriado agrupar termos como *alma* e *experiências de quase-morte* com *pesquisa médica*. Ainda assim, para Long, a consciência – a alma – é aquela coisa invisível sobre a qual sabemos quase nada.[36] É invisível, parece existir em paralelo ao nosso corpo, e mesmo assim define nosso caráter, personalidade, pessoalidade e conexões universais.

Estou inclinado a concordar com quase tudo o que disse Long sobre a alma. Na minha opinião, é mais fácil conceituar a identidade pessoal em termos de uma estrutura narrativa do que baseá-la em uma entidade abstrata como a alma. Quando se dão novos acontecimentos na minha vida e eu reajo a eles de um modo específico, com determinada opinião e sentimento, é natural que eu os adicione à minha história de vida, à minha narrativa, que são parte da minha identidade pessoal. Fazer isso torna o conceito de alma muito menos abstrato.

Sem receio de entrar em conflitos intelectuais, Long enfrenta – sem medo – os céticos usando argumentos que buscam acabar com a crença de que as EE sejam inventadas, sonhos bizarros ou apenas uma falsa memória.

CÉTICOS EM ABUNDÂNCIA

Os céticos argumentam que, quando pessoas que passaram por experiências de quase-morte confirmam as observações de EE como verdadeiras, isso tudo são apenas golpes de sorte, criados através de sonhos bizarros ou falsas memórias. Long atesta: "Esse ceticismo é refutado pelas observações precisas das EE presentes em diversos grandes estudos. Eles incluem centenas de observações de EE realistas, e muitas delas mais tarde acabaram sendo confirmadas como verídicas".[37]

O que Long disse ali é verdade: os céticos criticam pesquisas sobre EE com a mesma negatividade com a qual criticam pesquisas sobre EQM. Eles tentam descartar mesmo a mais minuciosa pesquisa sobre EE. Eu vejo isso como um medo entre os céticos, medo de que uma pesquisa provoque uma reviravolta em suas crenças de longa data e os force a examinar suas próprias concepções de mundo.

Os céticos acreditam que existam pouquíssimas EE, e menos ainda aquelas que possam ser provadas. Diz Long:

> *O grande número de relatos de caso com observações de EE corretas, tanto publicadas anteriormente quanto publicadas no site da NDERF, desmente os céticos. Indo além, isso é ilustrado em dezenas de exemplos de EQM que contêm observações de EE. Não é comum que a NDERF receba um relato de EQM com uma observação de uma EE irrealista ou que, mais tarde, verifica-se não ter ocorrido.*[38]

Os céticos acham que as EE são "falsas memórias" surgidas no início ou no fim de uma EQM.[39] Mais uma vez, isso está errado, de acordo com Long. A maior parte das pesquisas indica que o período consciente durante uma EQM ocorre no meio ou em toda a experiência, mesmo quando a pessoa que a vivencia está profundamente inconsciente. Parece contraditório, mas esse é mais um dos mistérios desses fenômenos. "Durante a EQM, o pico de consciência e vigilância ocorre geralmente quando o corpo está inconsciente", escreveu Long.[40]

Concordo com Long. Ao longo de todos os anos em que coletei e estudei as EQM, é raro encontrar um caso em que a pessoa que teve a experiência não a descreva acompanhada por uma visão clara e pelo mais alto nível de percepção consciente, um que ela jamais vivenciara antes. É difícil acreditar que seja assim, dado que pessoas que passam por uma EQM estão inconscientes e de olhos fechados. No entanto, é parte do mistério que envolve as EQM – a habilidade de ter uma visão mental clara e um nível de consciência mais significativo do que jamais tiveram antes.

"Com centenas de observações de EE precisas, possuímos agora considerável evidência a partir de EQM de que a consciência existe separada do corpo físico, mesmo quando este está inconsciente ou clinicamente morto", escreveu Long. "Observações provenientes de EE distantes do corpo durante experiências de quase-morte são tão precisas quanto as que ocorrem próximas ao corpo. Essa evidência aponta para a conclusão de que nossa consciência continua após a morte carnal e de que a vida após a morte é uma realidade."[41]

O QUE DEIXA O CORPO?

Mas, então, o que é que deixa o corpo durante uma EE? A alma? Sim, responde Long, é a alma.[42] Para evitar a polêmica de simplesmente mencionar "alma" em um ambiente científico que geralmente a conecta à religião, Long recorreu às duas definições de alma propostas no *Encarta World English Dictionary* [Dicionário Global de Inglês Encarta]:

Primeiro a definição não religiosa: "Conjunto de atributos humanos que se manifestam como consciência, pensamento, sentimento e desejo, considerado algo distinto do corpo físico".

E, segundo, a definição que inclui a religião: "Em alguns sistemas religiosos, a parte espiritual do ser humano que se acredita continuar a existir após o corpo morrer".

Ao adotar essas definições da palavra "alma", Long e seus colegas foram capazes de evitar argumentos de viés religioso que poderiam vir a impedir o desenvolvimento de pesquisas importantes. O resultado disso são os cinco elementos "politicamente corretos" que definem o que é "isso" que deixa o corpo durante uma EE:

1. **"Isso" não precisa do corpo para sobreviver.** Pessoas que passaram por EQM dizem que deixam seus corpos e a dor e sofrimento que o acompanham, mas continuam conscientes de si mesmas e do mundo ao seu redor.
2. **"Isso" sabe que vem de um corpo específico.** Quase sem exceção, quem deixa o corpo reconhece o corpo de onde saiu. Quase sempre vão separar um tempo para examinar seu hospedeiro carnal. A maior

parte das pessoas que passaram por uma EQM descreve "olhar para baixo" e ver seu corpo sofrendo. Com frequência, um médico ou outro profissional de saúde as havia declarado mortas ou quase mortas. Elas com frequência dizem que se sentiram mal por seus corpos, mas reconheceram que ele não passava de um receptáculo carnal para seus eus interiores.

3. **"Isso" contém os cinco sentidos.** Quem passou por uma EQM e deixou o próprio corpo estava ciente de ainda possuir os cinco sentidos. Por vezes, esses sentidos estavam mais aguçados. Muitos relatam ter uma visão hiperaguçada enquanto outros dizem ter uma audição sobrenatural.

4. **"Isso" é livre para se movimentar e parece não estar amarrado ao corpo.** Apesar de as pessoas que passaram por uma EQM retornarem aos seus corpos, raramente há a sensação de estarem conectadas a ele quando elas estão do lado de fora. Muitas pessoas viajam longas distâncias e são capazes de narrar indivíduos, lugares e eventos de maneira precisa quando retornam.

5. **"Isso" é o veículo para outra dimensão.** A pessoa que passa por uma experiência extracorpórea quase sempre se vê entrando em um túnel que a leva para outro mundo, onde, muitas vezes, encontra parentes falecidos, seres de luz, e tem a própria vida analisada.[43]

A pesquisa de Long é impecável, mas o que falta aqui é um comentário sobre o número absoluto de pessoas que tiveram uma EE no mundo. Cerca de 35% de quem tem uma EQM relata ter tido uma EE.[44] Alguns estudos dão conta de números bem maiores. E um relatório feito pela IANDS na Alemanha, na Austrália e nos Estados Unidos revelou que 15% de suas populações tiveram uma EQM.[45] Isso se traduz em milhões e milhões de EE, cujo estudo poderia responder a uma variedade de perguntas sobre a natureza da consciência, visão remota, cura remota e muito mais.

Um grande estudo global não apenas abriria as portas para uma variedade de eventos místicos como também faria com que compreendêssemos os poderes invisíveis do universo, os quais poderiam mudar a natureza dos nossos sentidos.

A MELHOR EE SOBRE A QUAL JÁ OUVI

Antes de mudar de assunto, gostaria de contar a melhor EE sobre a qual já ouvi. A melhor não apenas porque aconteceu com uma pessoa por quem tenho enorme respeito por ser muito verdadeira, mas porque pesquisas comprovaram que sua experiência foi autêntica.

Em dezembro de 1943, George Ritchie, futuro psiquiatra e autor de *Ordered to Return* [Ordenado a voltar], se alistou no exército e foi enviado para Berkeley, no Texas, para realizar seu treinamento militar. Lá, ele pegou uma doença respiratória que evoluiu para uma pneumonia, causando uma febre de 40,5 °C.

Ele lembra de se levantar de sua cama de hospital e de olhar para seu próprio corpo ainda no leito. Quando isso aconteceu, ele soube que estava em apuros. Ele tinha visto o corpo de seu avô morto alguns anos antes e sabia que, ao observar sua palidez, também tinha ido para o outro lado.

Só que ali estava ele, fora de seu corpo, observando os arredores!

Ritchie foi na direção da primeira pessoa que viu, um enfermeiro carregando uma bandeja cheia de instrumentos. Em vez de esbarrar nele, como estava prestes a fazer, ele passou direto pelo garoto, como se ele não estivesse ali.

Ninguém consegue me ver, ninguém consegue me sentir, e ninguém consegue me ouvir, ele pensou. Nesse momento, ele decidiu partir do campo militar Berkeley, no Texas, e voltar para Richmond, na Virgínia, para ver sua mãe.

Apenas pensar em ir para lá fez algo inesperado acontecer. De repente, ele teve a sensação de sair do chão e voar para casa. Então, outro pensamento passou por sua cabeça: *se ninguém consegue me ver, sentir ou me ouvir, como eles seriam capazes de se comunicar comigo?*

Ele decidiu aterrissar em uma cidadezinha ao sul de Richmond e viu um pequeno restaurante no fim da rua. Quando um homem saiu de lá, Ritchie tentou conversar com ele, mas sem sucesso. Tentou então tocar a bochecha dele, mas sua mão atravessou a cabeça do homem como se ele não estivesse lá.

A sensação de invisibilidade assustou Ritchie, sobretudo porque, nesse caso, significava que ele parecia não estar ali. O que aconteceria se ele não conseguisse voltar para o campo militar em Berkeley? Ficaria ele separado de seu corpo e todos os seus sentidos?

Num piscar de olhos, ele estava de volta ao campo militar e ao hospital, onde estava seu corpo. O local estava cheio de homens, todos parecidos: bronzeados, magros e de cabelo curto, todas essas características de recrutas em treinamento.

Ele zanzou pelo campo em busca de si mesmo e viu um corpo coberto com um lençol, exceto pela mão, que estava usando o anel de formatura de Ritchie. Ele tinha se encontrado.

Ao olhar para si mesmo lá embaixo, ele notou uma luz clara e suave próxima à sua cabeça. Ela ficou cada vez mais brilhante até preencher todo o recinto. Então, no seu interior, ele ouviu uma voz grave que disse:

— Levanta, levanta! Você está na presença do filho de Deus.

O hospital ao redor dele desapareceu completamente e foi substituído pela visão de um panorama de tudo o que ele tinha feito em sua vida.

A voz continuou e perguntou o que ele tinha feito de sua vida, e em particular o que tinha feito para melhorar a situação do amor no mundo.

Com seu corpo coberto por um lençol e sua consciência conversando com Deus, aquele poderia muito bem ter sido o ponto-final para Ritchie, mas não foi. O médico preencheu o atestado de óbito e mandou o enfermeiro preparar o corpo para o necrotério. Nisso, o enfermeiro notou um pequeno movimento e avisou o médico, que voltou e mais uma vez declarou que Ritchie estava morto. Pouco depois, o enfermeiro mais uma vez chamou o médico e disse ter visto Ritchie se mexer, e pediu se ele não poderia injetar uma dose de adrenalina no coração do jovem soldado. Talvez cansado de ser importunado, o médico assim fez e Ritchie, milagrosamente, ressuscitou. Seu histórico médico atesta que ele morreu duas vezes, com uma diferença de nove minutos entre cada uma das mortes.

Experiência verdadeira

Até agora, essa história parece só uma fantasia – ou muito boa sorte. Mas é o que aconteceu depois de sair do hospital que comprova que sua experiência foi real. Voltando para Richmond de ônibus, Richie passou pela cidade de Vicksburg, no Mississípi.

— Tem um restaurante no fim da próxima rua — Ritchie falou sem pensar para o conhecido que viajava com ele.

— Como você sabe? — perguntou o conhecido.

Então Ritchie contou a história de sua experiência de quase-morte no campo militar em Berkeley e sobre sua viagem extracorpórea. O conhecido decidiu então testar Ritchie.

— O que tem depois da esquina? — perguntou. — O que fica ali? E ali?
— Ritchie conseguiu responder a todas as perguntas de seu companheiro de viagem. E foram essas respostas corretas que fizeram com que a EE de Ritchie fosse uma experiência de morte compartilhada, na qual sua consciência foi capaz de viajar livremente e contar com precisão o que vira.[46]

Foi difícil para alguns acreditar na história de Ritchie. Quando falava sobre essa experiência, e ele o fazia com frequência – e na maior parte das vezes para uma plateia de igreja –, uma parcela dessas pessoas sempre expressava seu descontentamento. Algumas delas, a maioria homens, declaravam em voz alta que a história era falsa, que nunca tinha acontecido, ou ainda que ele tinha criado uma fantasia em cima de um caso grave de pneumonia e o transformado em uma jornada fictícia imitando uma parábola bíblica.

Eu também teria reagido com ceticismo naquele tempo se não tivesse contado a história de Ritchie ao meu pai pouco depois de a ter ouvido.

Quando escutou o nome George Ritchie, meu pai, um cirurgião geral, balançou com a cabeça e me olhou perplexo:

— George Ritchie... me lembro dele e de sua história nos meus tempos no campo militar Berkeley.

O treinamento militar do meu pai foi naquele mesmo lugar e na mesma época do incidente de Richie. Ele contou que a história muito rapidamente se tornou lendária. Adicione a isso o atestado de óbito assinado pelo médico confirmando sua primeira morte, e a montanha de provas já ficava bastante grande.

Além disso, havia evidência de mudanças no próprio Ritchie, o que tornava sua história ainda mais convincente. No capítulo "A luz transformadora", você lerá sobre transformações mentais que ocorrem naqueles que passaram por uma experiência de quase-morte. Uma delas é a capacidade de ter várias experiências psíquicas verificáveis, muito mais do que a média da população em geral. Esse era o caso de Ritchie. Ele recebia frequentes mensagens psíquicas, e para Ritchie isso era normal – ele achava que o cérebro era um receptor de mensagens da Origem, o nome inicial que ele deu a um ser superior. Ele acreditava nisso sem questionar e, como resultado, sempre seguia as ordens da voz em sua cabeça.

Por exemplo – e essa é bem bizarra –, certa vez, ele estava em Washington, DC, com sua esposa, Margarite, quando olhou para um homem zangado que passava por eles na calçada. Uma voz surgiu em sua cabeça dizendo que o homem estava indo matar alguém. Ritchie seguiu o jovem e, quando chegaram na esquina, perguntou gentilmente se ele estava indo matar alguém. Surpreso (para dizer o mínimo), o homem admitiu que sim. Naquele exato minuto, estava indo matar um homem que o tinha insultado. Mais tarde, Margarite me contou que Richie conversou com o homem por vários minutos até ter certeza de que ele tinha se acalmado e que não iria mais cometer um assassinato – só então Ritchie e sua esposa seguiram seu caminho.

Essa e outras mensagens psíquicas não surpreendiam Ritchie. Ele lia muito sobre poderes psíquicos, e quanto mais fazia isso, mais religioso ficava. No fim, ele concluiu que estava sendo guiado pela voz de Deus e que não achava ser o único a receber esse tipo de orientação. Ele me disse em uma de nossas muitas conversas:

— Quando morri, fiquei mais próximo à Origem e aquilo criou uma conexão entre nós maior do que a que os outros têm. Mas todos nós estamos ligados a Deus. Ele nos dá esse poder, só precisamos estar dispostos a recebê-lo.[47]

Eu aceito essa explicação. Muitos cientistas acreditam que vivemos em um universo inteligente permeado por consciência. Eu não tenho motivo nenhum para duvidar dessa afirmação. Assim, se Ritchie acreditou nisso e decidiu dar à Origem o nome Deus, para mim isso não soa diferente de decidir usar a palavra Origem para descrever um universo com inteligência. Seja a Origem ou Deus, o poder universal do qual estamos falando vai além de nomes e nos convida a especularmos sobre os poderes da mente e a habilidade desta de existir separada do corpo.

UMA ENERGIA DIFERENTE

Isso nos traz até as palavras de Wilder Penfield, um dos maiores neurocirurgiões e pesquisadores da consciência do século XX. Foi a investigação minuciosa dos seus mapas do cérebro que deu à ciência um conhecimento mais profundo de como ele armazena a memória.[48] Penfield foi um dos primeiros neurocirurgiões a usar eletroestimulação para tratar crises epiléticas,[49] sendo também a pessoa que localizou a consciência dentro da estrutura cerebral.[50]

Sim, Penfield foi um gênio. Apesar de todos os seus sucessos nos campos cirúrgicos e anatômicos, ele admitiu ficar perplexo com o misticismo que envolve tudo isso que costumamos chamar de conexões entre o cérebro e a mente. Ele disse em sua biografia, *The Mystery of the Mind* [O mistério da mente]:

> É uma surpresa descobrir agora, durante esta análise final das evidências, que a hipótese dualista [a separação da mente e do cérebro] parece ser a mais razoável das duas explicações possíveis. [...] A natureza exata da mente é um mistério e a fonte de sua energia ainda precisa ser identificada.[51] [...]
> Se existe uma comunicação entre o homem e Deus ou se a energia que chega até a mente do homem após sua morte é de origem externa, cabe a cada pessoa decidir. A ciência não tem essas respostas.[52]

E foi nesse ponto que Penfield decidiu encerrar a discussão.

POR QUE EE INDICAM A EXISTÊNCIA DE UMA VIDA APÓS A MORTE

O enigma das experiências extracorpóreas intrigava pensadores gregos já em 600 a.C. Apesar de hoje em dia existirem mais pesquisadores do que nunca estudando de maneira séria as EE, em minha humilde opinião houve muito pouco progresso na compreensão de experiências extracorpóreas desde que Aristóteles escreveu sobre elas em 300 a.C.

Para explicar isso, eu deixo aberta a possibilidade de que os princípios da razão como os conhecemos atualmente não bastam para compreender a relação entre a mente – ou a alma – e o corpo. O mistério de nossa natureza enquanto entidades autoconscientes pode ser maior do que a mente racional pode compreender.

Enquanto isso, muitas vezes, a experiência extracorpórea é o primeiro passo na direção de um reino consciente de amor e luz. O fato de muitas pessoas se virem fora de seus corpos e ao mesmo tempo psiquicamente mais vivas do que nunca é uma notícia promissora. Mas, mais do que isso, as EE acrescentam uma camada de confiança e mais um motivo para seguirmos em busca de um prospecto de continuarmos existindo depois da morte.

3

Motivo 2: Experiências precognitivas (EP)

Acredito que nenhuma alma faça sozinha seu voo invisível até o Paraíso.
— **Basil Wilberforce**

O notável médico sir William Barrett, apresentado anteriormente neste livro, é conhecido por ser um dos primeiros proponentes do estudo sobre a vida após a morte. Ele foi médico em Dublin, na Irlanda, e membro fundador da SPR. Além disso, é possível afirmar que existem poucos fenômenos paranormais que Barrett não tenha examinado com minúcia.

Ainda assim, apesar da meticulosidade em trazer a ciência para esse campo, a opinião pública em relação ao seu trabalho frustrou Barrett. Ele expressou essa frustração em um discurso para a SPR em 1924, um ano antes de sua morte:

Estou convencido de que as evidências que publicamos com certeza demonstram (1) a existência de um mundo espiritual, (2) a sobrevivência após a morte e (3) a existência de comunicações ocasionais de pessoas que já faleceram. Contudo, é bastante difícil transmitir para aqueles que não tiveram uma experiência parecida a ideia exata do poder e da força cumulativa das evidências que me forçaram a acreditar em tudo.[1]

Eu concordo com Barrett. Pode ser bastante frustrante tentar convencer algumas pessoas de que existe evidência de vida após a morte sem que elas tenham testemunhado esses eventos pessoalmente. Sei disso por experiência própria. No início das minhas pesquisas sobre EQM, eu era um dos desconfiados a quem Barrett se referia. Porém, quando passei por uma dessas experiências paranormais – uma experiência precognitiva, para ser mais exato –, entrei para o time dos que acreditam e dele nunca mais saí.

DEFININDO EXPERIÊNCIA PRECOGNITIVA

Antes de seguir adiante, seria melhor lembrar você, leitor, da minha definição de experiência de morte precognitiva, que é quando alguém, de maneira inesperada, vê a morte de outra pessoa, geralmente um amigo ou familiar. Nesse tipo de evento, a visão se dá por meio de um "saber", um sonho ou visão que fornece um conhecimento prévio de natureza paranormal. Uma definição mais universal – e que eu prefiro, por sua generalidade – é que uma experiência precognitiva é simplesmente um conhecimento prévio de natureza paranormal. Uma definição mais geral como essa pode englobar experiências que não se encaixam em uma definição mais restrita, como uma na qual a pessoa falecida dá a impressão de aparecer no mesmo recinto.

Sonhos paralelos

Minha experiência precognitiva aconteceu no início do meu primeiro casamento e foi um dos dias mais tristes e misteriosos da minha vida.

O episódio ocorreu na forma de dois sonhos, um meu e o outro da minha esposa. Ela estava grávida de sete meses, e ambos estávamos muito animados com a criança que estava por vir. Por isso, esses sonhos nos perturbaram muito.

No meu sonho, eu estava em pé atrás de um obstetra. Seu jaleco era de um branco vívido e seu cabelo loiro-claro estava entremeado pelos cabelos brancos da meia-idade. Eu não vi seu rosto, mas sabia que ele estava assustado com o que tinha visto: um bebê nascendo morto, com o cordão umbilical enrolado em volta do pescoço, o que acabou enforcando-o. Era minha mulher que estava dando à luz e eu podia ver o sofrimento em seu rosto à medida que o parto ocorria.

Acordei.

Sentei-me na cama e olhei para minha esposa. Ela já estava sentada e olhando para mim. Enquanto me contava do sonho que tinha acabado de ter, seu rosto se cobriu em lágrimas. Era o mesmo sonho, só que ela viu o desenrolar dos acontecimentos a partir de sua perspectiva, oposta à minha. Ela pôde ver o médico com a máscara e aparentando estar triste, e eu de pé atrás dele, também usando uma máscara e triste. Ela não sentiu a dor do parto, mas pôde ver que o bebê estava morto.

Não conseguimos dormir aquela noite. Se somente um de nós tivesse tido aquele sonho já era inimaginável; ambos termos sonhado a mesma coisa, porém de perspectivas opostas, era inconcebível e com certeza um mau presságio.

Vinte e quatro horas depois o pior aconteceu. Perdemos nosso primeiro bebê e testemunhamos isso ocorrer basicamente da mesma maneira que em nosso sonho – ou pesadelo – duplo.

Ao longo dos anos, ouvi relatos de experiências precognitivas de todos os tipos, mas nunca ouvi falar de uma que envolvesse sonhos paralelos. Para mim, esse sonho paralelo transformou minha vida profissional, quebrando a barreira de indiferença com a qual muitos médicos escutam os relatos de pacientes. Meu nível de empatia aumentou, e com ele o foco e a concentração nas demandas que as pessoas fazem quando me contam sobre suas experiências paranormais particulares. Assim como um cardiologista que passa por uma cirurgia de ponte de safena ou um ortopedista que quebra um fêmur, depois daquele sonho eu passei a olhar para a minha área de pesquisa a partir de uma perspectiva diferente – a de quem tinha não apenas estudado como também vivenciado o que estudava.

UM SABER FAMILIAR

Algumas experiências precognitivas são "saberes" em vez de sonhos, como o meu e o da minha ex-esposa. Este, a seguir, foi enviado por uma jovem do Oregon. Quando ela tinha apenas 7 anos, foi passar o dia com seu avô, Poppy, enquanto sua mãe levaria sua avó, Nana, para fazer compras. Pouco antes de sair do carro, ela perguntou à sua mãe: "O que eu faço quando o Poppy cair?". Conforme ela me disse, ela parecia saber que aquele dia seria diferente dos outros, que algo iria acontecer.

Durante o dia nada aconteceu, mas, à noite, Nana ligou e a mãe da garotinha saiu e só voltou no dia seguinte. Poppy tinha tido uma parada cardíaca e morrido. A mulher me contou:

> *Conversei com a minha mãe sobre aquele dia, e ela disse que, assim que eu perguntei sobre a queda de Poppy, ela soube o que eu queria dizer e soube que eu estava certa: que seu pai iria morrer naquele dia. Minha mãe já sabia, mesmo antes de pegar o telefone da minha mão, que era a Nana ligando para falar que Poppy tinha ido para o hospital. Ela sabia que ele tinha partido, mesmo enquanto esperava, com Nana e meus tios, pela palavra final dos médicos no hospital.*[2]

TIPOS DE EXPERIÊNCIAS PRECOGNITIVAS

Apesar de "experiências precognitivas" ser um termo geral usado para designar quando uma pessoa pressente algo que ainda não aconteceu ou sobre o qual ainda não foi informada, existem diversos tipos de experiências precognitivas. Para garantir um melhor entendimento, fiz com essa fascinante experiência as mesmas coisas que fiz com as EMC, ou seja, as dividi em seis categorias diferentes. Elas não são definitivas; outros pesquisadores contribuirão com suas próprias categorias, o que será muito bem-vindo. Porém, por enquanto, os seis tipos a seguir são um começo.

Tipo 1: A visão não é limitada a apenas uma pessoa

Esse tipo de percepção pode ocorrer através de um sonho, uma visão acordado ou uma alucinação auditiva. Essas experiências precognitivas, em especial, são poderosas, pois, como mais de uma pessoa as presencia ou as sente, não restam dúvidas – duplamente comprovado – de que determinado evento aconteceu.

Um exemplo desse tipo de experiência precognitiva ocorreu com o sr. De Guerin e sua irmã, a sra. Elmslie, que foram questionados por membros da SPR, na Inglaterra, sobre o que eles viram – separadamente – no momento da morte de sua irmã Fanny, do outro lado do mundo.

Na época, em maio de 1854, Elmslie e De Guerin viviam na China, porém bem distantes um do outro: Elmslie em Guangzhou e De Guerin em Xangai.

De Guerin escreveu que, certa noite, sem conseguir dormir por causa do calor, estava deitado na cama acordado quando o seguinte aconteceu:

Aos poucos notei que havia algo no quarto, como uma leve neblina branca, um vapor nebuloso, próximo ao pé da cama. Achei que fosse apenas a luz da lua e não dei muita atenção, mas pouco depois consegui distinguir com clareza uma silhueta: era a da minha irmã Fanny. No início sua expressão era triste, mas logo mudou para um sorriso doce. Ela inclinou sua cabeça na minha direção como se tivesse me reconhecido. Eu estava muito deslumbrado com a aparição para conseguir falar, porém não senti nem um pouco de medo. A visão começou a desaparecer devagar do mesmo jeito que tinha aparecido. Mais tarde ficamos sabendo que minha irmã havia morrido naquele mesmo dia – quase que de repente. No mesmo instante escrevi uma carta para minha irmã, a sra. Elmslie, com uma descrição completa do que eu tinha visto.[3]

Antes de a carta chegar até a irmã, ele recebeu uma carta dela, na qual ela lhe dava uma descrição muito parecida com a dele do que ela tinha visto naquela mesma noite, e adicionou "tenho certeza de que nossa querida Fanny se foi".[4]

Em outra carta, Elmslie disse para seu irmão: "Acho que não estava acordada quando Fanny apareceu para mim, mas acordei na mesma hora e a vi, como você descreveu. Estiquei meus braços em sua direção e, chorando, falei 'Fanny! Fanny!'. Ela sorriu, como se pedisse desculpas por partir, e, de repente, desapareceu".[5]

Os irmãos não sabiam se Fanny estava doente, então a morte dela os pegou de surpresa. Mais tarde descobriram que, em seu leito de morte, ela falou sobre eles para aqueles que lhe faziam companhia. "Ela morreu em 30 de maio de 1854, em Jersey, entre as dez e onze horas da noite", escreveu De Guerin.[6]

Tipo 2: O moribundo não nota a experiência

Apenas os vivos que estão cuidando dos moribundos podem testemunhar essas percepções. Uma das minhas histórias favoritas é esta, sobre duas irmãs que adormeceram na cama de outra irmã, que estava morrendo de pneumonia e de quem elas estavam cuidando. De repente, como relatam as irmãs, apareceu em cima da cama uma luz muito brilhante, entre a qual estavam os rostos de dois irmãos que já tinham falecido. As duas irmãs saudáveis observaram a aparição até que, aos poucos, desaparecesse. A irmã que estava doente dormia naquele momento e faleceu poucas horas depois.[7]

Aqui temos outro estudo de caso, este nas palavras de um funcionário de uma clínica de cuidados paliativos que estava presente quando um homem morreu:

> Um idoso estava morrendo em nossa unidade. Foi um processo que se arrastou por horas, prolongando-se por quase toda a manhã. Num dado momento, uma mulher esperava ao lado de sua cama. Na hora, eu soube que se tratava de um espírito, não uma pessoa carnal. Ela não disse nada, apenas olhava para o homem. Ela ficou ali algum tempo, talvez por vários minutos. No início, fiquei chocado, mas aos poucos fui perdendo meu medo desse espírito. Tudo parecia muito natural. Por fim, me retirei do quarto, pois senti que estava atrapalhando um momento de privacidade. Queria falar sobre o ocorrido com um assistente social mais experiente na ala, mas, antes que eu conseguisse isso, minha colega disse:
> — Eu também a vi. Essas coisas acontecem o tempo todo.
> Fiquei surpreso.[8]

Tipo 3: Aparições de parentes mortos

Este é um exemplo maravilhoso desse tipo de caso, contado a mim por uma pessoa que teve uma experiência de morte compartilhada. Uma mulher acamada morreu após ficar muito doente. De repente, a enfermeira da paciente viu uma silhueta masculina de pé na cama da mulher, olhando para o corpo dela. A figura parecia feita de carne e osso e, em um primeiro momento, a enfermeira achou que o intruso fosse uma pessoa real. Só que pouco depois o fenômeno desapareceu. Baseada na descrição da enfermeira, a família concluiu que só poderia ter sido o primeiro marido da mulher, que já tinha falecido.[9]

Tipo 4: Aparições próximas e distantes

Meu coautor, Paul Perry, vivenciou isso quando sua mãe morreu. Aqui está a história contada com suas palavras:

> Poucos minutos antes de minha mãe falecer em Scottsdale, Arizona, o médico Vernon Neppe, na época chefe do departamento de neurofarmacologia da Escola de Medicina da Universidade de Washington, em Seattle, estava sentado à mesa da cozinha lendo o jornal de domingo quando escutou uma voz dizendo "ligue para Paul Perry". Ele a ignorou, mas a mesma voz repetiu a ordem. Então ele ligou para minha casa no Arizona, apesar de já não nos falarmos havia anos.
>
> Neppe me perguntou se eu sabia por que ele tinha recebido aquela ordem. Eu não tinha ideia. Aliás, fiquei atônito. Já fazia pelo menos cinco anos que não conversávamos, por isso já não pensava em Neppe havia algum tempo. Mesmo assim, fiquei grato por ele ligar para mim. Apesar do mistério, foi estranhamente reconfortante saber que, de algum jeito, de algum modo, um talentosíssimo especialista em cérebro e em gerontologia tinha recebido uma mensagem sobrenatural para me contatar.
>
> Contei que minha mãe estava morrendo de demência e logo perguntei a Neppe se havia algum tratamento médico novo disponível. Ele recomendou uma variedade deles, incluindo terapia de eletrochoque, que ele já havia usado em uma idosa com demência e tido bastante sucesso.

Enquanto conversávamos, recebi outra ligação e troquei de linha para atendê-la. Era a enfermeira no centro médico onde minha mãe estava me dizendo que ela tinha acabado de morrer.

Fiquei triste por a ligação não ter vindo antes, quando talvez algo ainda pudesse ser feito para ajudá-la. Porém, só o fato de Neppe ter recebido aquela ordem já me fez feliz. Talvez fosse o universo ligando 192 para tentar salvar minha mãe.

O caso a seguir, proveniente dos pesquisadores ingleses Gurney, Myers e Podmore, é parecido. Envolve um garoto de 7 anos, sua tia e a morte do pai do garoto, que aconteceu em Hong Kong:

Na noite de 21 de agosto de 1869, entre oito e nove da noite, eu estava sentada no meu quarto, na casa da minha mãe em Devonport, e meu sobrinho, de 7 anos, estava na cama no quarto ao lado. Tomei um susto quando, de repente, ele entrou correndo no quarto e gritando, assustado:

— Tia, tia, acabei de ver meu pai andando em volta da minha cama! — ele disse.

— Bobagem, você deve ter sonhado — respondi.

— Não, não era sonho — ele replicou, e se recusou a voltar para seu quarto.

Quando vi que não conseguiria convencê-lo, o coloquei na minha cama. Entre as dez e onze da noite também fui me deitar. Acho que mais ou menos uma hora depois, ao olhar em direção à lareira, vi com bastante clareza, para meu assombro, a imagem do meu irmão sentado em uma cadeira. O que mais me chamou a atenção foi a palidez extrema do seu rosto. Meu sobrinho, a essa altura, dormia profundamente. Eu fiquei com tanto medo, sabendo que àquela hora meu irmão estava em Hong Kong, na China, que enfiei minha cabeça embaixo dos lençóis. Logo em seguida escutei claramente sua voz me chamando. Meu nome foi repetido três vezes. Quando olhei de novo, ele tinha ido embora. Na manhã seguinte, contei para minha mãe e irmã o que tinha acontecido e falei que eu deveria tomar nota daquilo. Foi o que eu fiz. A correspondência que chegou da China depois nos trouxe a triste notícia da morte repentina (de apoplexia causada pelo calor excessivo) do meu irmão, que tinha ocorrido em 21 de agosto de 1869, no porto de Hong Kong, de repente.[10]

Tipo 5: Visões precognitivas nem sempre visuais

Até onde eu sei, esse tipo de visão chega como uma explosão de intuição, ou "entendimento", de uma maneira tal que a pessoa que a recebe não tem nenhuma dúvida de sua veracidade.

Esta é uma história desse tipo, de uma mulher nas Filipinas, que envolve a troca de informações psíquicas:

Meu marido, José, estava em uma missão pela Força Aérea Filipina, e eu estava em casa com nossos três filhos. Já era tarde, os garotos estavam dormindo, mas eu ainda estava acordada vendo televisão. Quando comecei a pegar no sono, um homem na televisão falou sobre algo que tinha acontecido com o meu marido. Eu acordei assustada, e o programa que estava passando não tinha homem nenhum e não era um jornal. Foi ali que eu soube que algo tinha acontecido com o meu marido. Mais tarde, foi confirmado que, a centenas de quilômetros dali, os insurgentes tinham abatido seu avião e o matado.

Mais tarde, fiquei sabendo que, após sua morte, mas antes de contarem à mãe dele (que vivia nos EUA com a filha caçula), ela tinha começado a falar dele sem nenhum motivo. A irmã de José tentava encontrar um modo de contar à mãe que ele havia morrido, mas ela, do nada, começou a falar como José gostava de fazer isso e aquilo, como se soubesse que precisava se lembrar dos pequenos detalhes da vida do seu filho.[11]

Tipo 6: Nem tudo é sobre a morte

Nem todas as experiências precognitivas profetizam a morte. Pelo contrário, algumas delas, como a história de Olga Gearhardt e seu genro, profetizam a vida. O relato de Olga chegou até o médico Melvin Morse e a Paul Perry quando eles estavam escrevendo o livro *Parting Visions: Uses and Meanings of Pre-Death, Psychic, and Spiritual Experiences* [Visões divididas: usos e significados de experiências de pré-morte, psíquicas e espirituais] e é considerado pelos dois autores umas das experiências precognitivas mais impressionantes já conhecidas – e também uma das mais positivas. Aqui está ela:

> Em 1988, um vírus atacou o coração de Olga e destruiu quase todo o músculo, que ficou tão fraco que não era mais capaz de bater com eficiência. Sua única chance era um transplante de coração.
> Olga foi colocada na lista de espera para um transplante do Centro Médico da Universidade da Califórnia. As pessoas nessa lista precisam estar em constante contato com o hospital onde o transplante será feito. Se um coração com o mesmo tipo sanguíneo fica disponível, precisa ser implantado não mais do que algumas horas após a morte do doador para que o transplante seja efetivo.
> A família inteira de Olga foi avisada da cirurgia e todos prometeram dar apoio e estar presentes no hospital durante o procedimento. No início de 1989, Olga recebeu um telefonema do hospital avisando que um coração compatível fora encontrado. Enquanto ela e seu marido iam para lá, seus filhos iniciaram uma série de telefonemas a fim de avisar familiares, em três estados diferentes, que o transplante estava para começar. Em questão de horas, a família de Olga encheu a sala de espera do hospital.
> O único membro da família de Olga que não estava no hospital era seu genro. Apesar de amar sua sogra, ele tinha fobia de hospitais e preferiu aguardar por notícias em casa.
> Mais tarde, naquela mesma noite, o peito de Olga foi aberto e o transplante foi um sucesso. Porém, às 2h15 ela teve complicações e o novo coração passou a não bater como deveria. A equipe médica ficou alarmada, e logo depois o coração parou de bater por completo. Eles trabalharam por horas no processo de reanimação até que finalmente o coração voltou a funcionar corretamente. Enquanto isso, os familiares na sala de espera não tinham sido comunicados de nada e estavam quase todos dormindo. Por volta das seis da manhã, avisaram a família de que o transplante tinha sido um sucesso, mas que Olga tinha quase morrido quando seu novo coração havia parado de bater.
> A filha de Olga logo ligou para o marido em casa para dar as boas notícias.

> — Eu sei que está tudo bem — ele disse. — Ela mesma já me contou.
> Ele acordou por volta das 2h15 e viu sua sogra parada no pé da cama. Era como se ela estivesse ali de verdade, disse. Achando que a cirurgia não tinha ocorrido e que por algum motivo ela tinha ido para sua casa, ele se sentou e perguntou como ela estava.
> — Estou bem, eu vou ficar bem — ela disse. — Vocês não precisam se preocupar com nada.
> E então ela desapareceu.
> O genro não ficou assustado com a visão. Ele se levantou da cama e anotou o horário que ela tinha aparecido e a conversa entre os dois.
> Quando a família foi visitá-la, Olga contou de um "sonho estranho" que tinha tido durante a cirurgia. Ela disse ter saído de seu corpo e visto os médicos trabalharem por alguns minutos. Em seguida, tinha ido para a sala de espera, onde viu sua família. Frustrada por não conseguir se comunicar com eles, decidiu viajar até a casa da filha, a cerca de cinquenta quilômetros dali, e se conectar com o genro.
> Ela contou para eles que tinha certeza de ter ficado ao lado da cama do genro e dito a ele que tudo ficaria bem.[12]

Esta é uma história impressionante e bem investigada, portanto não tenho dúvidas de que Olga e sua família contaram a verdade e não inventaram nada. Para tal, seria preciso que algum familiar contasse uma história diferente da relatada aqui, mas tais discrepâncias não surgiram e não havia motivo para mentirem. Até onde eu sei, a única conclusão possível é a mais óbvia: Olga estava conectada à máquina de circulação extracorpórea porque seu novo coração não funcionava corretamente, e de alguma maneira ela deixou seu corpo e conseguiu se comunicar com o genro, que estava dormindo em casa a cinquenta quilômetros dali.

UM ESTUDO DOS SONHADORES

O caso de Olga e o de outros que Morse estudou fizeram com que ele questionasse: quando um sonho é só um sonho e quando um sonho é precognitivo?[13] Para responder a essa pergunta, ele pediu que duzentas pessoas registrassem todos os sonhos que conseguissem por dois anos. Então Morse e sua equipe fizeram três simples perguntas:

- Você já teve uma premonição vívida de que algo terrível aconteceu, ou iria acontecer, com alguém próximo e então nada aconteceu?
- Você já teve a sensação, sonho ou visão de que seu filho ou parceiro iria morrer em breve e então nada aconteceu?
- Você já teve a intuição ou impressão de que alguma coisa iria acontecer e então nada aconteceu?[14]

Através da análise de sonhos que se tornaram ou não realidade, Morse e sua equipe conseguiram identificar de modo confiável as características dos sonhos que provavelmente se tornariam reais e daqueles que não passavam de meros pesadelos. Em seguida, desconstruíram "visões" que eram como sonhos, procurando pelos elementos em comum que formam o núcleo de características de experiências precognitivas. A conclusão foi de que sonhos visionários têm, pelo menos, dois dos seguintes traços:

- **Uma qualidade "real" ou "hiper-real":** sonhos psíquicos passam, com frequência, a sensação de realidade absoluta.
- **Visões e sons sobrepostos à realidade usual:** um exemplo é o de uma mulher que teve um sonho lúcido do seu pai morrendo de repente, o que de fato aconteceu seis dias depois. Quando acordou do sonho, ela se viu caminhando em meio a uma névoa que subia do chão e que desapareceu quando acendeu a luz do quarto.
- **Uma sensação única em relação àquele sonho, diferente de tudo já vivenciado antes:** a maior parte dos sonhos é logo esquecida, mas um sonho visionário é tão vívido que não pode ser esquecido.
- **Uma mística luz branca ou um ser espiritual de luz:** experienciar uma luz é a principal característica de uma experiência marcante e que transforma a pessoa que a vivencia. Por causa dessas transformações pessoais, muitas pessoas chamam essa luz de "Deus".[15]

Essa pesquisa precognitiva mostrou que muitas experiências visionárias são presenciadas por duas ou mais pessoas. Eu chamo isso de comunicação mental, significando que a mente tem tanto a habilidade de enviar quanto a de receber informação. É possível supor (e muitos supõem) que essa troca de energia mental acontece quando um episódio obviamente psíquico ocorre, como saber que um ente querido está passando por problemas quando é claro que os sentidos da pessoa em questão estão fora de alcance. Esses são exemplos de comunicação mental, quando a explicação mais lógica é a de que mentes diferentes estão conectadas uma a outra.

Poderiam mentes que se conectam à distância explicar as experiências precognitivas? Não sei. E nenhum dos pesquisadores e filósofos que ponderaram sobre essa questão por milhares de anos sabe. De algum modo, a comunicação mental ocorre. Todos nós já a vivenciamos, de um jeito ou de outro. Alguns a chamam de intuição, definida pela psicologia como "a habilidade de compreender algo imediatamente, sem a necessidade de um raciocínio consciente".[16] Mas sabemos como a intuição e episódios psíquicos acontecem? Infelizmente, a resposta ainda é não. Tudo o que temos para apresentar, após milhares de anos de pesquisa, é especulação. Que é o que eu estou fazendo agora: ponderando o imponderável.

MATERIALISTAS *VERSUS* DUALISTAS

Neste ponto, convém falarmos de outras duas grandes escolas de pensamento sobre esse tópico – nenhuma delas possui provas definitivas e ambas continuam envolvidas em uma batalha de especulações.

Eu as mencionei antes, de passagem, mas vamos refrescar a memória: adeptos da escola materialista acreditam que tudo seja físico. Em outras palavras, não existe nada além da matéria e seus movimentos. Eles tendem a refutar coisas e eventos que eles não são capazes de recriar ou dimensionar, em particular assuntos relacionados ao espírito ou alma. Ou seja, eles aceitam que haja um lugar na massa cinzenta do cérebro onde um sentido de Deus é ativado – porque neurocirurgiões já fizeram justamente isso através de estímulos elétricos; eles só não querem ligar isso com um Deus de fato.

Dualistas acreditam que o corpo e a mente coexistam separados um do outro, ou seja, que a mente possa existir de maneira independente do cérebro, talvez sendo até capaz de se comunicar à distância.

Como já deixei claro, meu voto iria para os dualistas. Eu aceito que muitas coisas no mundo em que vivemos não tenham explicação. Ouso dizer que muitos cientistas têm essa mesma visão, sobretudo depois que a mecânica quântica descobriu novas regras da física que parecem ser tanto espirituais quanto científicas. E, apesar de não sermos capazes de vê-las ou examiná-las, sabemos que existem além das percepções de mensuração conhecidas. Acho que, sob situações extremas (a morte sendo o exemplo mais óbvio), a mente pode se separar do corpo e ficar livre para ir a outros lugares durante experiências de quase-morte. Então por que o mesmo não se aplicaria à fisiologia humana?

Apesar de os materialistas dizerem que poderes psíquicos não podem ser reproduzidos de forma consistente em laboratório, significaria isso que explorar comunicações psíquicas ou outros eventos, como a intuição, que sabemos existir estatisticamente, é uma perda de tempo? De jeito nenhum. Talvez signifique que precisemos encontrar métodos diferentes de exploração.

Quando Carl Gustav Jung discursou para a SPR em 1919, ele defendeu a pesquisa psíquica dizendo que tais eventos são comuns, só não sabemos por que ou como eles acontecem. Mesmo assim, ele disse: "Eu não posso me comprometer com essa moda estúpida de chamar tudo o que eu não posso explicar de fraude".[17] Ele parou por aí.

E é onde também nós vamos parar.

ESTUDOS ISLANDESES

É natural que essa discussão nos leve a outra, a dos estudos sobre aparições, em particular àquelas relacionadas a experiências precognitivas.

O primeiro grande estudo sobre aparições foi publicado em 1880 pela SPR, mais especificamente por Gurney, Myers e Podmore. O livro que publicaram juntos, *Phantasms of the Living*, é o resultado do primeiro grande estudo feito sobre aparições. Demorou cerca de cem anos para que outra pessoa, Erlendur Haraldsson, tentasse replicar o trabalho de Gurney, Myers e Podmore. Ele o fez por meio de sua própria Pesquisa Nacional sobre Aparições, em seu pequeno país natal, a Islândia.

Erlendur (que abandonou seu sobrenome) entregou um questionário minucioso para 902 adultos. Nele, perguntava como era o posicionamento deles em relação a assuntos paranormais, religiosos e culturais. Dos 902, somente 127 responderam e foram entrevistados.[18] Uma das perguntas na pesquisa buscava se aprofundar nas experiências dos participantes, indagando: "Você já sentiu como se estivesse em contato – de verdade – com alguém que já morreu?". Um surpreendente total de 41% respondeu que sim quando perguntado se já havia tido um encontro com um falecido.[19] Eles também responderam questões sobre a(s) pessoa(s) morta(s): Vocês a conheciam? Eram parentes, amigos ou estranhos? Que idade tinham e como morreram? Conseguem identificar as características da pessoa falecida?[20]

Empolgado com as respostas, Erlendur montou uma equipe de pesquisadores que seria responsável por entrevistar a fundo todas as pessoas na área de Reykjavík que concordassem em participar. Casos de sonhos ou relatados por médiuns eram descartados do grupo de estudo, já que Erlendur queria que as experiências fossem diretas e pessoais. Ele também queria que os entrevistados estivessem acordados quando os encontros ocorreram. Do total de 127 entrevistados, cem se encaixaram no critério de experiências de aparições capazes de serem verificadas. Erlendur ficou animado com isso e com a qualidade dessas experiências, porém ele precisava de mais pessoas para conseguir fazer uma análise estatística significativa – pelo menos três vezes mais.[21]

O resultado foi que esse trabalho se tornou o maior estudo científico já feito sobre o contato com os mortos. Entre outros fatores, o estudo de Erlendur revelou diferentes tipos de aparições: por exemplo, 59% das aparições tinham sido visuais, enquanto 24% tinham sido auditivas, 7% palpáveis, 5% olfativas, e 16% dos participantes haviam sentido uma presença no recinto.[22]

Quase metade das experiências de aparição aconteceram durante o dia, mostrando estar errada a antiga crença de que elas ocorrem apenas durante a noite. Além disso, um terço das aparições aconteceu quando o participante estava trabalhando ou durante alguma atividade, e não quando estavam sonolentos ou indo dormir – como a maioria das pessoas pensaria. Na verdade, em 75% dos casos visuais, a aparição foi vista com os olhos abertos e a pessoa acordada.[23]

A pesquisa de Erlendur revelou inúmeros fatos interessantes. A maioria dos participantes que disseram ter visto uma aparição afirmou que isso ocorreu apenas uma vez. E é mais provável que uma pessoa de luto ou com uma doença terminal veja aparições dos mortos.[24] Entre viúvos e viúvas, é plausível que cerca de 50% deles relatem ter tido alguma alucinação envolvendo o parceiro ou parceira falecida.[25] Em somente 11 casos, do total de 73, os participantes estavam de luto e reconheceram a aparição de um ente querido, mas em 13 desses 73 casos os participantes não sabiam que a pessoa que tinham visto estava de fato morta.[26]

Nenhum dos participantes no estudo de Erlendur falou sobre essas aparições com seus médicos ou líderes religiosos, afirmando ter medo de fazer papel de ridículo se compartilhasse a experiência. Tendo em mente que o estudo de Erlendur já é bastante antigo, eu diria que hoje em dia as pessoas já estão mais abertas a relatar essas experiências para, basicamente, qualquer um, incluindo médicos e religiosos – que atualmente admitem terem eles mesmos visto muitas aparições.

Como você poderia esperar, o estudo de Erlendur continha inúmeras experiências precognitivas. Vou agora narrar algumas para ilustrar como elas podem ser diversas.

Morte na clínica de saúde

Uma mulher trabalhava numa clínica de saúde em Hveragerdi, na Islândia. Ela convidou um paciente, Jakob, para visitar seu marido e ela, uma vez que Jakob era do mesmo vilarejo que o marido dela. Ela lembra:

Jakob respondeu que "sim" e parecia animado com a visita. E eu disse: "Você promete vir amanhã?". "Sim, sim, eu prometo." Mas então,

durante a noite, eu acordo e toda a minha força é sugada de mim, e eu só fico lá, deitada, incapaz de me mover. De repente, vejo a porta do quarto se abrir e Jakob aparecer com o rosto coberto de sangue. Observo essa cena por um bom tempo, sem conseguir falar ou me mover. Então ele desaparece (e fecha a porta).
Volto ao normal e ligo para o meu marido:
— Posso jurar que aconteceu alguma coisa na casa de saúde — eu digo.
Logo de manhã, a primeira coisa que faço é ligar para lá e perguntar sobre Jakob e se ele está bem.
— Não — responde a enfermeira. — Durante a noite, Jakob cometeu suicídio.[27]

Mais sortudo que ele

Um antigo membro do parlamento islandês lembra de um querido amigo, K. K., que ele conheceu no trabalho:

Um dia, no inverno, eu saí para tirar neve do estábulo, como era de costume depois do almoço. De repente, depois de já ter tirado muita neve, senti K. K. parado na minha frente, dizendo coisas um pouco estranhas:
— Você teve sorte, teve muita sorte.
Então ele desapareceu.
Sua morte foi anunciada no rádio à noite. Tentei compreender suas palavras. Descobri que ele havia morrido de ataque cardíaco no hospital da cidade de Reykjavík, para onde ele tinha sido transferido.
Há um ano e pouco quem havia estado lá fui eu, em circunstâncias parecidas. Foi possível contornar o problema e eu voltei para casa. Quando liguei os pontos, eu entendi [o sentido do que ele tinha me dito].[28]

O convidado que nunca chegou

Um homem foi visitar sua irmã em uma fazenda distante, onde os dois tinham crescido e onde ela ainda morava. Após o almoço, os dois estavam tranquilos na cozinha quando, de repente, o irmão viu outro homem passar pela janela. Ele conseguiu ver detalhes do rosto do homem e de como ele estava vestido, mas na hora não o reconheceu. Então disse à irmã que um convidado estava chegando. Como não ouviram ninguém bater à porta, os irmãos saíram à procura do homem, mas não viram ninguém. Não existem árvores nas cercanias da propriedade e a visibilidade era boa, além de ser improvável que alguém conseguisse desaparecer assim tão de repente. Conforme o irmão descrevia o homem para a irmã, ambos perceberam que se tratava de um velho amigo que vivia em uma vila a alguns quilômetros dali. Mais tarde, naquele mesmo dia, descobriram que o homem havia morrido na sua vila perto da hora do almoço.[29]

A avó que desapareceu

Uma garotinha vivia comigo e minha esposa havia cerca de dois anos. Numa noite, acordei de repente de um sono profundo e vi uma mulher vestida de preto parada ao lado da cama. Ela me disse:

— Meu nome é Margaret.
Em seguida, ela desapareceu pela porta. Olhei para o relógio e vi que eram exatamente 3h30.
No dia seguinte, descobri que a avó da garotinha tinha morrido, naquela hora, de um ataque cardíaco. Ela se chamava Margaret.[30]

A GRANDE PERGUNTA SEM RESPOSTA

Em seu relatório sobre os casos, Erlendur tem o cuidado de destacar que, em cerca de um terço deles, uma testemunha presenciou as experiências do entrevistado, basicamente o mesmo número de outros estudos similares que estão sendo feitos em outros países.[31]

Assim escreveu Erlendur sobre seu grande estudo: "Em resumo, parece que as pessoas têm experiências de aparições sob diversas circunstâncias. A julgar pelos relatos que obtivemos, parece inclusive que as circunstâncias e o estado emocional da pessoa possam desempenhar um papel, mesmo que menor, na frequência das aparições".[32]

Eu respeito Erlendur e tudo o que ele fez pela pesquisa sobre aparições em seus 89 anos de vida. Contudo, acho que esse resumo do seu estudo denota uma lacuna. O estudo não responde à maior pergunta presente em todos os estudos paranormais: para começar, como e por que as aparições ocorrem?

Percebi que eu não deveria me concentrar no estudo de Erlendur à procura de uma resposta para essas perguntas porque ninguém, nem mesmo os cérebros mais notáveis da história, foi capaz de jogar uma luz nesse mistério. Stephen Hawking, o famoso astrofísico, contou uma história sobre tentar explicar o inexplicável em seu livro *Uma breve história do tempo*:

> Um conhecido cientista (alguns dizem ser Bertrand Russell) deu uma palestra sobre astronomia. Ele explicou como a Terra orbita em torno do Sol e como o Sol, por sua vez, orbita em torno do centro do vasto número de estrelas que chamamos de nossa galáxia. No fim da palestra, uma velhinha no fundo da sala se levantou e disse:
> — Tudo o que você acabou de falar é besteira. O mundo na verdade é um prato achatado apoiado nas costas de uma tartaruga gigante.
> O cientista deixou escapar um sorriso de canto de boca e respondeu:
> — Onde a tartaruga está apoiada?
> — Você é muito esperto, rapaz, muito esperto — disse a velhinha. — Mas cada tartaruga está apoiada em outra tartaruga![33]

Essa história mostra bem o perigo de tentar dar uma resposta ao inexplicável, ao irresponsível, frente a uma plateia. Essa resposta não explica como o universo existe, do mesmo jeito que não explica como experiências precognitivas ocorrem.

Dito isso, admito que não faço ideia de como as experiências precognitivas ocorrem, mas elas ocorrem, e com frequência o suficiente para serem consideradas importantes colaboradoras das provas de que existe vida após a morte – por serem uma comunicação corroborável após a morte. Para além deste ponto, cada tartaruga está apoiada em outra tartaruga.

4

Motivo 3: A luz transformadora

A humanidade era da minha conta. O bem-estar de todos era da minha conta: caridade, compaixão, tolerância e benevolência, era tudo da minha conta.

— **Charles Dickens**

Talvez, a experiência de quase-morte mais famosa em todo o mundo seja a de Ebenezer Scrooge, o pão-duro, bravo, severo, egoísta e detestável homem de negócios do romance *Um conto de Natal*, de Charles Dickens. Nesse livro do século XIX, Scrooge xinga seus funcionários por não quererem trabalhar no Natal e depois vai para sua escura e melancólica casa. Tarde da noite, Scrooge recebe a visita do fantasma de seu sócio – tão pão-duro quanto ele –, que está condenado a vagar pela Terra por toda a eternidade com sua expressão raivosa e insensível, arrastando pesadas correntes e enormes caixas de dinheiro que ele tinha ganhado durante a vida. O fantasma fala que Scrooge também estará condenado aos mesmos desprazeres se não mudar seu comportamento detestável para com a humanidade.

Duvidando das palavras de seu sócio fantasmagórico, Scrooge insulta seu velho amigo, dizendo que ele não passava de um "pedaço não digerido de carne, uma mancha de mostarda, um pedacinho de queijo, uma lasca de batata malcozida. Parece que você veio da cozinha, em vez do cemitério, seja lá o que você for!".[1]

Para calar seu sócio e mostrar que era de fato um fantasma, a aparição sacudiu suas correntes e apresentou três fantasmas: o fantasma do Natal Passado, o do Natal Presente e o do Natal Ainda Por Vir.

Os três fantasmas fizeram uma grande análise da vida de Scrooge, mostrando como ele era um "mão-fechada... o velho pecador ganancioso a todos apertava, torcia, agarrava, ralava e arrochava. Era duro e agudo como uma pederneira, da qual nenhum aço jamais extraíra fogo generoso; cheio de segredos e retraído, solitário como uma ostra".[2]

A triste análise da vida de Scrooge o afetou tanto que ele acordou um novo homem na manhã de Natal. Tornou-se uma pessoa mais gentil e dócil, aumentou o salário dos seus funcionários, doou grandes quantias de dinheiro para a caridade e, o mais comovente de tudo, se tornou um tio amoroso para o Pequeno Tim, o filho com deficiência física de seu funcionário mais sobrecarregado de trabalho, Bob Cratchit.

Isso que aconteceu com Scrooge tem todas as características de uma experiência de quase-morte, sobretudo o elemento mais comum de todas elas: a transformação.

A transformação está presente em quase todas as EQM que eu já encontrei – especificamente, e o que é mais importante, transformações positivas. Seja a pessoa que passa pela experiência de quase-morte uma que só se importa consigo mesma e com a própria riqueza, como o Scrooge, seja alguém preso em um ciclo de negatividade, a EQM é transformadora. Essa mudança é tão profunda e visível para todos que passa a ser, portanto, uma EMC.

Eu não quero dizer que o indivíduo que passa por uma EQM se torna um otimista meloso e acrítico. Apesar de, sem dúvidas, se tornar mais positivo e agradável de se conviver (sobretudo se não fosse a pessoa mais agradável de todas antes da experiência de quase-morte). A EQM também faz com que as pessoas se envolvam mais com o mundo real, ajudando-as a lidar com os aspectos desagradáveis da vida de maneira equilibrada e de forma clara – o que, para elas, são novos jeitos de encarar a vida.

Todos os estudiosos e médicos com quem conversei e que entrevistaram pessoas que passaram por experiências de quase-morte chegaram à mesma conclusão: após terem passado por tais experiências, elas se tornaram seres humanos melhores.

A EXPERIÊNCIA DE CRISE

Apesar de as EQM serem consideradas pela psicologia eventos de crise, elas não causam efeitos negativos como outros eventos podem causar. Por exemplo, uma experiência em combate que não correu bem pode deixar a pessoa presa naquele momento, ou "presa em uma trincheira", como dizem alguns psicólogos. Muitos veteranos com transtorno de estresse pós-traumático, por exemplo, revivem no presente as terríveis cenas de morte e destruição que presenciaram anos atrás quando estavam em combate. Trata-se de uma resposta negativa a um evento de crise.

Outros eventos traumatizantes, como enchentes, tornados, incêndios e acidentes de carro, podem deixar uma pessoa devastada e incapaz de superar aquela situação pela qual passou. Quando isso acontece, ela também fica emocionalmente presa.

Uma experiência de quase-morte é classificada como um evento de crise, assim como um acidente de carro ou um desastre natural, e é muitas vezes provocada por eles. Mas, em vez de ficarem presas emocionalmente, as pessoas que passaram por uma EQM apenas reagem a fim de tomar alguma ação positiva em suas vidas.

Uma das minhas pesquisas favoritas sobre os poderes transformadores da EQM é a de Charles P. Flynn, sociólogo na Universidade de Miami, em Ohio, que examinou dados de 21 questionários aplicados por Kenneth Ring, notável pesquisador sobre as EQM, para entender quais transformações haviam ocorrido com um conjunto de pessoas que passaram por essas experiências. Ele escreveu:

As evidências disponíveis mostram, em ordem decrescente de importância: mais preocupação com os outros; menos medo da morte e maior crença na vida após a morte; aumento no interesse em religião e em religiosidade, tanto em religiões não institucionalizadas quanto institucionalizadas; e menos desejo em buscar a aprovação dos outros e menos desejo por coisas materiais.[3]

Uma pesquisa mais atual e completa pode ser encontrada no Estudo Sobre Transformações feito por pesquisadores liderados pelo médico Melvin Morse, em Seattle. O objetivo desse estudo era responder a uma simples pergunta: existem efeitos transformadores causados pelas experiências de quase-morte que podem ser documentados?[4] Para responder a isso, Morse e sua equipe aplicaram uma série de ferramentas avaliativas – de saúde mental e psicológica – em mais de quatrocentas pessoas que vivenciaram experiências de quase-morte, todas com experiências e históricos diversos. Os pesquisadores encontraram inúmeras mudanças nessas pessoas. Aqui estão as descobertas mais fascinantes feitas pelo Estudo Sobre Transformações:

- **Diminuição na ansiedade relacionada à morte:** pessoas que passam por uma EQM têm aproximadamente metade do medo daqueles que não passaram por uma EQM.
- **Maior prazer em viver:** a pesquisa mostrou que quem passou por uma EQM tem mais traços positivos relacionados a indivíduos do tipo A do que aqueles que não passaram por uma EQM.
- **Maior inteligência:** quem passa por uma EQM não apenas fica mais esperto; esses indivíduos parecem se tornar "seres evoluídos". Isso fica mais evidente em crianças, que parecem amadurecer mais rápido em consequência do encontro próximo com a morte que tiveram e da experiência espiritual que isso causou.
- **Aumento nas habilidades psíquicas:** em média, aqueles no grupo das EQM tiveram quatro vezes mais experiências psíquicas comprováveis do que aqueles nos outros grupos testados.[5]

Apesar de mudanças na personalidade terem sido verificadas em quase todos que passaram por experiências de quase-morte, elas acontecem com tanta frequência que não são tratadas como algo extraordinário, apenas indicam que o extraordinário continua sendo uma possibilidade iminente. Para mim, é mais do que isso. É um indicador de que todas essas experiências trazem consigo a possibilidade de mudanças visíveis e permanentes, e, assim, são experiências compartilhadas de menor escala, mas mais frequentes.

De pior a melhor

Quer as EQM façam as pessoas mais inteligentes ou não, com certeza iniciam um grande crescimento pessoal naqueles que passam por ela. E, pelo fato de esse crescimento pessoal ser tão transformador de um modo positivo e evidente, eu o considero uma experiência de morte compartilhada.

Um exemplo surpreendente de um crescimento pessoal desse tipo é o de um paciente meu a quem chamarei de Nick. Ele era um charlatão e, de acordo com ele mesmo, claramente um criminoso que já tinha feito de tudo, desde dar golpes em viúvas até traficar drogas. O crime tinha propiciado uma boa vida a Nick. Ele tinha bons carros, vestia boas roupas, tinha casas novas e não sentia nenhuma culpa. Então sua vida mudou. Certa vez ele estava jogando golfe num dia nublado, quando uma tempestade se formou do nada. Antes que ele conseguisse sair do campo, foi atingido por um raio e "morto". Nick pairou sobre seu corpo por alguns instantes e depois se viu dentro de um túnel indo em direção a um ponto de luz. Ele saiu em um ambiente rural iluminado, onde foi recebido por parentes e outras pessoas que "brilhavam como lamparinas a gás".

Lá se encontrou com um ser de luz que ele ainda define, mesmo um pouco hesitante, como Deus, que o conduziu de maneira graciosa a uma análise de sua vida, onde reviveu tudo o que já tinha passado – não apenas em três dimensões, mas vendo e sentindo os efeitos de suas ações nos outros.

Essa experiência transformou Nick. Mais tarde, enquanto se recuperava no hospital, ele sentiu todo o efeito dessa análise de vida. Ao ficar na presença do ser de luz, foi exposto ao mais puro amor. Sentiu que, quando morresse para valer, teria que passar por essa análise mais uma vez, e esse processo seria muito desconfortável se ele não aprendesse nada após essa experiência.

Nick disse:

— Agora eu vivo sempre sabendo que algum dia terei minha vida analisada mais uma vez.[6]

Da ganância à bondade

Outra pessoa que mudou muito após uma EQM foi um homem a quem chamarei de Mark. Durante toda sua vida, Mark foi obcecado por dinheiro e status social. Ele comandava uma loja de equipamentos médicos e se preocupava mais em fechar as vendas tão rápido quanto possível e enfiar o dinheiro no bolso do que realizar a manutenção do maquinário após a venda.

Então, quando estava com 40 e poucos anos, Mark teve uma parada cardíaca muito grave. Durante essa experiência, ele se reuniu com a avó e muitos outros parentes e foi exposto ao mais puro amor que emanava deles.

Depois de ser reanimado, sua perspectiva em relação à vida mudou por completo. Tudo que o movia antes passou a ter muito menos importância em sua lista de prioridades, ficando muito abaixo da família, dos amigos e da sabedoria.

Mark contou que, enquanto estava "do outro lado", fez um acordo com o ser de luz: não iria mais focar tanto em dinheiro; em vez disso, iria se dedicar a ser mais gentil.

Ironicamente, essa nova postura fez com que seus lucros aumentassem.

— As pessoas gostam mais de mim – ele me contou, sorrindo. – Então as pessoas querem comprar mais comigo.[7]

Pesquisadores que entrevistaram um grande número de pessoas que passaram por uma EQM confirmaram esses efeitos secundários. Alguns até aludiram à serenidade que exalava de muitas dessas pessoas. É como se tivessem visto o futuro e soubessem que tudo vai ficar bem.

TIPOS DE MUDANÇAS PESSOAIS

Consegui individualizar oito tipos de mudanças pessoais que acontecem com uma pessoa que passou por uma EQM. Entre aqueles com quem conversei, esses tipos estão presentes em todos que vivenciaram essa experiência, sendo tão poderosas e evidentes que essa nova positividade representa uma forma de EMC.

Tipo 1: Sem medo de morrer

Após o episódio, quem passa por uma EQM não teme mais a morte. Isso significa coisas diferentes para pessoas diferentes. Para alguns, o principal medo é a terrível dor que eles pensam que acompanha a morte. Outros se preocupam com quem vai cuidar de seus entes queridos quando não estiverem mais aqui. A interrupção completa da consciência é o medo de outros. Indivíduos controladores e autoritários temem a perda de controle que a morte traz. Medo de uma possível perdição eterna assusta muitos, enquanto outros apenas sentem medo do desconhecido.

Quando as pessoas que passam pela experiência de quase-morte afirmam ter perdido o medo da morte, o que querem dizer, na maioria das vezes, é que não temem mais a extinção da consciência ou de si mesmas. Não significa que desejam morrer o mais rápido possível, mas sim que essa experiência tornou suas vidas mais plenas e íntegras do que nunca. Aliás, aqueles que eu conheço querem continuar vivendo agora mais do que antes, e muitos deles sentem pela primeira vez que estão vivos de fato. Como um deles pontua:

— Após a experiência, percebi que viver com medo da morte coibia minha apreciação pela vida.[8]

Quem passa pela experiência e vê a análise da própria vida percebe que o ser de luz os ama e se preocupa com eles, e que, em vez de julgá-los, quer ajudá-los a se tornarem pessoas melhores. Isso tudo ajuda perder o medo e focar em ser pessoas mais amáveis.

O ser de luz que as pessoas encontram durante as EQM não diz a elas para mudarem. Após ouvir centenas de casos, concluí que as pessoas mudam por vontade própria. Estar na presença da bondade mais pura de todas faz com que elas queiram mudar seu comportamento de maneira radical.

Uma dessas pessoas com quem conversei era um pastor bastante rigoroso. Ele pregava com muito vigor para a congregação, dizendo que, se não interpretassem a Bíblia de um certo modo, seriam condenados às chamas eternas.

Quando passou pela EQM, ele disse que o ser de luz pediu que não falasse mais assim com a congregação. O ser afirmou que, quando o pastor mencionava o "fogo do inferno e condenação", ele tornava infeliz a vida das pessoas em sua congregação. Quando ele voltou para o púlpito, trouxe uma nova mensagem, uma de amor, e não mais de medo.[9]

A maioria das pessoas que passaram por uma EQM que conheci ficam com a saúde mental mais em dia do que antes da experiência. Por exemplo, elas não temem mais coisas como perder o controle, não desejam viver com medo constante, muito pelo fato de saberem que existe vida após a morte. E, apesar de terem certeza disso, nenhuma delas sente a necessidade de "sacrificar" sua atual existência. Como uma delas me disse:

— Isso não te faz querer ser atropelado por um caminhão só para "voltar para lá". Meu instinto de sobrevivência ainda é muito forte.[10]

Tipo 2: Entendendo a importância do amor

"Você aprendeu a amar?" Muitas pessoas que passam por uma EQM se veem diante dessa pergunta. Quando retornam, a maior parte delas diz que o amor é a coisa mais importante em nossas vidas. Muitos dizem que é o motivo de estarmos aqui e o consideram a principal característica da felicidade e da realização pessoal. Os outros valores são insignificantes quando comparados ao amor.

Como você pode adivinhar, essa revelação muda radicalmente a pirâmide de valores da maioria das pessoas que passam por uma EQM. Se elas eram intolerantes, passam a ver cada indivíduo como uma pessoa amada. Se a riqueza material era o suprassumo das conquistas, o amor fraternal passa a reinar. Com variações, várias vezes já me foi dito: "Essa experiência vive comigo todos os dias, o dia todo. Está impressa na minha mente. Quando fico bravo com alguém, ou depressivo, minha experiência de morte está sempre ali para me lembrar que o mundo é lindo e que todos nele têm um propósito".

Tipo 3: Uma sensação de conexão universal

Quem passa por uma EQM volta com a sensação de que tudo no universo está conectado. Essas pessoas têm alguma dificuldade em definir esse conceito, mas a maioria delas passa a respeitar mais a natureza e o mundo ao redor.

Um vendedor de seguros da Geórgia, que passou por uma EQM durante um ataque cardíaco quando tinha 62 anos, descreveu de maneira eloquente esse sentimento:

— A primeira coisa que eu vi quando acordei no hospital foi uma flor, e eu chorei. Acredite ou não, eu nunca tinha visto de fato uma flor até voltar da morte. [...] Agora olho para uma floresta, para uma flor ou um pássaro e digo: "Isso sou eu, é parte de mim".[11]

Apesar de as mudanças que você está vendo aqui serem extremas, no capítulo 6 – Musas, curas e habilidades espontâneas – apresentaremos casos ainda mais expressivos de mudanças.

Tipo 4: Uma apreciação pelo aprendizado

As pessoas que passaram por uma EQM também adquiriram um novo respeito pelo conhecimento. Algumas dizem que isso aconteceu após a análise de suas vidas. O ser de luz lhes disse que o aprendizado não acaba quando você morre e que o conhecimento é algo que você pode levar consigo. Outros descrevem a existência de um reino inteiro reservado para a busca apaixonada por conhecimento na vida após a morte.

Uma mulher descreveu esse reino como uma grande universidade onde as pessoas se envolvem em conversas significativas sobre o mundo que as cerca. Outro homem o descreveu como um estado de consciência no qual tudo o que você quiser estará disponível. Se você quiser aprender algo, essa coisa aparece e "fica ali para você aprender".[12] Ele contou que era como se as informações estivessem disponíveis em pacotes de pensamentos.

Isso incluiu qualquer tipo de informação. Por exemplo, se eu quisesse saber como é ser presidente dos Estados Unidos, bastaria desejar a experiência e ela aconteceria. A melhor descrição que eu consigo dar é que seria como se transformar no Google.

Embora a maior parte daqueles que passam por uma EQM descreva que a sensação é a de ter recebido um *download* de informações, e que quase toda essa informação desaparece quando acordam – "eu sabia tudo o que se tem para saber no mundo, mas não trouxe quase nada comigo" –, alguns retornam com novas informações, e quase sempre no campo das artes. Um deles, que acabou se tornando um artista de sucesso, é Moe Hunter, de Birmingham, na Inglaterra. Até 2004 ele trabalhava no Burger King e não tinha nenhuma habilidade artística e nem se interessava por arte. Tudo isso mudou quando ele pegou uma meningite bacteriana mortal seguida por tuberculose no cérebro.

Essa combinação de doenças geralmente é fatal, como quase foi com Hunter. Ele ficou em coma por mais de um mês, e nesse período seu coração parou. Pouco depois, seu cérebro ficou com excesso de líquido por causa da infecção e foi preciso colocar um *stent* para drenar o fluido e reduzir a pressão no interior de seu crânio.

No fim, Moe Hunter se recuperou, e quando isso aconteceu, havia se tornado um novo homem, quase que literalmente. Como ele disse a um jornal local, antes do coma "[eu] não sabia desenhar ou escrever de forma criativa, muito menos fazer as coisas que eu faço desde então". Agora Hunter faz tudo isso e muito mais. Ele usa materiais reciclados para construir objetos presentes na cultura popular, como personagens de *Star Wars* ou da Marvel, e passou a ser um artista conhecido na cena da Comic Con britânica.[13]

A história de Hunter é rara. Ainda assim, um contato mesmo que rápido com novos conhecimentos é uma experiência transformadora para aqueles que passaram por uma EQM. É possível que essa exposição ao conhecimento universal, mesmo que breve, desperte nas pessoas, após retornarem aos seus corpos, uma sede por conhecimento, levando-as a embarcar em novas carreiras ou a iniciar novos estudos.

Tipo 5: *Uma nova sensação de controle*

Pessoas que passam por uma EQM se tornam muito sensíveis às consequências de suas ações, tanto as imediatas quanto aquelas de longo prazo. O que lhes permite examinar a vida de maneira objetiva é a impactante análise feita dela a partir da perspectiva de uma terceira pessoa.

Algumas me contaram que essa análise lhes havia permitido ver a vida como se estivessem assistindo a um filme. Elas conseguem, com bastante frequência, sentir as emoções associadas com a ação que estão presenciando – não apenas as suas como também as emoções daqueles ao seu redor. Conseguem enxergar conexões entre eventos aparentemente não relacionados e testemunham seus "certos" e "errados" com muita clareza. Essa experiência lhes ensinou que, no final da vida, eles serão os agentes e destinatários de cada uma de suas ações.

Nunca conheci alguém que passou por essa experiência e que não reconheça que isso o tornou mais cauteloso ao escolher suas ações. O senso de responsabilidade dessas pessoas é positivo, não se manifestando em apreensão de culpa.

Uma mulher que teve uma EQM no seu aniversário de 23 anos, pouco depois de se formar na faculdade, me disse:

> *A lição mais importante que aprendi com essa experiência é que eu sou responsável por tudo o que faço. Arrumar desculpas, fugir, isso era impossível de fazer durante a análise da minha vida. E não só isso, percebi que responsabilidade não é de jeito nenhum algo ruim, que eu não posso dar desculpas ou colocar minhas falhas nas costas de alguém. É engraçado, mas peguei um apreço muito grande pelas minhas falhas, porque elas são minhas falhas e, caramba, eu vou aprender com elas, aconteça o que acontecer. [...]*
> *É um verdadeiro desafio saber, todos os dias da minha vida, que quando eu morrer terei que presenciar de novo cada uma das minhas ações, só que dessa vez sentindo de fato as consequências do que eu causei nos outros. Isso me faz parar e pensar, e não tenho medo algum disso, pelo contrário, tenho apreço.*[14]

Preciso dizer que nem todos ficam contentes com a futura análise de suas vidas. Muitas pessoas com as quais conversei têm medo só de pensar em reviver tudo pelo qual já passaram. Algumas foram vítimas de abuso infantil ou talvez abusadoras. Durante visitas a prisões, já conversei com condenados, e até mesmo assassinos, que ficaram nervosos quando pensaram na ideia de reviver os erros que os haviam levado para a prisão.

Eu lembro àqueles que temem o momento da análise de suas vidas que todas as vidas, não importa quão boas tenham sido, têm seus pontos baixos e, sim, revivê-los pode ser doloroso.

Mas uma análise de vida tem um elemento que diminui a pressão de rever essas memórias dolorosas. Todos que passaram por ela me falaram sobre um ser de luz que os aconselha com muita bondade enquanto a revisão ocorre. O ser de luz é um conselheiro gentil, que compreende as transgressões e, acima de tudo, é afetuoso.

Quando a análise chega ao fim, as pessoas que passaram pela EQM se sentem amadas e compreendidas. É esse sentimento de amor que permanece com elas e cria uma transformação evidente. É esse aspecto visível da análise de vida que faz com que ela seja uma experiência objetivamente positiva e que pode ser compartilhada com outros observadores.

Tipo 6: Focando nas pequenas coisas

"Senso de urgência" é um termo que sempre vem à tona quando converso com pessoas que passaram por uma EQM. Muitas vezes, elas se referem à brevidade e à fragilidade da vida ou expressam um senso de urgência em relação a um mundo em que vastos poderes destrutivos estão nas mãos de meros humanos. Ainda assim, a análise de vida não foca nessas coisas "maiores" do mundo, mas sim nas muitas "pequenas coisas", como a felicidade que a pessoa sente ao fazer carinho em seu cachorrinho, ou após uma longa caminhada, ao admirar as belezas da natureza, após uma boa refeição. A mensagem óbvia é que temos controle sobre como respondemos às pequenas coisas, podendo encontrar uma profunda apreciação pela vida. Nisso, a vida é vivida ao máximo.

Para explicar como as pequenas coisas são mostradas em uma análise de vida, um dos incidentes que tiveram um impacto muito grande na análise de uma mulher foi quando ela encontrou uma menina perdida numa loja de departamentos. A garotinha estava chorando e a mulher, deixando-a sentada em um balcão, conversou com ela até que a mãe chegasse.

Um episódio simples, com certeza. Mas são essas coisas – as pequenas coisas que você faz sem nem pensar – que aparecem na análise como algo importante.

Uma mensagem recorrente do ser de luz é "o que estava em seu coração enquanto isso acontecia?", como se o ser dissesse que os simples atos de bondade que vêm do coração fossem os mais importantes por serem os mais sinceros.

Tipo 7: Um lado espiritual mais desenvolvido
A EQM quase sempre causa uma curiosidade espiritual. O resultado disso é que muitas pessoas que passaram por ela estudam e aceitam os ensinamentos espirituais dos grandes pensadores religiosos. Contudo, isso não significa que eles se tornem pilares da igreja local. Pelo contrário, muitos abandonam o dogma da religião organizada.

Um homem que havia frequentado o seminário antes de sua EQM me deu um relato muito sucinto e instigante sobre essa postura:

> Meu médico disse que eu "morri" durante a cirurgia. Mas eu disse a ele que eu voltei à vida. Eu enxerguei naquela visão como eu era um idiota arrogante com toda aquela teologia, desprezando todos que não eram membros da minha denominação ou que não seguiam as mesmas crenças teológicas que eu.
>
> Muitas pessoas que conheço ficarão surpresas quando descobrirem que o que está em nossos corações é mais importante do que o que está em nossas cabeças.[15]

Tipo 8: Voltando para o mundo "real"
O reajuste ao mundo terreno é o que chamo de síndrome da reentrada. E, claro, por que as pessoas que passaram por uma EQM não deveriam ter dificuldade em se reajustar? Quase morrer e vislumbrar um paraíso espiritual para depois retornar à "vida real" exigiria um reajuste para quase qualquer um.

Há mais de 2 mil anos, Platão abordou essa síndrome em *A república*. No livro, ele nos convida a imaginar um mundo subterrâneo onde as pessoas vivem acorrentadas desde o nascimento e ficam de frente para uma parede nos fundos de uma caverna, de modo que vejam apenas as sombras dos objetos que se movem na frente da fogueira atrás delas.

Vamos supor – raciocina Platão – que uma dessas pessoas presas fosse libertada de suas amarras e levada para a superfície, para fora da caverna e para dentro do nosso mundo e de toda sua beleza. Se ela fosse então forçada a voltar para o mundo das sombras e tentasse descrever o que tinha visto, Platão dizia que ela seria ridicularizada pelas pessoas presas que nunca haviam saído da caverna. Além disso, ela passaria a ter mais dificuldade em se conformar com o dogma de um mundo mais restritivo.[16]

Eu lido com esses problemas na minha prática psiquiátrica, ou seja, ajudo pessoas que passaram por experiências espirituais incomuns a integrá-las em suas vidas.

Por exemplo, muitas pessoas não querem escutar a experiência de alguém que passou por uma EQM. Esse tipo de coisa as perturba e elas podem até pensar que a pessoa que passou pela experiência seja louca. Mas, do ponto de vista daquele que vivenciou a EQM, algo muito importante aconteceu e mudou sua vida, e ninguém que o ouvir compreenderá. Portanto, esses indivíduos somente precisam de alguém que entenda a experiência e os escute.

De forma surpreendente, quem passa por uma EQM, em geral, recebe pouco apoio do cônjuge ou da família para lidar com a experiência. Muitas vezes, as acentuadas mudanças de personalidade que se dão após a EQM causam tensão na família. Afinal de contas, é quase como estar casado com uma pessoa diferente ou ter pais diferentes.

Um participante de uma conferência certa vez disse:

Quando "voltei", ninguém sabia muito bem o que pensar sobre mim. Quando tive um ataque cardíaco, eu era um tipo A muito decidido e irritadiço. Se as coisas não davam certo para mim, era impossível conviver comigo. Isso acontecia tanto em casa quanto no trabalho. Se minha esposa não estivesse pronta na hora certa quando tínhamos um lugar para ir, eu explodia e tornava o resto da noite um inferno para ela.
Por que ela aguentava isso, eu não sei. Acho que ao longo dos anos ela acabou se acostumando, porque depois da minha EQM ela quase não conseguia lidar com a minha serenidade. Eu parei de gritar com ela. Não a pressionava mais para fazer coisas – nem ninguém mais. Tornei-me a pessoa mais fácil de se conviver do mundo, e tudo isso, essa mudança, foi quase mais do que ela conseguia suportar. Precisei ter muita paciência para manter nosso casamento. Ela dizia:

— Você está muito diferente desde que teve o ataque cardíaco.
Acho que o que ela queria mesmo dizer era "você enlouqueceu".[17]

COMO AJUDAR QUEM PASSOU POR UMA EQM

Na década de 1990, liderei uma conferência em Seattle sobre como lidar com alguém que havia passado por uma EQM. O evento contou com a presença do público em geral e com dezenas de profissionais de saúde com experiência em lidar com pessoas que haviam passado por uma EQM, incluindo Morse e Paul Perry. Durante um painel de discussão, propusemos diretrizes para lidar com as mudanças provocadas pelas EQM. Aqui estão algumas das consideradas mais úteis para se ajudar a conviver com quem passou por uma EQM:

- **Deixe que as pessoas que tiveram uma EQM falem livremente sobre a experiência.** Seja compreensivo e deixe que falem sobre a experiência de quase-morte tanto quanto quiserem. Não se aproveite dessa ocasião para tentar aliviar as próprias preocupações sobre a vida após a morte ou para provar uma de suas teorias sobre o assunto. A pessoa que passou por uma EQM teve uma experiência intensa e precisa de alguém com a mente aberta para ouvir o episódio como ele aconteceu.
- **Tranquilize-as de que não estão sozinhas.** Diga que experiências assim são bastante comuns e que muitas outras pessoas usaram esse episódio como um aprendizado.
- **Diga a elas do que se trata a experiência.** Embora milhões de pessoas tenham tido uma EQM, poucas nem sequer sabem como elas são chamadas. Se seu conhecido não "contou a si mesmo" o que aconteceu, você pode lhe dizer que ele teve uma experiência de quase-morte. Ao saber o nome clínico do episódio, a pessoa que passou pela EQM estará mais bem equipada para entender melhor esse evento confuso e inesperado.
- **Faça com que a família participe.** As famílias podem encontrar alguma dificuldade em lidar com as mudanças que as EQM provocam nas pessoas, mesmo que seja uma mudança aparentemente "boa". Por exemplo, um pai com uma personalidade obstinada do tipo A

antes da EQM pode, de repente, se tornar um tipo B sereno após o incidente. Tal mudança pode ser difícil para os membros da família, acostumados com a pessoa ser exigente e tensa. É importante incentivar o diálogo em família para garantir que todos compreendam os aspectos emocionais da experiência.

- **Conheça outras pessoas que passaram por uma EQM.** Gosto que pessoas que passaram por uma EQM conheçam outras na mesma situação. Essas sessões de grupo estão entre as mais incríveis das que já participei. É como se tivessem feito uma viagem para outro país e partilhassem memórias. Seria maravilhoso se um médico as colocasse em contato e mantivesse o grupo com não mais do que quatro pessoas para que apenas conversassem sobre as alegrias e os problemas relacionados às EQM.
- **Faça com que as pessoas que tiveram uma EQM e seus cônjuges conheçam outras pessoas que passaram por uma EQM e seus cônjuges.** Para aliviar um possível estresse, de tempos em tempos, reúno um grupo de pessoas que passaram por uma EQM e seus cônjuges para que possam compartilhar com outros os efeitos da EQM na vida familiar. Eles descobrem que outras pessoas passam pelos mesmos desafios que eles e tentam aprender como lidar com o novo "eu" que seu ente querido se tornou.
- **Faça com que as pessoas que passaram por uma EQM leiam sobre a experiência.** Esse tipo de terapia é chamado de biblioterapia. Como as pessoas que passaram por uma EQM estão vivenciando uma mudança espiritual, descobri que boa literatura sobre o assunto lhes dá a oportunidade de analisar ideias e experiências das mais diversas quando quiserem.[18]

TRANSFORMAÇÃO VISÍVEL

Em se tratando de transformação, parece que todos os estudos foram feitos com pessoas que tiveram uma EQM, não com quem teve uma EMC. Até que chegue a vez das experiências de morte compartilhada, penso que ainda valha a pena considerar esse elemento parte das EQM, porque, de fato, as

EMC contêm muitos dos elementos das EQM. E é a compreensão desses elementos e de seus efeitos nas pessoas que proporciona uma transformação profunda e positiva sobre como alguém enxerga a vida e a morte.

Uma visão mais abrangente

Um exemplo dessa visão mais abrangente vem de um caso com o qual lidou Morse, sobre uma mulher a quem chamaremos de Darla e que vivia na zona rural do Centro-Oeste [dos Estados Unidos] na década de 1950. Ela precisava passar por um procedimento que, na teoria, era simples – remover as amígdalas –, mas, naquela época e naquele local, não havia nenhum hospital na região que pudesse realizar tal operação. Em vez disso, Darla foi a um consultório médico onde usaram éter para fazê-la adormecer. Porém, foi usada uma grande quantidade do anestésico e o coração de Darla parou.

Ela passou por algumas das situações que hoje reconhecemos como elementos em comum de uma EQM: atravessar um túnel, ser atraída por uma luz e sentir-se em paz. Embora quisesse permanecer lá, lembrou-se de sua família e de como a sua morte os faria sofrer e entristecer. Ela regressou com uma nova e abrangente visão sobre a vida:

> Quando voltei à vida, sabia que tinha ido para o céu. As coisas iriam ser muito diferentes para mim a partir de então. Passei a ser muito mais tranquila do que as minhas irmãs, que se incomodavam com coisas como o fato de terem ou não um encontro, mas isso nunca me incomodou de verdade.
> Acho que o que me mudou foi o modo como passei a ver o tempo – bastante diferente após aquela experiência. Percebi que o tempo não é tal qual o vemos no relógio. O que pensamos ser um longo período de tempo é, na verdade, apenas uma fração de segundo. Pensar assim me tornou bem menos materialista.[19]

Uma nova chance de vida

Aqui está outro caso extraído do clássico livro de Morse, *Closer to the Light* [Mais próximo da luz], que enfatiza a objetividade das EQM transformadoras. É a história de uma garota a quem vamos chamar de Annie, uma jovem de 16 anos com depressão crônica. A mãe de Annie havia cometido suicídio, e, alguns anos depois, Annie decidira seguir o exemplo da mãe – não apenas de maneira geral, mas usando o mesmo método: "Tomei um punhado de barbitúricos com vodca, muita vodca".[20]

Felizmente, além de os comprimidos não serem sempre uma sentença de morte instantânea, Annie fez isso em uma festa. Embora tenha demorado um pouco para os outros entenderem o que estava acontecendo com ela, por fim eles perceberam:

> *Um grupo de pessoas entrou em pânico. Alguns rapazes me carregaram até o banheiro e uma das minhas amigas enfiou o dedo na minha garganta e me fez vomitar na banheira. Ninguém queria chamar a polícia, então decidiram me manter acordada e me dar um banho. Assim, ligaram o chuveiro e ficaram conversando comigo.*
>
> *Demorei um pouco para perceber que estava fora do meu corpo e flutuando em direção ao teto. Eu não estava sozinha. Havia mais alguém lá, um anjo da guarda ou algo assim. Nós dois éramos feitos de luz. Eu me sentia tridimensional e como se fosse feita de algo que não era sólido, tipo gelatina.*
>
> *Lembro-me de sentir amor e paz e também como se tivesse deixado para trás toda a tensão e frustração da minha vida. Era como se estivesse envolta em luz. Foi uma sensação maravilhosa.*
>
> *Nesse momento, eu estava muito próxima do meu anjo da guarda. Não conseguia mais ver meu corpo ou qualquer outra coisa terrena, estava apenas ali com o anjo, que não falava, mas se comunicava. Foi-me mostrada a beleza do meu corpo e de todos os corpos. Disseram-me que meu corpo era uma dádiva e que eu deveria cuidar dele, não o matar. Após ouvir isso, senti muita, muita vergonha do que tinha acabado de fazer e [na esperança] de continuar viva, comecei a implorar à luz para viver. Em troca, recebi o mais forte sentimento de amor que já havia experimentado, até mais do que aquele que tenho por meus próprios filhos.*[21]

O que você leu sobre Annie até agora não se trata de uma experiência de morte compartilhada. Não há como provar de maneira concreta que o "anjo da guarda" que ela encontrou existiu de fato ou se ela viu a si mesma e ao anjo como feitos de luz. Como ninguém além dela se encontrou com essa entidade, só é possível provar que ela existe – assim como a parte referente à experiência fora do corpo – em sua mente.

Entretanto, uma experiência mais explícita de morte compartilhada ocorreu após a EQM de Annie. A EMC se dá no fato de Annie ter se tornado uma pessoa diferente. O que ela viu a transformou e provocou uma mudança duradoura em sua vida que os *outros* podiam ver.

Essa experiência mais explícita ocorreu quando Annie falou para o namorado (que a traía, sendo esse o empurrão final para sua tentativa de suicídio) cair fora. Ela parou de beber e usar drogas e, como resultado, encontrou um novo grupo de amigos e passou a levar a escola – e a vida – mais a sério. Ela não se preocupava mais com o suicídio da mãe e, quando via que estava voltando aos "velhos hábitos" de festas, bebida e uso de drogas, lembrava-se do conselho simples que o anjo tinha lhe dado: que a vida consistia em uma série de provações, e nenhuma delas era invencível.

— Logo após a experiência, senti como se tivesse recebido uma missão, como se tivesse nascido para realizar algo — disse ela ao dr. Morse. — A experiência me supriu com uma energia interior que nunca mais me abandonou.[22]

POR QUE A LUZ TRANSFORMADORA INDICA UMA VIDA APÓS A MORTE

A maneira como as coisas decorreram para Darla e Annie é como as coisas decorreram para Ebenezer Scrooge, o superastro da transformação que deu início a este capítulo. Ele levou sua EQM bastante a sério e a usou como base para uma mudança, como escreveu Charles Dickens: "[Scrooge] andava pelas ruas e observava as pessoas correndo de um lado para o outro, dava tapinhas na cabeça das crianças, questionava os mendigos, olhava para as cozinhas e para as janelas das casas; e descobriu que tudo podia lhe proporcionar prazer. Ele nunca havia sonhado que um simples passeio – um simples qualquer coisa – pudesse lhe proporcionar tanta felicidade".[23]

Sempre presumi, mesmo quando criança, que partes de nós mesmos ficavam escondidas de nós. O processo de autoconhecimento sempre me pareceu relacionado à descoberta de camadas depois de outras camadas – desconhecidas – e à revelação de compartimentos ocultos e inesperados dentro de mim. As metamorfoses pessoais relatadas por pessoas que passaram por experiências de quase-morte podem ser uma fonte de inspiração para todos que passam a saber sobre elas. A transformação é uma ponte que nos conecta a um reino além da existência física, pois, para chegar a esse reino, todos, como é óbvio, temos de passar por uma transformação, o que faz com que isso seja, para mim, outro motivo que sugira a existência de um reino da vida após a morte.

O modo como alguém pensa sobre a vida após a morte depende muito do estágio em que a vida da pessoa está: é uma pessoa mais velha e, portanto, naturalmente pensa no que pode estar por vir? Ou algo aconteceu que a fez pensar nessa pergunta? Por exemplo, Platão também notou que as pessoas pensam sobre a vida após a morte quando elas ou um ente querido estão à beira da morte, o que é, claro, algo lógico.[24] Pessoalmente, conheci pouquíssimas pessoas que se interessaram pela vida após a morte por pura curiosidade. Portanto, sim, parece-me que o fator evolutivo é bastante importante na maneira como refletimos sobre a vida após a morte.

Algo impressionante que notei é que, quanto mais velhas as pessoas ficam, maiores as chances de elas terem experimentado uma sensação de passagem para outro reino de existência. Isso pode ocorrer em uma EQM (como explicamos) ou em episódios místicos nos quais as pessoas parecem ser transportadas para outra esfera da realidade, como nas experiências extracorpóreas, que nós também explicamos. Essas experiências vêm acompanhadas de uma sensação autocertificada de surrealidade, uma qualidade hiper-real que faz com que a realidade normal pareça irreal.

Parece-me que, à medida que envelhecemos, a sensação de um mundo após a morte se torna mais natural.

Durante todo esse processo, no entanto, até mesmo as pessoas mais brilhantes e articuladas dizem que lhes faltam palavras ao tentar descrever as experiências pelas quais passaram, o que me faz pensar que elas causam uma mudança em nossa linguagem e também em quem somos.

5

Motivo 4: Lucidez terminal (LT)

A medicina agora se vê de frente com a obrigação de ampliar suas funções. [...] Os médicos precisam, por necessidade, entregar-se à filosofia.
— **Dra. Dana Farnworth**

Durante minha carreira médica, já vi muitos pacientes aparentemente ressuscitarem da morte. Posso dizer com segurança que isso vale para qualquer médico. Michael Nahm nomeou a lucidez terminal (LT) e a definiu como um lampejo inconfundível de vida que ocorre pouco antes da morte, às vezes até sem que outros sinais de vida – incluindo qualquer atividade cerebral – sejam registrados. E, como essa experiência agora tem um nome e uma definição, é um tema cada vez mais importante na pesquisa sobre a consciência. A LT permite aos observadores testemunhar a saída e o retorno da força vital em pessoa, fazendo com que ela também seja uma experiência de morte compartilhada.

UM LAMPEJO DE VIDA

Completamente do nada, um paciente à beira da morte volta à vida com uma forma expandida de lucidez. Ele pode cumprimentar as pessoas ao lado da cama com um aceno ou com poucas palavras, ou então pode se sentar na cama e conversar com os familiares como se nada tivesse acontecido. Alguns pacientes chegam a se levantar do leito de morte, a andar pelo quarto e a conversar com familiares, que, atônitos, acham que seu ente querido, que antes era um doente terminal, contra todas as probabilidades, logo voltará para casa. Isso é a LT.

E voltar para casa, infelizmente, não é o que acontece. Todas as vezes, a pessoa volta para a cama e falece poucas horas depois, deixando todos que presenciaram a cena cheios de perguntas, sobre como alguém tão doente tinha sido capaz de voltar, mesmo que por um período breve.

Um breve vislumbre

Um dos exemplos mais extremos de lucidez terminal é o de Anna Katharina Ehmer, uma alemã de 26 anos que viveu no início da década de 1900 e passou a maior parte de sua vida em uma instituição de saúde mental após uma meningite lesionar seu cérebro na infância. De acordo com uma pessoa que cuidou dela, Käthe, como era chamada, estava "entre as pacientes com a deficiência mental mais grave que já viveram em nossa instituição". Ela nunca havia falado e "nunca notamos que ela compreendesse o que acontecia ao seu redor, nem mesmo por um segundo".[1]

No entanto, no dia de sua morte, 1º de março de 1922, Käthe estava lúcida. O diretor, Friedrich Happich, foi chamado ao quarto de Käthe "por um de nossos médicos, respeitado tanto como cientista quanto como psiquiatra".[2] Ela falava de forma clara e sensata e até chegou a cantar *The Home of the Soul* [O lar da alma], um hino do século XIX. Happich escreveu:

> *Käthe, que nunca havia falado uma única palavra [...] cantou canções de morte para si mesma. Em específico, ela cantava sem parar: "Onde a alma encontra seu lar, sua paz? Paz, paz, paz celestial!". Ela cantou por meia hora. Seu rosto, até então muito abatido, estava transfigurado e espiritualizado. Pouco depois, ela faleceu em paz. Assim como eu e a enfermeira que havia cuidado dela, o médico tinha lágrimas nos olhos.*[3]

Aqui estão algumas observações feitas por outra testemunha de sua morte:

> *Isso pareceu um milagre para nós. Ainda maior, no entanto, foi o milagre de Käthe, até então totalmente muda, poder de repente recitar o texto da canção de forma clara e inteligível. O Dr. W. (Wittneben) afirmou repetidas vezes: "do ponto de vista médico, estou diante de um mistério. Käthe teve tantas infecções graves causadas pela meningite que, devido às mudanças anatômicas ocorridas no tecido cortical do cérebro, não era possível compreender como aquela mulher moribunda pôde, de repente, cantar de forma tão clara e inteligível".*[4]

Pouquíssimo tempo após reviver por completo – e não apenas ressuscitada, mas também transformada –, Anna Katharina Ehmer estava morta.

Happich e Wittneben ficaram maravilhados com o que havia acontecido e não hesitaram em falar em público sobre o que tinham visto. O Partido Nazista estava em ascensão naquela época e defendia que todos os doentes mentais da Alemanha fossem submetidos à eutanásia, uma ideia à qual Happich e Wittneben se opunham. Eles sabiam que os doentes mentais tinham um certo grau de personalidade e, portanto, possuíam o direito de viver. Para defender seu ponto de vista, Happich e Wittneben começaram a coletar casos de lucidez terminal presentes na literatura médica e de testemunhas de outros eventos do gênero. Um dos estudos de caso apresentados em defesa dos doentes mentais foi o de um homem de 20 anos. Ele estava no hospital havia catorze anos devido a "déficits mentais" e, de repente, começou a cantar. Ele anunciou que "iria para o céu" em breve, cantou uma música e morreu.[5]

Na biografia que escreveu para o pai, a filha de Happich relembrou a oposição dele em submeter os doentes mentais à eutanásia durante um discurso em frente ao Grupo de Trabalho para Questões Eugênicas em 1932. Ele disse:

> *Passei por diversas experiências, muitas quase devastadoras, e algumas delas junto com o médico-chefe de nossa instituição, o Dr. Wittneben.*

Elas me mostraram que mesmo o mais miserável [...] leva uma vida interior desconhecida que é tão valiosa quanto a minha própria vida interior. É apenas o lado exterior destruído que o impede de mostrá-la ao mundo. Muitas vezes, nas últimas horas antes da morte, todas as obstruções patológicas desapareciam e revelavam uma vida interior de tal beleza que só o que conseguíamos fazer era ficar diante dela, abalados até ossos. Para alguém que testemunhou tais eventos, toda a questão envolvendo a legalização da eutanásia controlada já está encerrada.[6]

A perspectiva de Wittneben sobre Käthe e outros casos semelhantes de lucidez terminal reforçou aquela de seu colega: "Quem testemunhou algo do gênero [...] perceberá que, em última instância, não podemos solucionar o problema mente-corpo enquanto meros seres humanos, mas também perceberá que temos uma responsabilidade especial para com as almas dos doentes mentais que estão presas nos seus frágeis corpos".[7]

DEFINIDA E RECONHECIDA

Quando Käthe era viva, sua história de LT não se enquadrava em nenhuma categoria de experiência da qual se tinha conhecimento. Enquanto outros problemas médicos têm nomes distintos que os definem – um resfriado comum *versus* uma gripe, por exemplo –, naquela época não havia nenhum nome ou definição oficial para categorizar os casos de lucidez terminal. Às vezes, esses casos eram chamados de "melhora antes da morte", termo usado até 2009 para descrever a LT.[8] Em lugares como a Europa Oriental, a LT era registrada nos prontuários dos pacientes como "loucura".[9] Na Itália, às vezes era registrada como "possessão por demônios".[10]

No início de minha carreira médica, a LT era conhecida como uma experiência "feérica", definição essa que talvez venha dos escoceses [do inglês antigo *"fey"*, como alguém que estava destinado à morte], que usavam essa palavra para descrever alguém que estava prestes a morrer. Mas, pelo que sei, naquela época as experiências feéricas não eram estudadas por médicos. Elas eram consideradas pelo *status quo* nada além de picos de adrenalina que antecipavam a morte. A comunidade médica não sabia que episódios feéricos eram experiências complexas que envolviam assuntos com os quais a medicina não gostava de lidar, como a alma e a sua sobrevivência à morte do corpo. Logo descobri que quase todos que trabalhavam na unidade de terapia intensiva tinham visto exemplos de experiências feéricas. Quando perguntados, alguns chegaram a admitir que tinham visto o semblante do moribundo "iluminar-se" antes de ficar lúcido.

Essa atitude casual em relação a uma experiência incrível e, de certa forma, comum mudou graças aos novos estudos de pesquisadores como Michael Nahm. Em 2009, Nahm, agora pesquisador do Institute for Frontier Areas of Psychology and Mental Health [Instituto para Áreas Limítrofes da Psicologia e da Saúde Mental, em Freiburg, Alemanha, vasculhava caixas cobertas de pó cheias de antigos registros médicos para encontrar casos como o de Käthe. O trabalho de Nahm proporcionou um grande avanço ao (re)nomear e definir a lucidez terminal como "o (re)surgimento de habilidades mentais comuns ou extraordinariamente aprimoradas em pacientes entorpecidos, inconscientes ou com doenças mentais pouco antes da morte, incluindo um considerável aumento no humor e na afetação espiritual, ou ainda a capacidade de falar de uma maneira espiritualizada e eufórica que antes não existia".[11] Demonstrando a importância de se continuar a busca por nomes cada vez mais precisos, o nome LT está evoluindo para *lucidez paradoxal*, talvez para substituir a palavra *terminal* por um descritor mais positivo.[12] Pelo menos por enquanto, usaremos o nome *lucidez terminal* ao longo deste capítulo.

Embora o estudo de Nahm de 2009 tenha se baseado em pessoas com doenças mentais e outras deficiências cognitivas, a LT também pode ser vista em diversas pessoas que estão próximas da morte – independentemente de seu estado mental anterior. É fácil notar a diferença entre quem está morrendo e quem está lúcido e chamar essa observação de prova concreta quando ela é vista em pessoas que, via de regra, não se esperaria que estivessem lúcidas.

Tal qual a EQM, agora a LT também pode ser definida e se encaixar de maneira firme no mundo da medicina, sobretudo no da EMC. No caso da LT, a pessoa que está sendo observada pode não apresentar ondas cerebrais e, de repente e por um breve período, recuperar todas as suas capacidades. Alguns dizem que é como ver a alma retornar ao falecido e trazê-lo de volta à vida.

Nahm dividiu o fenômeno da LT em quatro fases, parafraseadas aqui:

- **Início:** Presume-se que o paciente tenha perdido tanta cognição que a volta das capacidades mentais é bastante improvável.
- **Retorno da consciência:** O indivíduo começa, por conta própria, a se comunicar com a equipe médica ou com amigos e familiares que o estão visitando.
- **Comunicações significativas:** Há uma interação significativa e relevante em que o paciente retorna ao seu antigo eu, lembrando-se de pessoas, lugares e momentos que se acreditava estarem perdidos para sempre por causa da evolução da doença.
- **Despedida e início do processo de morrer:** O indivíduo se despede após o período de lucidez, que pode durar de alguns minutos a alguns dias.[13]

CONSCIÊNCIA PARA ALÉM DAS ONDAS CEREBRAIS

Os neurologistas se perguntam como um "cérebro que não funciona" é capaz de funcionar sem neurônios ativos, e eles não estão apenas falando, mas também agindo para matar essa curiosidade. Alguns o fazem por causa da conexão que eles supõem que exista entre a LT e outros mistérios. Até mesmo o National Institute on Aging (NIA) [Instituto Nacional para o Envelhecimento], que faz parte dos National Institutes of Health (NIH) [Institutos Nacionais de Saúde], entrou na jogada, financiando uma série de estudos com o objetivo de descobrir os fatores que desencadeiam a LT, na esperança de que as respostas possam levar a maneiras de tratar doenças neurológicas, como a demência e o Alzheimer.[14]

Outros estudiosos – aqueles na ponta da pesquisa sobre o cérebro – estão explorando questões diferentes: seria a LT um sinal de que a consciência pode retornar a um corpo morto ou moribundo? Pode a consciência existir sem um cérebro funcional? Afinal, se os casos de LT ocorrem em cérebros que não são mais considerados funcionais, por que então a consciência é capaz de retornar? A consciência independe de fato de massa cinzenta funcional? O filósofo francês René Descartes estava correto quando definiu a consciência com a frase "penso, logo existo"?[15] E, se for esse o caso, o que é a consciência? Ela precisa de um cérebro que funcione para existir? Seria a LT a evidência há muito procurada de que a alma existe? E, se for, qual é a natureza da alma? E por que essa alma nos deixa quando morremos?

Ao longo dos tempos, cuidadores observaram que a consciência talvez não dependa, necessariamente, de um cérebro que funcione. Em muitos casos, é como se algo alheio ao cérebro assumisse o controle e devolvesse a consciência normal a uma pessoa que não a tem já há algum tempo. Deixe-me mostrar alguns exemplos atuais.

Qual tecido cerebral?

Esse caso foi apresentado pelo cirurgião americano Scott Haig em 2007. Trata-se de um homem que teve câncer de pulmão com metástase até o cérebro. Um exame realizado pouco antes de sua morte mostrou que apenas uma pequena porção do tecido cerebral estava intacta. Os tumores não só tinham deslocado o tecido como também o destruído. Nas duas semanas que antecederam sua morte, o homem aos poucos perdeu a capacidade de se mover e suas sentenças passaram a ser vagas e incoerentes. Por fim, ele perdeu toda a capacidade de falar e se movimentar. Os exames mostravam que ele não tinha mais ondas cerebrais. No entanto, antes de morrer, conforme relatado por sua esposa e uma enfermeira, ele recuperou a consciência de maneira surpreendente, acordou do estado de coma e conversou normalmente por cerca de cinco minutos com familiares presentes. Ele se despediu, encostou em todos e sorriu. Em seguida, voltou ao estado em que estava antes e morreu em menos de uma hora.[16]

Histórias de guerra perturbadoras

Outro exemplo atual vem do pai do meu coautor, Paul Perry, veterano do exército dos EUA da Segunda Guerra Mundial e que sofreu um derrame em seu centro de fala que o deixou com demência e incapaz de falar de maneira coerente. Nos meses seguintes ao derrame, vários miniAVCs ocorreram, deixando seu discurso cada vez menos coerente. Assim foi sua vida por várias semanas. Então, quando parecia próximo da morte, ele abriu os olhos e começou a falar de forma bastante clara com sua esposa e Paul, que conversavam no quarto já havia algum tempo. Paul escreveu o que seu pai disse:

— Não tenho medo de morrer — ele disse. — Quando estava no exército, várias vezes pensei que fosse morrer. Certa noite, lembro-me de ter sido alvejado em uma pequena casa feita de pedra, onde eu estava sozinho escondido junto com um padre! As balas ricocheteavam nas paredes e eu estava com tanto medo que pensei que meu coração fosse parar, de tão rápido que ele batia.

Em seu leito de morte, o veterano contou várias outras histórias de guerra perturbadoras, incluindo uma em que jogou uma granada em uma trincheira, só que a granada não explodiu.

— Quando isso aconteceu, eu saí do meu corpo — ele disse a Paul. — Quero dizer, acho que literalmente deixei meu corpo. Fui até o local onde as granadas de mão eram fabricadas e vi alguém na linha de montagem não conseguindo colocar o fusível naquela que eu havia jogado.

Paul e a esposa de seu pai ficaram maravilhados com o fato de ele ter aberto os olhos e ainda por cima ter recuperado a fala. Ele conversou por mais algum tempo e depois disse mais uma vez:

— Não tenho medo de morrer. Eu deveria ter morrido na guerra, então tudo o que vivi desde então foi um presente.

Pouco depois o pai adormeceu e, mais tarde naquela mesma noite, morreu.

Esse relato é notável em alguns aspectos: o veterano recuperou a fala por completo. Embora não tivesse conseguido falar de forma coerente por semanas, de repente o fez com tanta clareza que era como se nunca tivesse sofrido um derrame. Além disso, o derrame principal que ele havia sofrido e os vários miniderrames que se seguiram o haviam deixado incapaz de mover a mão esquerda e de andar. No entanto, pouco antes de morrer, ele recuperou o movimento da mão e conseguiu até mesmo ficar de pé, chegando a se levantar para encenar alguns dos combates que ele havia contado. Esse retorno das funções motoras e da fala parecia impossível – não apenas para a família como também para o médico que cuidava dele, que chamou esse retorno à funcionalidade de "uma experiência de Lázaro".[17]

MATERIALISTAS *VERSUS* DUALISTAS, DE NOVO

No século XIX, vários filósofos e médicos se afastaram da ciência material, que, segundo eles, havia forçado a ciência como um todo a se encaixar em um molde. Em vez disso, foram estudar aquilo que na era vitoriana era chamado de fenômenos sobrenaturais, "o lado noturno da natureza",[18] como fantasmas e experiências relacionadas à morte. Entre os nomes estudados estavam intelectuais de peso, como Descartes, Nicolas Malebranche, Baruch Spinoza e Gottfried Leibniz, todos dedicados a resolver questões filosóficas usando o método científico e equações matemáticas. Duas das principais crenças dos dualistas, sobretudo de Spinoza, eram de que a consciência humana não podia ser explicada pela ciência e que uma alma podia existir de maneira independente do cérebro, embora durante a vida estivessem quase sempre sincronizados – ideia que hoje é chamada de paralelismo. Eles construíram essa crença em grande parte baseados em eventos que testemunharam na hora da morte, eventos que hoje seriam conhecidos como LT. Alguns médicos ficaram tão perplexos com as experiências de morte que viram que passaram a procurar mais pacientes e, através deles, chegaram a novas conclusões sobre a mente, o corpo e a alma.[19]

Nahm é muito eloquente ao descrever as questões enfrentadas pelas duas escolas de pensamento: os materialistas (que acreditam que a bioquímica explica tudo o que é biológico) e os dualistas (que acreditam que o corpo e a mente são separados).

Acho que se você levar tudo em conta, [a morte] se parece muito com uma transição. [...] A questão é: ela pode ser explicada bioquimicamente? Tenho minhas dúvidas. Então, sim, eu com certeza vejo a morte como uma transição, não importa como você a considere. [...] A vida após a morte, se existir, será muito complexa e muito difícil de ser compreendida. A questão é: o que é a alma, se ela existir? Ela perdura enquanto um indivíduo? É capaz de se dissolver no Grande Seja Lá O Que For? Ela é capaz de voltar e se juntar à Grande Consciência que existe no pano de fundo da realidade de toda a existência? Ela pode surgir novamente e reencarnar?[20]

É possível imaginar que estes dois grupos – os materialistas e os dualistas – não se dariam bem, mas muitos deles se dão. O NIA lançará um programa de pesquisa sobre a LT em pacientes com demência e outras doenças que levam ao declínio cognitivo e está discutindo de maneira ativa o mecanismo e o significado da lucidez terminal (ou paradoxal). Esse assunto parece revelar sentimentos e crenças tanto materiais quanto místicas nos pesquisadores. De acordo com o instituto, mais pesquisas sobre o tema provavelmente "expandirão nossa compreensão atual da natureza da personalidade e da consciência [...] bem como oferecerão abordagens mais terapêuticas para pacientes com tais declínios, oferecerão estratégias mais eficientes aos cuidadores e, com sorte, levarão a mais estudos que nos permitirão entender melhor os mecanismos desse fenômeno intrigante".[21]

Essa é uma mensagem revolucionária. A LT não apenas é uma evidência sólida de que a mente e o corpo podem operar de maneira independente um do outro, ela se soma a um conjunto crescente de evidências de que nossa consciência pode sobreviver à morte do corpo.

UMA EXPLOSÃO DE FALA

A seguir, estudos de caso reunidos no século XIX pelo médico Gotthilf Heinrich Schubert, que combinou ambas as linhas de pensamento como parte da pesquisa que fez sobre a alma. Schubert comenta aqui um episódio sobre uma mulher com problemas mentais cuja LT ocorreu quatro semanas antes de sua morte:

> Quatro semanas antes de sua morte, por fim ela se recuperou de um pesadelo que perdurara vinte anos. Mas aqueles que a conheceram antes de sua loucura [diminuir] tiveram dificuldade em reconhecê-la em seu último estado de transformação – tão abrilhantados, aprimorados e elevados eram todos os poderes e sensações de sua natureza mental, tão abrilhantada era sua articulação. Ela falava com muita distinção e vivacidade interior sobre coisas que o homem só raramente consegue entender – e de maneira superficial – em seu estado normal de existência. Sua história causou furor: letrados e analfabetos, instruídos e não instruídos se aglomeravam em seu digno leito de morte. Todos confessaram que, mesmo se ela tivesse sido ensinada pelos homens mais eruditos e esclarecidos durante o período em que esteve doente, sua mente não poderia ter ficado mais instruída, seu conhecimento não poderia ter ficado mais substancial e avançado do que agora, quando ela parecia ter despertado de um longo e profundo confinamento de todos os poderes.[22]

Outro estudo de caso de Schubert atribui um poder de cura quase místico à LT. Um homem surdo e não vocalizado alcançou o poder da audição e da fala normais antes de sua morte. Aqui está uma versão resumida desse caso, conforme traduzido no trabalho de pesquisa de Nahm:

> O homem surdo e não vocalizado foi educado em uma escola especial para pessoas com essa condição, mas nunca conseguiu falar de forma compreensível devido a um "defeito orgânico" [não especificado por Schubert]. No entanto, "na euforia das últimas horas", ele conseguiu falar de forma compreensível pela primeira vez em sua vida.
> Um homem idoso e doente ficou "debilitado e totalmente mudo" em sua cama por 28 anos. No último dia de sua vida, sua consciência e capacidade de falar voltaram de repente após um sonho bom no qual o fim de seu sofrimento foi anunciado.[23]

Como Schubert era um médico e filósofo que estudava a alma, Nahm e eu acreditamos que ele achava que havia uma "pessoa interior" oculta – possivelmente a alma – que emergia com a morte e que era totalmente diferente da "pessoa exterior" com seu ego consciente.[24]

CONTINUAÇÃO DA HISTÓRIA

Depois de pesquisar vários casos de LT, um médico francês chamado Alexandre Brierre de Boismont escreveu uma excelente descrição sobre ela: "em certas doenças, os sentidos adquirem uma delicadeza extraordinária ao se aproximarem da morte, quando o doente surpreende aqueles ao redor com pensamentos apurados e a lucidez súbita de uma mente que esteve obscurecida por muitos e longos anos".[25]

Benjamin Rush, considerado o primeiro autor norte-americano a escrever sobre doenças mentais, também reconheceu a LT e escreveu que "a maioria dos loucos descobre um grau maior ou menor de razão nos últimos dias ou horas de suas vidas".[26]

Andrew Marshal foi além. O médico britânico examinou e publicou vários casos de LT relacionados a pessoas com doenças mentais. Um de seus estudos de caso era o de um ex-tenente muito violento da Marinha Real. Ele escreveu o seguinte sobre esse paciente: "sua loucura era caracterizada por muita raiva, com perda de memória. [...] Sua memória tem falhado, tanto que ele esqueceu parte do próprio nome. [...] No dia anterior à sua morte, ele estava bastante racional: pediu que chamassem um clérigo; parecia atento à leitura do livro de orações e disse que 'esperava que Deus tivesse misericórdia de sua alma'".[27]

TRANSFORMAÇÃO POSITIVA

Testemunhar um episódio de LT é uma experiência emocional poderosa, que dá vida a todos os cinco sentidos de uma pessoa – conforme foram definidos por Aristóteles há muito tempo.[28] Também é lógico que essa energia faça outros sentidos aflorarem. Desde os tempos de Aristóteles, a ciência adicionou outros sentidos: o sentido de equilíbrio, dor, diferença de temperatura e direção. Nos últimos anos, a maioria dos cientistas passou a concordar com a existência de mais dois sentidos: detecção química (quimiorrecepção) e detecção de luz (fotorrecepção).[29]

Depois de pesquisar eventos extraordinários, como a lucidez terminal, experiências de quase-morte e experiências de morte compartilhada, acredito que a busca científica por novos sentidos esteja apenas começando. Como bem notou o médico Wilder Penfield, grande neurocirurgião e pesquisador da consciência: "O cérebro ainda não explicou totalmente a mente".[30] No contexto de sua citação, acredito que serão descobertos sentidos que permitirão que as "experiências paranormais" sejam consideradas perfeitamente normais. E a descoberta desses sentidos não virá necessariamente da exploração de nossa massa cinzenta, mas do material invisível que é o conteúdo da mente.

Os eventos envolvidos nas LT podem chocar e confundir o observador, fazendo com que ele reconsidere suas crenças pessoais, sobretudo aqueles que acreditam na existência de uma fronteira distinta entre a vida e a morte. A lucidez terminal impõe uma variedade de possibilidades sobre as quais a maioria nunca pensou a respeito, sendo a mais profunda delas que a consciência não precisa de um cérebro em funcionamento para sobreviver. E, se for esse o caso, seria isso prova de que nossa mente se estende além de nosso ser físico? O que significa um morto não estar, de fato, morto? Esse episódio é uma prova de que a vida após a morte existe? Essas são algumas das perguntas que podem ser feitas por aqueles que testemunham um episódio tão surpreendente.

Ao examinar meus próprios estudos de caso de LT e discuti-los com outras pessoas da minha área, posso determinar com segurança que a esmagadora maioria das experiências provoca uma transformação positiva nas testemunhas. É provável que essa transformação provenha de uma série de fatores que listarei aqui.

ACEITANDO A MORTE E ABRAÇANDO A VIDA

A LT ilustra que há forças desconhecidas e subutilizadas em nossas vidas. Essas forças são muito pouco usadas pela mente humana, sendo, porém, ativadas em momentos intensos específicos, como a morte ou a quase-morte. A LT também nos oferece uma visão de como será nossa própria morte e até mesmo nos ajuda a viver a vida ao máximo. Quanto mais percebermos que algo desconhecido, porém poderoso e bom, acontece no momento da morte, mais relaxados ficaremos em relação à nossa. Quando isso acontece, passamos a ter menos medo da morte e a ter mais apetite pela vida. Aqui está um exemplo de uma pessoa que presenciou um episódio de LT:

> *Meu filho e sua esposa cuidavam da mãe dela, Jane, cuja saúde estava se deteriorando devido ao mal de Alzheimer. Era Dia de Ação de Graças e, embora ela estivesse acamada, todos queriam que ela estivesse presente no jantar com toda a família. Eles levaram a cama para a sala e depois carregaram seu frágil corpo até a mesa. Foi uma cena triste de se ver. Ela parecia não saber onde estava nem o que estava acontecendo. Todos fizeram como sempre faziam nas refeições de fim de ano, enquanto Jane parecia não estar acordada nem consciente de nada ao redor. Porém tudo mudou no final da refeição. Ela já não se comunicava havia vários meses, mas, de repente, voltou a ser coerente, sentou-se na cama e pediu por comida, dizendo a todos que estava faminta. Ela então passou a conversar normalmente, perguntando aos netos sobre a escola e sobre suas vidas.*
> *Era como se o relógio tivesse voltado cinco anos no tempo e ela estivesse em seu estado normal de novo.*
> *No final do dia seguinte, ela voltou a dormir e não conseguimos acordá-la. Achávamos que ela tinha voltado para nós, mas não foi o caso. Intrigando a todos, ela morreu naquela mesma noite.*[31]

Novos diálogos

Testemunhar uma LT pode funcionar como um modo de quebrar o gelo, permitindo àqueles que permanecem vivos iniciar novos diálogos sobre a morte e a espiritualidade. Quando médicos e outros profissionais de saúde falam abertamente e de forma menos crítica sobre experiências espirituais, é provável que isso impulsione mudanças nas instituições.

Por exemplo, quando pacientes que estão morrendo perguntam ao médico como será ao morrerem, o profissional geralmente fica sem palavras. Ele ou teme dizer algo que ofenda o paciente por causa de suas crenças espirituais, ou apenas não sabe o que falar. "Como é a morte?" é uma das poucas perguntas que um médico não consegue responder a um paciente. Muitas vezes eles não sabem a resposta porque isso não foi ensinado na universidade. Acho que isso vai mudar. Hoje em dia é mais comum que a equipe médica tenha aulas de psicologia e comunicação sobre o que dizer às pessoas em um momento de crise e como falar sobre a morte com os moribundos e suas famílias.

Conheço um exemplo disso, de um homem com quem conversei em uma conferência sobre a consciência em Portland, no Oregon. Desde a adolescência ele se declarava ateu, quando se "desligou" do dogma rígido da igreja que sua família o obrigava a frequentar. Isso mudou quando seu pai morreu.

No último dia de vida de seu pai, a enfermeira reportou ao médico um "estetoscópio silencioso", o que significa que ela não conseguia ouvir nenhum batimento cardíaco. O médico então entrou no quarto e colocou o estetoscópio no peito e no pescoço do homem e não conseguiu detectar nenhum sinal de vida. Mas, de repente, o pai voltou à vida.

— Ele olhou para nós — lembra-se o médico. — Seus olhos estavam arregalados e ele olhava para algo ao longe. "Eu amo vocês", ele disse.

O homem relatou ter tido uma conversa curta e inteligível com o pai, na qual o amor pela família foi expresso em alto e bom som. Então, segurando a mão do filho, o pai fechou os olhos e, poucos minutos depois, morreu.

— Toda a minha postura mudou depois disso — disse o homem. — Eu ainda achava que a religião era um dogma criado pelo homem e, portanto, algo que eu não tinha interesse em seguir. Ainda assim, estava claro que algo incompreensível estava acontecendo. Algo espiritual. E, à sua própria maneira, a espiritualidade não precisa necessariamente ser definida por uma religião. Não consigo parar de falar sobre o que aconteceu quando meu pai não morreu. E não me sinto mais pressionado pela minha irmã para seguir a "regra divina" de uma igreja. Acredito na alma porque vi meu pai voltar da morte. Mas eu não complico as coisas e acredito em meu próprio dogma. Para mim, a única regra divina é o que meu pai disse no final: "Eu te amo".[32]

Experiência reparadora

A LT também pode ser uma poderosa experiência reparadora, sobretudo para aqueles que enfrentam problemas familiares. Experiências de fim de vida, como a LT, dão a oportunidade de uma família fazer um "acerto de contas". É comum que as testemunhas da LT falem do amor expresso por um pai ou mãe que antes nunca lhes havia dito "eu te amo". Discussões francas sobre transgressões passadas costumam ser o tema final entre os vivos e os que estão morrendo. São essas conversas de última hora que dão à LT a reputação de talvez ser um episódio reparador.

Para dar crédito ao poder de cura da LT, apresento a história de meu coautor, Paul Perry, que teve a oportunidade de observar um evento de LT com os próprios olhos. Paul visitava seu filho no hospital após este ter quebrado a perna em um acidente de moto. No primeiro dia em que esteve lá, um grupo de enfermeiras levava um homem para um quarto do outro lado do corredor. Ele dormia quando o trouxeram, e uma das enfermeiras contou a Paul que o homem tinha demência e estava prestes a morrer.

No segundo dia, Paul prestou mais atenção no homem do outro lado do corredor. O médico o havia colocado no oxigênio e ele ficou ali deitado, imóvel, enquanto seus familiares o visitavam e tentavam iniciar uma conversa, mas partiam pouco depois, sem sucesso.

No terceiro dia, Paul teve uma surpresa ao olhar para dentro do quarto. Ele viu seis familiares sentados ao redor da cama onde estava o homem com demência, que andava enrolado nos lençóis como se estivesse em um palco e conversava com cada um deles. Ele contava histórias das pessoas ali presentes, algumas das quais devem ter sido bem engraçadas, pois de tempos em tempos o grupo soltava gargalhadas.

Paul não conseguia ouvir o que o homem dizia, mas a primeira coisa que lhe veio à mente foi que acabara de presenciar uma pessoa que tinha se curado da demência. Quando Paul foi embora do hospital, os familiares do homem riam, choravam, se abraçavam e diziam que o amavam e que estavam felizes porque ele logo iria ficar bem.

No quarto dia, quando Paul chegou, viu o quarto do homem vazio. Uma enfermeira disse que ele havia morrido de madrugada.

Antes de ir embora, Paul encontrou alguns familiares que tinham voltado para recolher os pertences do homem. Eles disseram algo que Paul não esperava ouvir. O homem que Paul tinha visto sendo o centro das atenções na cama era o tio menos favorito de todos. Ele era rancoroso e egocêntrico. Seu comportamento mais recente, e também o último, chocou os familiares que tiveram a sorte de estar presentes.

— Acho que ele voltou para nos mostrar como era engraçado e simpático — disse um familiar. — Foi seu presente para nós: nos dar amor e atenção antes de partir.

MILAGRES VISÍVEIS

A história que Paul me contou foi um milagre visível, um evento que pôde ser testemunhado, mas que não possui uma explicação plausível.

Ao longo de sua carreira, Peter Fenwick analisou centenas de experiências ocorridas no leito de morte. Em um comentário sobre a LT, Fenwick escreveu:

> *Baseado nos dados científicos atuais, é difícil encontrar qualquer mecanismo cerebral específico que sustente e explique essas maravilhosas experiências espirituais.*[33]
> *No entanto, à medida que avançamos em direção à ciência pós-moderna, juntamente com o reconhecimento de que a neurociência ainda não tem uma explicação para a consciência (experiência subjetiva), a possibilidade de fenômenos transcendentes ocorrerem no momento da morte também deve ser levada em conta.*[34]

LUCIDEZ TERMINAL REMOTA

A LT pode acontecer como uma experiência precognitiva, sem a presença da pessoa que está morrendo. Aqui está um exemplo disso, de uma pessoa que morava em Washington e sua mãe doente, de 91 anos, que estava em Illinois:

Eu estava dormindo e era de manhã cedo. Aquele momento em que você tem sonhos lúcidos, mas quase nunca se lembra deles, ou se lembra deles por apenas alguns segundos antes que eles se dissipem. Eu dormia tranquilamente quando, de repente, me vi em um aeroporto. Olhava por uma daquelas grandes janelas de onde podemos ver os aviões chegando e partindo.

Vi minha mãe parada no meio das escadas de um pequeno avião de passageiros, daqueles que fazem o transporte entre cidades vizinhas. Ela olhava para mim com um semblante radiante e um enorme sorriso, tranquila e despreocupada. Era óbvio que ela estava indo para algum lugar maravilhoso. Ela usava suas cores típicas – embora eu não reconhecesse exatamente quais roupas eram –, com uma bolsa de mão ao lado, porém sem malas. Para onde quer que estivesse indo, ela não iria voltar.

Fiquei ali do outro lado da janela, sem conseguir falar com ela ou me comunicar de fato.

No início, achava que ela estava parada onde o sol pudesse bater diretamente em seu rosto, mas depois percebi que ela emanava um brilho interior que de alguma forma a havia transformado. Era minha mãe, mas eu sentia que de alguma forma um espírito interior havia sido liberado. [...]

Acordei em choque com o que havia acabado de pressentir. Até então nunca havia sonhado com ela nem ninguém. Mais tarde, naquele mesmo dia, eu descobriria que minha mãe tinha ido para o hospital e acabaria morrendo em alguns dias. Ela estava se despedindo, pois sabia que eu não chegaria a tempo de falar com ela.[35]

Quando pediram que a pessoa que passou pela EMC descrevesse e interpretasse a LT à distância e precognitiva que tinha vivido e seus resultados, ela disse que sabia que a mãe

[...] estava muito feliz e que aquela não era uma emoção que ela sentia com frequência. Com boas expectativas, ela estava indo para algum lugar muito maravilhoso e, de alguma forma, já havia se transformado

enquanto entrava naquele avião, que claramente era uma metáfora. [...] Ela [estava] se despedindo e me dizendo que finalmente estava livre daquele corpo doente.[36]

No início, o sonho tinha sido confuso para aquela pessoa. Contudo, ela começou a sentir que o que sonhara havia se conectado com o estado físico e mental da mãe, que transmitiu a mensagem à filha exatamente como ela gostaria de ter feito.

— Não tinha me ocorrido que pudesse ser uma premonição ou que ela estava se despedindo até minha irmã me ligar, dizendo que a mãe estava no hospital devido a uns problemas cardíacos. Mesmo assim, não soube que ela estava morrendo até alguns dias depois.

Por fim, a pessoa que passou pela EMC disse:

— É reconfortante saber que ela ainda pode existir e que talvez eu a veja de novo. Até agora, essa foi a única coisa capaz de me convencer de que a vida após a morte existe.[37]

OS MECANISMOS SECRETOS DA LT

Como funciona a LT? Na verdade, não sabemos. No entanto, existem muitas especulações científicas sobre como esse e outros fenômenos semelhantes talvez funcionem. Uma teoria diz que o mecanismo de filtragem do cérebro, que processa milhões de bits de informações sensoriais todos os dias, se abre quando morremos, permitindo que a mísera quantidade de informações com as quais normalmente trabalhamos inunde nossa consciência e sobrecarregue nossos sentidos. O neurofisiologista John Eccles resumiu essa teoria quando afirmou: "Nem de longe a maior parte da atividade no cérebro [...] consegue chegar à consciência".[38]

Como eu disse, após pesquisar os eventos extraordinários que residem dentro das fronteiras das experiências de morte compartilhada, acredito que os esforços científicos para entender a consciência tenham apenas começado. Quando forem mais bem compreendidas, muitas das chamadas "experiências paranormais" serão consideradas bastante normais. E essa descoberta não virá necessariamente da investigação da massa cinzenta de nosso cérebro, mas sim das coisas invisíveis que formam o conteúdo de nossa mente.

PASSANDO POR UMA EXPERIÊNCIA DE LT

Os estudos de caso sobre lucidez terminal contam apenas um lado da história, ou seja, o de uma pessoa que vê outra recobrar a lucidez. É claro que uma história assim é fascinante – assim como seria testemunhar qualquer forma de retorno à vida.

Mas e a pessoa que está *tendo* a experiência de lucidez terminal? Como é sobreviver à própria consciência e reemergir da mais pura escuridão da morte para a clara luz da lucidez? O que ela vê e pensa quando recobra, de maneira inesperada, a lucidez mental? Ela tem a sensação de estar "fora do corpo"? Ela tem uma consciência de si mesma como tinha antes de adoecer ou de se machucar? Quais são as características dos seus pensamentos, já que muitos pacientes com LT ficam lúcidos – apesar da falta de ondas cerebrais? De onde vêm esses pensamentos, se não do próprio cérebro?

É difícil responder a essas perguntas com estudos médicos detalhados, simplesmente porque é difícil estudar esse fenômeno. Em um artigo de 2018 para o *New York Times*, o dr. Craig Blinderman, diretor de medicina paliativa para adultos do Centro Médico da Universidade de Columbia, resumiu a dificuldade em "registrar o momento em que pessoas que estão morrendo voltam à vida".[39] A maioria delas tem outras coisas em mente – como o desejo de dizer à família como os ama – em vez de descrever a sensação da LT.

Ainda assim, existem poucos registros na literatura médica que propiciem olhar mais de perto o mundo interior de um paciente com LT. Um desses casos vem do trabalho da doutora Natasha A. Tassell-Matamua e de Kate Steadman, pesquisadoras conceituadas da Nova Zelândia, que fizeram a ligação de um episódio de lucidez terminal com uma experiência de quase-morte.

Esse estudo de caso detalha a morte de uma mulher de 31 anos, a quem vamos chamar de KT, conforme relatado por seu marido – ela morreu de câncer de mama em 1985. Certa manhã, quando sua vida se aproximava do fim, amigos próximos e familiares foram chamados para ficar ao lado dela:

> *E então, por volta das 13h30, foi possível notar que ela estava falecendo... É claro que KT estava deitada no sofá, e que, entre todos, era a mais tranquila. Ela nos contava tudo [o que estava acontecendo com ela]. Disse que caminhava por um túnel em direção à luz. Estava muito serena. Falava sobre ir em direção à luz e como tudo estava em paz. E em seguida ela pareceu ter morrido. Então, cerca de meio minuto depois, ela acordou e disse:*
> *— Existe um céu. Eu estive lá, e é lindo.*
> *Então ela morreu.*[40]

Os pesquisadores perguntaram ao marido o que ele tinha achado da sequência de eventos que haviam marcado a morte da esposa, sobretudo sobre a experiência de ela morrer uma vez, voltar para dizer algumas palavras e morrer mais uma vez. Ele achava que aquilo era o resultado das muitas conversas que haviam tido sobre a natureza do céu e de um pedido específico que ele havia feito a ela: que lhe contasse como era o céu quando chegasse lá. O marido falou:
— Diria que, no momento em que voltou, o fio da vida, ou fio da consciência, ainda não havia se rompido por completo quando ela estava entrando no túnel. Acredito que, antes de ter se isolado completamente... antes de se isolar de nós, ela tenha regressado antes de todo o contato se romper.[41]

Vale lembrar que os pesquisadores mencionaram a significativa transformação pela qual o marido passou após presenciar os eventos em torno da morte da esposa. O marido contou a eles:

> *Toda a minha vida, desde que KT morreu... tem caminhado de maneira constante em direção à alma. E, portanto, tendo a viver essa vida até certo ponto. Não sou uma alma plena, há imperfeições. Mas se eu não as corrigir nesta vida, espero corrigi-las na próxima. [...]*

Já tive meus momentos de loucura. Agora, polarizei os tempos mentais que ensinaram a alma. Estudo todas as manhãs... Um deles é a psicologia esotérica. É maravilhosa. Trata do seu crescimento enquanto alma e fala sobre a personalidade, que é completamente diferente da alma.[42]

O que mais me intrigou nesse artigo foi a ligação entre a experiência de quase-morte e a lucidez terminal. A mulher teve uma EQM, morreu, e depois retornou para ter uma LT, muito similar a algumas situações que vi em meus estudos.

A EQM PODE PRECEDER A LT

A ideia de que uma experiência de quase-morte possa anteceder à lucidez terminal desafia as suposições de que a LT pudesse indicar o início de uma EQM, e não o seu fim. Quando fui pesquisar essa questão, encontrei o caso a seguir. Karlis Osis e Erlendur Haraldsson coletaram 50 mil experiências de fim de vida, muitas delas presentes no livro *At the Hour of Death* [Na hora da morte], e encontraram vários exemplos de lucidez terminal decorrentes de EQM.[43] Um deles era o de um homem na Índia que recobrou a consciência após ser declarado morto. Afirma-se que ele surpreendeu seus médicos ao dizer que tinha ido para o céu, mas fora mandado de volta porque sua vida ainda não tinha chegado ao fim. Dois minutos depois, o homem morreu.[44] O fato de ele ter "visto o céu" e ter trazido consigo uma mensagem divina – similar a muitas pessoas que passam por uma EQM – me fez crer que ele teve uma EQM antes de recobrar a lucidez e transmitir a mensagem àqueles que haviam acabado de declará-lo morto.

Casos parecidos a esse incluem o do inventor Thomas Edison, que estava morrendo devido a complicações causadas pela diabetes, quando de repente acordou de seu coma, em uma forma de LT, e disse: "É lindo lá".[45]

Ele morreu poucas horas depois, mostrando que a LT pode indicar que o fim da vida de uma pessoa se aproxima, e não o início de uma experiência de quase-morte.

PROVAS QUE PODEM SER ESTUDADAS

No fim, há a questão da comprovabilidade: existem evidências que comprovem que a lucidez terminal de fato ocorre? É uma pergunta justa e que muitas testemunhas fazem. Minha resposta é simples e direta: *quando se trata de lucidez terminal, o episódio é observável.*

Ao contrário de outras experiências transcendentes, podemos vê-la acontecer. Podemos observar o paciente que estava em coma despertar, às vezes como se fosse um dia qualquer. Podemos ouvi-lo falar com clareza, apesar de talvez não o fazer há anos. Podemos sentir a (falsa) sensação de alegria ao pensar que, de alguma forma, ele venceu uma doença imbatível. E podemos sentir a profunda tristeza de ser um observador quando seu renascimento, envolto em mistério, se reverte em uma inconsciência derradeira – em vez de uma espécie de ressurreição. A lucidez terminal é objetiva e visível, o que, em particular, a torna única entre as outras experiências transcendentes desse tipo.

Essa característica de ser visível também facilita seu estudo, sobretudo quando levamos em consideração o panorama da explicação materialista, que pode ser resumida nas palavras de Francis Crick, um dos pesquisadores que descobriram o funcionamento do DNA "Você, suas alegrias e tristezas, suas memórias e ambições, seu senso de identidade pessoal e livre-arbítrio, na verdade, não são nada mais do que o comportamento de um vasto conjunto de células nervosas e das moléculas associadas a elas".[46]

A lucidez terminal vai de encontro a esse tipo de pensamento materialista e mostra de maneira objetiva que, às vezes, a mente e o corpo operam em paralelo. E, ao fazer isso, a LT revela um grande mistério que com certeza redefine a consciência. Decerto, o estudo de como se dá o processo de morrer colocará em questão a existência de um mundo puramente materialista.

Como você pode imaginar, esses eventos paranormais provocam reações emocionais profundas no observador. Eles sentem que vivenciaram algo que desafia as leis naturais. Sem dúvida, isso pode ser assustador para alguns. Entretanto, dadas as circunstâncias, a testemunha muitas vezes passa a ver essas experiências de LT como a cereja do bolo – apenas mais uma aventura nessa vida que agora reconhecem como um grande e belo mistério.

6

Motivo 5: Musas, curas e habilidades espontâneas

Nossa espécie é a única que é criativa, e ela possui apenas um instrumento criativo: a mente e o espírito.

— John Steinbeck

Há muitas histórias de EQM que levam a mudanças positivas na vida. Alguns dos que passaram por essa experiência adquirem novos talentos. Uns são levados a mudar de profissão, enquanto outros conseguem superar, de uma hora para outra, ansiedades excruciantes. E outros ainda chegam a obter a ajuda vitalícia de musas angelicais – que foram apresentadas a eles durante a EQM. Como essas mudanças são presenciadas por outras pessoas, elas também são EMC, tornando-as um motivo interessante para acreditar na existência de vida após a morte.

Não se sabe por que essas melhoras espontâneas acontecem. Alguns especulam que o cérebro muda devido à "plasticidade neural", que é a reorganização das conexões neuronais do cérebro que às vezes ocorre após um derrame ou trauma cerebral resultado de um acidente. A plasticidade neural nos prova que o cérebro é capaz de reorganizar ou redirecionar os neurônios para compensar danos traumáticos.[1]

No entanto, é quase impossível que a reorganização neural seja a causa dessas melhorias espontâneas. Afinal de contas, "reconectar" o cérebro de maneira bem-sucedida após lesões neurológicas pode exigir um período de reabilitação considerável, e as sequelas delas quase sempre permanecem. Para mim e para um número cada vez maior de pesquisadores, é claro que há algo a mais acontecendo aqui.

DESPERTE A MUSA

Caso as aulas de história antiga tenham fugido da memória – e isso será importante para a discussão sobre as EMC, como você verá em breve –, deixe-me lembrá-lo que as musas da Grécia antiga eram as nove deusas das artes e da ciência: Clio era a deusa da história, Urânia da astronomia, Erato da poesia, Terpsícore da dança, e assim por diante.

Muitas EQM e EMC contêm um tipo de musa, que hoje chamamos de anjos da guarda. Às vezes, elas aparecem na forma de um ancestral ou de outro ente querido que já morreu. Outras vezes, são um ser de luz que emana amor, guiando e inspirando a pessoa em um novo trabalho ou arte. Elas nem sempre são visíveis, mas parecem conversar com a pessoa de modo psíquico, fazendo-se sentir dessa maneira. Sei que isso pode parecer não ter mais nada a ver com a pesquisa científica, portanto vou dar alguns exemplos – o segundo deles é realmente incrível.

Os fantasmas do passado de Patton

George Patton, um dos generais mais proeminentes da história militar norte-americana, não tinha dúvidas de que o paranormal fosse real. Ele recebia, com frequência, a visita de seu falecido pai enquanto estava no campo de batalha. Como ele mesmo contou ao sobrinho Fred Ayer Jr., em sua biografia *Before the Colors Fade* [Antes que as cores desapareçam]: "Meu pai costumava vir até mim à noite quando eu estava na tenda. Ele se sentava para conversar e me garantia que tudo iria ficar bem e que eu agiria com bravura nas batalhas que estavam por vir. Ele era tão real quanto era em seu escritório em casa, no Lago Vineyard".[2]

Patton relatou casos em que fantasmas do seu passado haviam feito com que ele se tornasse um líder melhor. Citando seu livro:

Certa vez, na França, estávamos presos sob fogo cruzado dos alemães, proveniente sobretudo de artilharia pesada. Eu estava deitado de barriga para baixo morrendo de medo, mal ousava levantar a cabeça. Mas por fim eu consegui e olhei para um conjunto de nuvens iluminadas em um tom avermelhado pelo sol poente. E então, de maneira muito clara, vi suas cabeças, as cabeças do meu avô e seus irmãos. Suas bocas não se moviam, eles não diziam nada. Porém me observavam, não com raiva, mas com uma expressão fechada. Eu podia ler seus olhos e eles me diziam "Georgie, Georgie, é uma decepção para nós ver você deitado aí embaixo. Lembre-se de que muitos Patton foram mortos, mas nunca nenhum foi um covarde".
Então me levantei, saquei minha arma e comecei a comandar. No final, o Coronel George e os outros ainda estavam lá, mas sorrindo. E, como era de esperar, nós vencemos aquela batalha.[3]

Não acho que essa visita tenha sido resultado de uma EQM, mas sim que tenha ocorrido por causa de uma experiência de medo da morte. São experiências semelhantes à EQM e ocorrem em momentos de grande estresse mental e físico, como durante um ataque de pânico extremo. E, é claro, eu acredito em experiências de musas, que é o que eu acho que aconteceu aqui: uma forma de EQM em que a mente pede ajuda quando o cérebro não pode fornecê-la. Alguns dizem que se trata de um anjo da guarda. Outros diriam que se trata de um poço profundo cheio de energia que, para alguns, é Deus, para outros, a Fonte, ou ainda algo sem definição alguma.

A jornada de uma vida inteira

Você percebe que o materialismo e o dualismo podem coexistir quando entende que existem EQM intensas, como a do médico Rajiv Parti, cuja experiência de quase-morte o fez sair de seu corpo e o transportou para um mundo onde ele era capaz, com a ajuda de seres angelicais, de cruzar a fronteira entre o materialismo e o dualismo. Ele me contou toda a história na semana em que ficamos presos na minha casa por causa da neve.

Em 2008, Parti era chefe do departamento de anestesiologia no Hospital do Coração em Bakersfield, Califórnia. Seu título e a incrível quantidade de riqueza e prestígio que seu trabalho lhe proporcionava eram fonte de muita alegria e parte de sua identidade. Ele morava em uma mansão, tinha vários carros de luxo e podia comprar quase todos os bens materiais que desejasse.

Tudo mudou em agosto daquele ano, quando foi diagnosticado com câncer de próstata. Ele teve complicações após a cirurgia – que ocorreu naquele mesmo mês – que o deixaram com incontinência e causavam dores excruciantes. Isso o obrigou a passar por mais três cirurgias e a tomar remédios fortíssimos. Em pouco tempo ele ficou dependente dos remédios, que não só o deixaram viciado como também deprimido.

Em dezembro daquele ano, Parti foi ao Centro Médico da UCLA [Universidade da Califórnia, em Los Angeles] para a implantação de um esfíncter urinário artificial. Nos dias que se seguiram à cirurgia, ele ficou muito doente e teve mais de quarenta graus de febre. Ele não conseguia urinar e sua área pélvica estava vermelha e inchada. Foram receitados antibióticos muito fortes, mas a infecção pouco a pouco se sobrepôs a eles.

Dez dias depois, na véspera de Natal, Parti foi internado no setor de emergência do hospital da UCLA com infecção grave e febre. Uma cirurgia de emergência foi feita para drenar a infecção da região pélvica e remover o esfíncter artificial. Sua última lembrança antes de a anestesia fazer efeito foi a dor aguda de um cateter sendo inserido para drenar a bexiga.

Em seguida, ele ficou inconsciente.

Embora estivesse em um sono profundo por causa da anestesia, estava bastante ciente de que sua consciência havia se separado de seu corpo. De um ponto de observação próximo ao teto, ele pôde ver o cirurgião abri-lo e, em seguida, todos os funcionários da sala de cirurgia cobrirem o rosto enquanto o odor do pus presente em seu abdome infectado se espalhava pela sala. O cheiro era tão forte que uma enfermeira aplicou quantidades generosas de água perfumada de eucalipto nas máscaras cirúrgicas de todos que realizavam a operação.

Apesar de estar sob o efeito da anestesia, os sentidos de Parti ficaram tão aguçados nesse estado em que estava fora do corpo que ele podia ouvir, ver e cheirar coisas, tanto dentro quanto fora da sala de cirurgia. Ele chegou a ouvir o anestesista contar uma piada tão suja que o médico corou quando Parti a repetiu para ele na sala de recuperação.

Ainda sob o forte efeito da anestesia, o espírito de Parti deixou a sala de cirurgia e depois o país, indo em direção à Índia, onde ele podia ouvir a mãe e a irmã conversando sobre o que preparar para o jantar daquela noite, decidindo por fim em comer arroz, vegetais, iogurte e leguminosas. Ele disse poder ver que naquela noite havia neblina e estava um gelo; era uma daquelas noites que faziam a mãe e a irmã se agasalharem para se proteger do frio. Em um canto da cozinha, um pequeno aquecedor elétrico brilhava e ajudava a aliviar o frio.

Em vez de temer essa experiência, Parti ficou eufórico, pois as pessoas nunca estariam longe, pensou ele. Ele teve a sensação de que sua presença se espalhava pelo mundo, um sentimento de unidade com o mundo e com todos nele.

O medo encontrou um modo de se juntar àquele momento. Ele teve a sensação de ser puxado para a mais completa escuridão, repleta de gritos e sons de luta.

Sua atenção se desviou do mundo físico na sala de cirurgia em Los Angeles e da conversa na cozinha na Índia para um lugar onde um grande incêndio consumia tudo. Ele via relâmpagos em meio a nuvens escuras e sentia o fedor de carne queimada. Percebeu que uma força invisível o puxava para o inferno e o deixava "em meio a almas que gritavam e estavam sofrendo".[4]

"Qual é o meu carma?"[5] Ele se perguntava o que havia feito em sua vida atual ou passada para merecer esse castigo.

Em meio a esse horror, Parti teve a forte percepção de que a vida que vivia era muito materialista: tudo se resumia a si mesmo. Tanto que, de fato, quando conhecia novas pessoas, Parti se perguntava "o que ela pode me oferecer?".

Foi lá, no inferno, que ele percebeu toda a verdade: ele vivia uma vida sem amor na Terra. Não praticava a compaixão ou o perdão para consigo mesmo e nem para com os outros. Ele tinha a desagradável tendência de tratar mal quem considerava inferior a ele, tanto na vida pessoal quanto na profissional. Ele se arrependeu profundamente da falta de bondade em seu comportamento e desejou ter feito certas coisas de forma diferente em sua vida. Assim que ele se deu conta disso, o inferno desapareceu.

Os elementos de transcendência e transformação são os que mais me interessam nas experiências de quase-morte. É raro me encontrar com uma pessoa que não tenha sido transformada por sua EQM. Quem a teve se torna uma versão mais gentil e amável de quem era antes. Muitas vezes, essa mudança é tão plena que a pessoa fica irreconhecível. Esse foi o caso de Parti. Seu encontro com a morte abriu as portas para um mundo totalmente novo para ele – um Outro Mundo, se preferir –, que substituiu o mundo materialista e egocêntrico que ele havia construído com tanto esmero.

Há muitas partes da história de Parti (que agora é um livro, *Dying to Wake Up* [Morrendo para acordar]) que me emocionaram muito. Uma delas foi durante a EQM, quando o falecido pai de Parti lhe disse estas maravilhosas palavras de sabedoria: "Se você mantiver sua consciência limpa e for verdadeiro consigo mesmo, o Universo e o Divino cuidarão de você".[6]

Quando Parti absorveu e entendeu isso, se viu imerso em uma luz azul disforme da qual um ser de luz começou a falar sem usar palavras, como se sussurrasse suavemente em seus ouvidos. Na presença do ser de luz, todos os cinco sentidos carnais foram embebidos em amor, de modo que Parti se comunicava *com ele* e *nele*. Quanto mais próximo e conectado ele ficava com o ser de luz, mais clara e intensa a mensagem ficava.

Antes de partir, Parti recebeu a garantia do ser de luz de que tudo ficaria bem e que seu caminho agora seria o de um curandeiro. Ele foi informado de que teria de deixar a anestesiologia e o materialismo para trás. O ser de luz lhe disse psiquicamente: "É chegada a hora de ser um curandeiro da alma, sobretudo das doenças da alma, do corpo energético, da dependência, da depressão, da dor crônica e do câncer".[7]

Foi por essa razão, disse o ser de luz, que Parti teve de vivenciar as doenças que afetavam os outros pessoalmente. Se não fosse afetado pela dor, ele não seria capaz de ter empatia pelos outros.[8]

Parti recebeu ajuda por meio dos dois anjos, Miguel e Rafael, que apareceram para ele durante a EQM.[9] Eles permearam um alto nível de consciência e falaram para Parti que, nesse estado, havia uma poderosa entidade de energia, de puro amor, e que esse puro amor era, na verdade, a realidade básica – o tecido subjacente – de tudo no universo. Era a fonte de toda a criação, a força criativa do universo.

Eu acreditava em tudo o que tinha acontecido na experiência de quase-morte de Parti, mas, clinicamente, eu só poderia classificá-la como uma experiência subjetiva, uma que ninguém mais tinha sido capaz de testemunhar, exceto Parti. Sem nenhum elemento concreto em sua história, eu não poderia considerá-la uma experiência compartilhada.

Tudo isso mudou enquanto Parti se recuperava da EQM. Os anjos Miguel e Rafael foram enviados a ele pelo ser de luz para interpretar sua mensagem. A parte mais importante da mensagem do ser de luz para Parti era de que seus dias como médico haviam chegado ao fim e que, a partir de agora, ele deveria praticar uma forma de medicina chamada "cura baseada na consciência".[10] O problema com essa exigência era que Parti não fazia ideia do que era cura baseada na consciência. E ele não se lembrava muito bem do que o ser de luz o havia instruído a fazer.

Um dia antes de Parti liderar seu primeiro grupo de terapia como terapeuta baseado na consciência, os dois anjos apareceram para ele durante a meditação. Eles já haviam aparecido em outros momentos de meditação, cheios de piadas e bom humor, mas nesse dia estavam muito sérios. Eles apareceram de repente, fizeram uma transmissão telepática de informações e desapareceram.

Quando Parti acabou de meditar, correu na mesma hora para sua escrivaninha e anotou as sete verdades básicas da cura baseada na consciência, que ele passou a chamar de "O Manifesto da Quase-Morte":

1. A consciência pode existir fora do corpo.
2. Existe vida após a morte.
3. Temos vidas passadas, e nossas experiências nelas podem moldar nossas realidades atuais.
4. Estamos todos conectados uns aos outros porque somos todos feitos de uma única e mesma energia que se manifesta como matéria diferenciada.
5. Os seres divinos existem para nos ajudar e nos orientar.
6. Existem diferentes níveis de consciência.
7. Há um amor e uma inteligência supremos e onipresentes que são a fonte de todo o universo, e esse amor é a fonte suprema da criação.[11]

Os eventos que ocorreram durante a EQM de Parti foram tão extraordinários que ele mudou completamente o tipo de medicina que praticava. Deixou de usar medicamentos farmacêuticos que ele acredita serem os responsáveis por uma porcentagem muito alta de vícios e passou a usar a cura baseada na consciência para tratar "doenças da alma", por meio de métodos revisados por pares, como ioga, meditação, cromoterapia, massagem e outras formas de abordagens pesquisadas a fundo e que não provocam vícios e levam a uma melhora na saúde de maneira geral. E o fato de sua mudança ser tão visível para aqueles que o conhecem torna esse caso uma experiência de morte compartilhada. (E, sim, Parti foi literalmente transformado pela luz. Essa é uma daquelas histórias que poderiam muito bem ser colocadas no capítulo 4, "A luz transformadora".)

Embora cada um dos casos apresentados neste capítulo seja muito diferente, todos mostram melhorias espontâneas causadas por experiências de morte. Como isso se dá não sabemos; é um mistério que deixou algumas das pessoas mais inteligentes do mundo perplexas. E está tudo bem. Em se tratando de experiências de morte compartilhada, talvez não seja o como ou o porquê que importe, mas sim o fato de que elas fazem mudanças positivas onde são necessárias.

Como o autor Frank Herbert escreveu em *Duna*, "o mistério da vida não é um problema a ser resolvido, mas uma realidade a ser vivida".[12]

CURAS INEXPLICADAS

É claro que uma mudança espontânea nem sempre envolve anjos da guarda. A maior parte das experiências de morte compartilhada tem um poder de cura que provoca mudanças positivas no estado físico ou mental da pessoa. Essas mudanças podem curar doenças – às vezes terminais – e até mesmo introduzir novas e transformadoras habilidades na vida da pessoa. Quando melhorias espontâneas ocorrem após uma EQM, elas são quase imediatas, às vezes tão instantâneas que parecem um milagre. É como se um interruptor de luz tivesse sido ligado.

O poder de cura do luto

Aqui está um exemplo vindo da Fundação para a Pesquisa de Experiências de Quase-Morte, de Jeffrey Long. Trata-se do caso de Sanna F., uma mulher que estava com sua avó de 91 anos em seu leito de morte e que foi transformada para melhor pela experiência. Aqui está a história como ela a escreveu:

> *Poucos dias antes de morrer, minha avó me disse que tinha visto espíritos bons ao seu redor. No dia em que morreu, ela estava muito fraca e não conseguia se comunicar. Tínhamos feito o possível para cuidar dela em casa, mas todos percebíamos que ela estava sofrendo. [...] Já não comia alimentos sólidos havia dez dias e as costas estavam com escaras. Muitos de nós, familiares, conversávamos e fazíamos companhia para ela no quarto, pois sentíamos que o fim estava próximo. [...] Notei que ela parecia estar angustiada, embora não conseguisse mais se comunicar. [...]*
> *De repente, ouvi meu primo dizer para olharmos para os olhos da vovó: estavam completamente abertos – mais amplos e azuis do que nunca – e pareciam olhar diretamente para alguma coisa. Sua pele estava ficando branca. Era estranho e assustador. Acho que eu disse:*
> *— Ela está vendo Deus!*
> *Minha irmã e meu primo ficaram imóveis, só o que conseguiam fazer era observar, espantados...*

Seus olhos, fixos em algo acima dela, pareciam estar recebendo uma mensagem. Uma espécie de luz (que vinha de dentro ou refletia nela) iluminava seus olhos. A parte superior do corpo pareceu se elevar ou ser erguida, contudo só me lembro disso por causa do ângulo em que observava seu rosto. Por alguma razão, não conseguia tirar os olhos dela, como se fora instruída a não desviar o olhar. Tive uma forte sensação de que estávamos na presença de uma divindade e, embora não conseguisse ver (com meus olhos) o que a vovó via, senti que era Deus, Jesus ou um anjo. Tinha a aparência masculina, era muito alto e emanava uma luz intensa. Não conseguia vê-lo com meus olhos físicos, mas sim através de uma visão telepática em minha mente. Podia "ver" de maneira muito clara a base de seu longo manto tocando o chão. Ele parecia saber tudo sobre a vovó, como se visse a vida toda dela diante de si. Dizer que era "a personificação da autoridade" é o melhor modo de descrevê-lo e senti-me extremamente honrada por estar em sua presença. Então, ajoelhei-me para rezar em respeito ao destino que aguardava minha avó e por estar na presença desse ser poderoso e de Outro Mundo. [...] Senti que ele a ordenava por telepatia que o seguisse e que dizia algo semelhante a "venha comigo".

Mais chocante ainda foi a sensação de alegria e júbilo que sentimos quando ela estava morrendo e nos deixando para segui-lo. Foi avassaladora e muito mais poderosa do que qualquer outra coisa que o cérebro humano pode experimentar. Por um momento, era como se tivéssemos entrado em contato com uma consciência muito mais ampla e unificadora – é uma sensação que não pode ser replicada. Não há palavras que façam justiça para descrever a energia que sentimos. E o mais estranho é que reconheci essa sensação no mesmo instante. Era o meu lar.[13]

No início, a morte da avó abalou muito Sanna. Algo naquela experiência a impedia de respeitar o luto "normalmente".

"Fiquei repassando aquela experiência em minha mente por pelo menos uma semana", escreveu ela. "Ansiava por sentir a mesma energia jubilante que senti quando a vovó morreu."[14]

Sanna então pensou no que havia acontecido e seu sentimento sobre a experiência deu uma guinada de 180 graus. Ela escreveu:

> *Por fim, reconheci que foi uma honra ter tido uma EMC. É maravilhoso saber que minha avó está em um lugar melhor. Além disso, minha frequência cardíaca teve uma queda considerável desde que o evento ocorreu. No passado fui diagnosticada com transtorno de ansiedade generalizada e cheguei a tomar medicamentos para tratá-la. Hoje, não sei muito bem explicar, mas sinto que a ansiedade se foi. Sinto mais amor pelos outros, inclusive por estranhos. Acho que nunca serei capaz de processar totalmente o que aconteceu, mas sou grata mesmo assim.*[15]

A avó de Sanna morreu há alguns anos, e, para verificar se a mudança no nível de ansiedade está indo bem, Paul e eu entramos em contato com ela. Quando perguntamos se sua ansiedade havia piorado, ela respondeu com um retumbante não, dizendo que sua frequência cardíaca em repouso agora era pelo menos dez batimentos por minuto mais baixa do que quando a ansiedade crônica a atormentava.[16] Ela nos escreveu:

> *Tenho a sensação de que a mudança foi mais profunda do que apenas na parte da ansiedade. Todos os meus pensamentos são muito mais focados no presente. Eu costumava me concentrar no futuro (por exemplo, o próximo compromisso na minha agenda, problemas que teria que resolver etc.), e isso me estressava demais. Só que, desde a experiência, sinto que estou muito concentrada no "agora". Há pouco tempo terminei de ler Depois da vida, do dr. [Bruce] Greyson, e chegando no fim do livro ele menciona que esse fenômeno [estar presente no momento] é uma consequência normal da experiência. Acho que isso está ligado de maneira intrínseca à diminuição da minha ansiedade e da frequência cardíaca.*[17]

Uma experiência de morte compartilhada pode, de maneira muito rápida e significativa, mudar uma pessoa para melhor. A mudança foi uma surpresa para Sanna. Como ela mesma disse: "No início, não achava que a experiência tivesse muita relação comigo. À época, parecia ser apenas sobre a vovó. Só após algumas semanas é que percebi que minha ansiedade tinha passado".[18]

Sanna não sabe por que sua ansiedade diminuiu, apenas que isso está relacionado com a morte de sua avó e, por isso, ela considera que foi um presente de despedida da matriarca da família – um presente misterioso – pelo qual é muito grata.

Milagres ignorados

Esta é uma fantástica história de cura espontânea registrada por Penny Sartori, uma enfermeira cirúrgica do Reino Unido cujo interesse em estudos sobre a morte começou na unidade de terapia intensiva, onde testemunhou eventos relacionados à morte. Na UTI, ela registrou algumas das EQM mais interessantes já documentadas, incluindo este caso comprovado.

Um homem tinha paralisia cerebral. Mancava desde o nascimento e seu punho direito ficava sempre dobrado. Seus tornozelos inchavam com frequência e seus rins não funcionavam direito. Nada disso havia causado sua EQM. Já adulto ele contraiu sepse após uma cirurgia de emergência para câncer de cólon. Quando essa infecção se instala, ela pode ser fatal – e é por isso que essa história é considerada uma EQM.

Entrevistado por Sartori – que também participou da operação – dias após a cirurgia, o homem contou que deixou seu corpo durante o procedimento e ouviu e viu tudo o que acontecia ao seu redor. Ele falou que viu Sartori tirar "algo parecido com um pirulito rosa e comprido da minha boca, tipo um palito com uma coisa rosa e comprida presa nele", o que mais tarde foi identificado como a remoção de uma esponja cirúrgica.[19] Ele também viu o cirurgião segurar um objeto na sua frente e dizer algo como "há vida nos olhos".[20] Disse que viu seus falecidos pais na sala de cirurgia e que conversou com seu pai "não por meio de palavras saídas da boca, mas através da mente".[21]

A descrição que o homem fez de sua experiência extracorpórea (EE) foi interessante, mas bastante comum e dentro do padrão de outras descrições de EE. Porém, o que aconteceu mais tarde, quando ele já estava totalmente acordado, não foi nada menos do que uma cura milagrosa. Quando voltou a si após a experiência de quase-morte – que foi causada por um problema completamente diferente e que ele contraiu quando já era adulto –, conseguiu abrir a mão pela primeira vez em sessenta anos! O paciente continuou a usar a mão sem nenhum problema após a experiência de quase-morte.

A irmã do homem e o fisioterapeuta que já o tratava havia muito tempo confirmaram a antiga lesão na mão. Os registros do período de tratamento foram verificados. Na opinião do fisioterapeuta, a mão não poderia ser aberta sem uma cirurgia nos tendões. Além disso, o caminhar voltou ao normal, os tornozelos não inchavam mais e até mesmo os rins voltaram a funcionar sem nenhum problema.[22]

Vale a pena refletir um pouco sobre esse caso antes de seguirmos adiante. Afinal, algo milagroso aconteceu durante a cirurgia desse homem. Por seis décadas ele viveu com problemas, tanto visíveis quanto internos, causados pela paralisia cerebral. Além do mais, a cirurgia de emergência para tratar o câncer de cólon quase o matou e ele ainda teve uma EE muito intensa, circunstâncias que mostram que ele provavelmente esteve bem próximo da morte.

No entanto, apesar de o estresse da cirurgia quase fatal e da vida que o tinha levado até ela, ele acordou com um cérebro reorganizado e um corpo totalmente funcional.

Sobre esse caso, Sartori disse: "Há outros casos de pessoas que foram curadas, mas tudo o que sabemos é que existe algo que não conseguimos explicar".[23] É claro que o que Sartori diz é verdade; milhares de melhoras espontâneas já foram registrados ao longo da história.

Sonhos com o futuro

Há também esta EMC curta, mas bastante particular: a promessa de um futuro para uma pessoa, a quem chamaremos aqui de Eliza, que achava que não tinha nenhum. Primeiro, ela passou por uma cirurgia intensiva para remover um tecido cancerígeno, bem como alguns outros tecidos que também poderiam ter sido afetados por essa terrível doença. Ela foi submetida a várias sessões de quimioterapia a quarenta graus de temperatura direto em sua cavidade abdominal. Seus sonhos durante esse período eram primitivos e envolviam "pântanos de piche preto com monstros que [a] puxavam para dentro da terra sombria".

Graças à morfina, Eliza mal se mantinha consciente e estava "às margens desse mundo, com um pé já do outro lado".

Quase desistindo, ela sentiu uma mão agarrar e apertar a sua com muita delicadeza a fim de chamar sua atenção. Em seguida, ouviu a voz doce de um jovem que a chamava, suplicando:

— Vovó — disse ele.

Eliza abriu os olhos e viu um belo rapaz de cabelos escuros, uma pessoa que ela não conhecia.

— Você precisa ficar, vovó, porque eu ainda não te conheço — disse.

Embora diga que sua memória tenha ficado mais fraca depois disso, é óbvio que não é esse o caso; não totalmente, pelo menos. Ela guardou o encontro com aquele jovem. Na verdade, pareceu ter sido uma inspiração para continuar seguindo adiante.

Ela contou a amigos íntimos e familiares sobre o encontro e como aquilo a manteve na jornada pelo bem-estar. Certo dia, para sua alegria, o sonho parecia ter se tornado realidade. Seu filho foi pai de um bebê que ela sentiu que iria crescer e se tornar o jovem que havia visto quando ainda estava no hospital.[24]

Será que essa EMC foi uma premonição do futuro? Só o tempo dirá. Mas, dado como essas experiências são, apostaria que Eliza verá o neto crescer e se tornar o mesmo menino de cabelos escuros que ela viu durante a difícil recuperação que enfrentou.

HABILIDADES RECÉM-DESCOBERTAS

Além da cura, habilidades antes desconhecidas podem vir à tona após uma EQM. Muitas vezes elas se tornam perceptíveis após o evento de quase-morte quando a pessoa que passou pela EQM se concentra em um novo interesse que não tinha no passado, como se algo dentro dela tivesse sido ativado. Com frequência, essas habilidades são de natureza artística. Isso também pode lembrá-lo da seção sobre voltar de uma EQM com novos conhecimentos, como discutimos no capítulo 4, "A luz transformadora". Moe Hunter, cuja história está lá, é um ótimo exemplo disso, pois ele não tinha nenhuma habilidade artística antes de sua EQM, mas retornou com muito desejo de criar réplicas de objetos da cultura pop usando materiais reciclados. Outros podem se tornar pintores ou escritores. Na história que veremos a seguir, o médico Tony Cicoria se tornou um pianista de concerto.

Um episódio transformador

Esta é uma história de melhoria espontânea que começa com uma EQM assustadora e se transforma em uma habilidade adquirida que mudou a vida do nosso entrevistado e lhe trouxe fama mundial. Conheça Tony Cicoria, um cirurgião ortopédico do norte de Nova York que ganhou novas habilidades graças, supostamente, a uma ligação para sua mãe feita de um telefone público durante um piquenique em família em 1994. Quando ele ia desligar, sua vida mudou para sempre:

> Com a mão esquerda eu afastei o telefone do meu rosto para desligar. Quando estava a cerca de 30 centímetros da minha cabeça, ouvi um estalo ensurdecedor. Ao mesmo tempo, vi um clarão brilhante de luz saindo do telefone em minhas mãos. Um poderoso raio havia atingido a cabine, atravessado o telefone e me atingido no rosto à medida que a enorme carga elétrica fluía para o chão.
> A força da explosão me jogou para trás como uma boneca de pano. Apesar do trauma físico impressionante, notei que algo estranho e inexplicável estava acontecendo. Enquanto meu corpo era jogado para trás, tive a sensação de que "eu" estava indo para a frente. No entanto, ao mesmo tempo, parecia estar imóvel e desnorteado, olhando para o telefone pendurado à minha frente.[25]

O caos se instalou. A sogra de Cicoria gritou do alto da escada de uma casinha de brinquedo. Ele olhou para ela, que observava o corpo atingido pelo raio, mas não para ele. Em pouco tempo, percebeu que estava fora de seu corpo e invisível, pairando sobre a sogra. Seus olhos seguiram os dela e foi então que ele viu seu corpo imóvel no chão. *Devo estar morto*, pensou ele.

As pessoas começaram a se aglomerar ao redor do corpo. Ninguém parecia saber o que fazer. Cicoria começou a gritar instruções, mas ninguém conseguia vê-lo ou ouvi-lo. Por fim, uma mulher assumiu o controle. Ela se agachou e começou a fazer compressão torácica.[26]

Ele se virou e subiu correndo as escadas para procurar sua família; quando chegou ao segundo andar, suas pernas começaram a desaparecer. Ele era "apenas uma bola de energia e pensamento", disse.[27]

Em pânico, Cicoria atravessou correndo a parede do andar de cima do prédio e caiu em um rio de "luz branca azulada", que ele descreveu como a sensação mais gloriosa que já tivera na vida. Foi "uma sensação de amor e paz absolutos".[28]

A isso Cicoria deu o nome de "a energia de Deus", a energia da vida que flui através de tudo e dá vida ao mundo.[29]

Cicoria visualizou um mural que mostrava os pontos altos e baixos de sua vida, uma análise ilustrada que fez com que ele não sentisse medo algum. De alguma forma, ainda estava no rio branco-azulado e queria ficar ali e ir para onde quer que o rio o estivesse levando. Mas não foi o que aconteceu. Como se um interruptor tivesse sido acionado, ele se viu de volta no seu corpo, no mundo normal, queimado da cabeça até um dos pés – por onde o raio havia saído – e em um mundo de dor.

Ao olhar para a mulher que o socorria, ele disse a primeira coisa que lhe veio à mente: "Está tudo bem. Eu sou médico".[30]

Cicoria se recusou a ir para o hospital em um primeiro momento, contudo, pouco depois do ocorrido, se consultou com um cardiologista e neurologista, que lhe certificaram de que sua saúde estava perfeita. Após cerca de uma semana de descanso e repouso, retomou sua vida atarefada de cirurgião. Mas nem tudo estava como era antes.[31]

Ele havia sofrido uma mudança repentina: sentia-se forçado a ouvir música clássica. A escolha musical surpreendeu Cicoria, que se descrevia de maneira geral como "uma cria da década de 1960", interessado apenas em rock clássico.[32] O único contato com música clássica ou qualquer treinamento musical que teve foi quando tinha 7 anos e sua mãe o obrigou a fazer aulas de piano por um ano.

Agora, ele movia mundos e fundos para ouvir música clássica. Dirigia mais de uma hora de onde morava até Albany, Nova York, só para comprar um CD de Chopin, o qual ouvia sem parar.

Duas semanas se passaram e ele percebeu que precisava tocar piano. Infelizmente, ele não tinha um nem se lembrava de nada das aulas que havia tido na infância.

Foi então que o destino pareceu assumir o controle. A babá da família procurou o médico com um pedido: ela iria se mudar de casa e perguntou a Cicoria se ele poderia guardar o piano dela por um ano. Com a chegada inesperada do instrumento, o cirurgião comprou livros para iniciantes sobre como tocar piano, além de partituras de Chopin. Trechos complexos de músicas apareciam para ele em seus sonhos, que não eram comuns, pareciam mais algo como "uma experiência extracorpórea".[33]

Após iniciar o aprendizado autodidata, Cicoria teve um sonho, mas não um sonho qualquer, era mais como uma experiência extracorpórea, na qual ele caminhava ao lado de si mesmo e se observava enquanto tocava em uma sala de concertos. Após sonhar algumas vezes com esse cenário, Cicoria percebeu que não estava tocando Chopin, mas sim uma composição autoral sua.

Certa noite, após mais um desses sonhos, se levantou da cama e foi para o piano, onde tentou recriar aquela música. Por mais que tentasse, Cicoria não conseguia tocá-la em sua cabeça.

Ele ficou fanático pela música. Convencera-se de que o único motivo pelo qual tinha sobrevivido ao raio era a música, uma crença que o levou a respeitar o que ouvia praticando todos os dias, das quatro às seis e meia da manhã, antes de ir trabalhar no hospital por doze horas. Então, depois de colocar as crianças na cama, ele praticava mais, até quando não aguentasse mais. "De alguma forma, me iludi e pensava que o único motivo pelo qual tinha sobrevivido estava relacionado àquela música. Eu me tornei mesmo um pouco fanático por ela."[34]

Com o passar dos anos e com a ajuda de tutores, incluindo um formado na Juillard, suas habilidades melhoraram a tal ponto que ele passou a tocar para plateias no que é hoje o Centro Social e de Artes Performáticas Foothills, em Oneonta, Nova York, e na Casa de Mozart, em Viena,

Áustria, onde tocou "The Lightning Sonata" [A sonata do relâmpago], composição de autoria própria.[35]

A fonte desse talento o deixa perplexo. Uma queimadura que vai do rosto até o pé mostra o caminho percorrido pelo raio, mas exames feitos no cérebro não revelaram nenhuma alteração que explique as novas habilidades musicais adquiridas.

O médico Oliver Sacks, renomado autor e neurologista, explorou as possíveis consequências do raio que atingiu Cicoria e apresentou algumas teorias. Uma delas é que um gene adormecido possa ter sido ativado pelo raio. Outra teoria é que ele possa ter sido reconfigurado pela poderosa carga elétrica. Cicoria não tinha certeza "do que isso tudo significava".[36] Ele sabia que havia adquirido um "dom especial" e agora podia sintonizar "a música do céu".[37] Essa era toda a explicação de que precisava.

Como isso pode ter acontecido, sobretudo quase que de um dia para o outro? Eventos assim, sem dúvidas, estão entre os maiores mistérios no campo dos estudos sobre a morte, se não por outra razão, porque mostram que, da morte quase certa, uma nova e melhorada vida pode surgir.

Em um artigo publicado em uma revista médica, Cicoria chegou à seguinte conclusão sobre o próprio caso: "No meu caso, como médico e cientista, abordei o que vivenciei com certo receio. O que está claro para mim é que minha consciência sobreviveu à morte e fui capaz de verificar detalhes das minhas experiências de quase-morte e extracorpórea que eu não teria como saber de outra forma, a não ser através de uma viagem consciente de meu eu espiritual fora do meu corpo".[38]

Para concluir, Cicoria disse: "A dádiva da vida é maior do que a soma de suas partes e, seja lá o que consciência for, ela sobrevive à morte".[39]

POR QUE MUSAS, CURAS E HABILIDADES ESPONTÂNEAS INDICAM A EXISTÊNCIA DE UMA VIDA APÓS A MORTE

A aparição espontânea de uma musa ou de um anjo da guarda na vida de uma pessoa que passou por uma EQM, aparições que a ajudam a se guiar por toda sua vida ou a praticar novos interesses, uma cura milagrosa repentina ou a aquisição de novas ou, quiçá, latentes habilidades, tudo isso são elementos das EQM, pois as consequências desses fenômenos são visíveis, seja imediatamente ou ao longo do tempo, depois que a pessoa retorna à vida. Elas são evidentes em muitos dos indivíduos que sobreviveram por um fio a ferimentos ou doenças graves. Com o passar das décadas, conheci vários deles, e, durante esse tempo, fiquei impressionado com a forma como suas experiências transformadoras se desenrolaram ao longo do tempo. Para mim, parece que as transformações provocadas por experiências de quase-morte são, sem dúvidas, bastante diferentes das transformações causadas por eventos corriqueiros da vida cotidiana, como divórcios, desastres naturais ou o nascimento de filhos.

Acredito que o contato com o divino é o que diferencia as mudanças associadas às experiências de quase-morte daquelas associadas a causas mais corriqueiras. Em alguns, essas transformações extraordinárias em suas vidas dão um maior peso à perspectiva de uma vida após a morte. Experiências de quase-morte são uma espécie de vislumbre da vida após a morte, mais um motivo para aguardar com esperança uma espécie de vida cheia de bondade e amor após esta. Notei uma semelhança entre as pessoas com quem conversei e que já enfrentaram eventos de quase-morte que as levaram a encontrar esses anjos da guarda, a curar-se milagrosamente e a adquirir novos talentos, embora cada uma delas de maneira muito diferente: elas, assim como outros que passaram por experiências de morte compartilhada neste livro, não têm mais medo da morte. Sabem que algo incrível as espera após deixarem o corpo físico. Para mim, isso fornece, em combinação com suas vidas transformadas, ainda mais evidências de que há vida após a morte.

7

Motivo 6: Luz, névoa e música

Quando a neblina dissipar e as estrelas e a Lua surgirem à noite, será uma bela visão.

— Jack Kerouac

No início da década de 1970, antes mesmo da publicação de *A vida depois da vida*, tornei-me uma espécie de confessor médico para meus colegas que tinham vivenciado eventos cujas explicações não constavam nos livros de medicina.

Por exemplo, a primeira vez que ouvi falar de uma EMC foi através de uma das minhas professoras de medicina, em dezembro de 1972. Ela soube que eu estava fazendo uma pesquisa sobre eventos paranormais e me contou um segredo precioso, o qual nunca havia contado a nenhum outro médico ou estudante de medicina. Sua mãe sofrera um ataque cardíaco em casa e essa médica havia tentado reanimá-la. Seus esforços foram em vão, mas, em meio a tudo isso, ela teve uma experiência extracorpórea, elevando-se em direção ao teto. Quando se virou para olhar o corpo de sua mãe em coma, viu que ela estava bem ao seu lado no teto, sorrindo, apesar do que estava prestes a acontecer. Então, a médica viu outra coisa, um rasgo no universo que parecia "derramar luz como água" no quarto e, com ela, vários amigos falecidos de sua mãe. Quando a mãe flutuou em direção aos amigos e se juntou a eles do outro lado, a luz se fechou "quase como uma espiral, como uma lente de câmera se recolhendo, e a luz desapareceu".[1]

Desde então, já ouvi centenas de histórias de EMC. De médicos e enfermeiros até pessoas de todos os níveis de escolaridade e áreas de trabalho. A quantidade de gente que veio até mim e meus colegas com histórias de experiências de morte compartilhada me diz que elas são pouco relatadas.

O mesmo se aplica aos fenômenos que investigaremos neste capítulo: a presença de luz, névoa e música místicas vivenciadas por aqueles presentes no momento da morte de outra pessoa. Essas subcategorias do fenômeno da EMC já foram testemunhadas por um número muito maior de pessoas do que o registrado. Elas são pouco mencionadas por causa de sua estranheza. Se isso agora está diminuindo um pouco, com certeza era o que acontecia com as EQM, pois os indivíduos deixavam de relatá-las porque os médicos as chamavam de "pesadelos", alucinações ou, pior ainda, uma forma de doença mental transitória. Como resultado, o paciente se sentia diminuído por sua experiência e a guardava para si.

Mas, quando várias pessoas ouvem ou veem a mesma coisa ao mesmo tempo, isso merece atenção especial. Afinal, presenciar coisas como uma luz mística, névoa ou música enquanto assiste à morte de um ente querido indica algo de natureza sobrenatural, sobretudo quando outros estão com você e também sentem a mesma coisa. E hoje mais pessoas falam sobre esses episódios e, à medida que o fazem, sua veracidade é estudada e confirmada.

ELEMENTOS NAS EXPERIÊNCIAS DE MORTE COMPARTILHADA

Por que a luz, a névoa e a música desempenham um papel tão importante nas EMC? O que as testemunhas acham do aparecimento inesperado desses elementos na hora da morte de uma pessoa? Eles acontecem com frequência? São assustadores ou indicam que uma vida melhor está por vir? E como a ciência explica esses fatos, ou será que ela nem sequer tenta?

Antes de tentar responder a essas perguntas, vamos dar uma olhada em alguns estudos de caso de pessoas que viram esses elementos na presença de alguém que estava morrendo. Lembre-se de que os casos citados aqui foram vivenciados por testemunhas bem fundamentadas, algumas delas profissionais da área médica e que acompanharam por um tempo considerável pacientes em seus leitos de morte.

Também vale mencionar que você encontrará alguns casos combinados, raros episódios em que dois ou três desses três elementos (luz, névoa e música) se combinam no mesmo estudo de caso. Por exemplo, em alguns estudos do século XIX, pesquisadores encontraram relatos de música etérea combinada com luz, criando quase um efeito de espetáculo de luzes no recinto da pessoa que estava morrendo. Às vezes, a luz e a música ainda duravam algum tempo após a morte até desaparecerem. Inclusive, há um relato aqui que combina luz e uma EE.

Primeiro, apresentarei estudos de caso de cada um desses elementos para que fique claro do que estamos falando. Em seguida, apresentarei uma teoria geral do que eu e outros achamos que esteja acontecendo.

LUZ

O primeiro elemento da lista é a luz, que, às vezes, emana de uma pessoa que está morrendo ou ao redor dela. Ela pode se espalhar para o resto do ambiente ou pairar sobre o corpo. Por vezes, tem o aspecto de uma névoa, que é o próximo elemento que discutiremos neste capítulo. É bastante interessante que aqui estarão incluídas nas histórias dois exemplos de uma névoa rosada. Sua cor pode variar dependendo de quem a observa: geralmente aparece como uma luz branca, outras vezes como uma luz quente e brilhante.

Uma luz do além

Um excelente exemplo de um enfermeiro que testemunhou a "iluminação" de um paciente que passava por uma experiência de morte é o de Carl Gustav Jung, pai da psicologia analítica norte-americana e que escreveu sobre a EMC pela qual passou em sua autobiografia.

No início de 1944, quebrei o pé e, em seguida, tive um ataque cardíaco. Em um estado de inconsciência, tive delírios e visões que devem ter começado quando estava em perigo iminente de morte e recebi oxigênio e cânfora. As imagens eram tão poderosas que eu mesmo concluí que estava perto da morte. Mais tarde, minha enfermeira me disse:
— Era como se você estivesse cercado por um brilho intenso!
Este era um fenômeno que ela já havia observado algumas vezes em pessoas que estavam morrendo. Eu estava no meu limite máximo e não sei se estava sonhando ou em êxtase.[2]

Aqueles que "veem a luz" durante uma experiência de morte – sua ou de outra pessoa – dizem que é mais do que uma simples luz, é uma luz com "consistência", que os "envolve" em um manto de amor e carinho que nunca sentiram antes. Às vezes, essa luz atravessa até mesmo a pessoa que está presente.

Um exemplo disso é o de uma enfermeira que cuida de pacientes em casa. Ela disse ter atendido cerca de cem pacientes terminais e nunca ter tido uma experiência de luz, exceto a que descreve aqui:

No dia em que ela [a mulher de quem eu cuidava] morreu, eu havia passado a manhã conversando com ela, tentando mantê-la no agora. Por algum tempo ela respondeu, mas depois começou a partir. No início, a voz ficou fraca e, em seguida, passou a dizer coisas incoerentes, palavras que não faziam sentido, e não conseguia mais completar frases. Por fim, parou de falar e começou a ter dificuldades em respirar. Sentei-me na beirada da cama e me curvei sobre ela. A maioria dos pacientes quer ter alguém por perto quando morre. Acho que eles absorvem energia com a proximidade. A mulher estava na casa dos 90 anos e ninguém nunca tinha vindo visitá-la – e ela não parecia se importar com isso. O registro dizia que a família morava no Meio-Oeste dos EUA e que seu marido já havia partido fazia muito tempo.
Já era noite e a luz do quarto estava fraca, bem baixinha. Manter o cômodo mais escuro parecia ser reconfortante, pelo menos para mim. Ela estava de fato morrendo, então é provável que não fosse notar a diferença.

De qualquer forma, continuei me inclinando sobre ela para ouvir sua respiração e me certificar de que ainda estava viva. Fiz isso umas cinco ou seis vezes quando, de repente, houve uma explosão de luz que não só eu pude ver como também sentir. Ela passou por mim como uma onda sonora muito poderosa e durou alguns segundos, talvez três, o mesmo tempo que a luz esteve lá. Depois, ambos desapareceram.
Não consegui mais ouvir os batimentos cardíacos da minha paciente nem sentir sua respiração. Logo em seguida muitas coisas passaram por minha cabeça. Primeiro, achei que o espírito dela tivesse me atravessado e que talvez isso fosse fazer mal para minha saúde. Já tinha ouvido, de outras enfermeiras, histórias sobre a luz, mas nenhuma em que a luz as tivesse atravessado. Para mim, foi apenas um sopro que atravessou meu peito. A luz pareceu ter vindo da mulher quando ela faleceu. Fiquei sem reação, assustada e emocionada, tudo ao mesmo tempo.
Hoje, quando lembro o que aconteceu, fico intrigada. Sei que o que senti foi real. [...] Por muito tempo tive a sensação de ter sido escolhida para passar por isso. A graça de Deus e tudo o mais. E posso dizer que isso mudou muito minha vida. Tornou-me uma pessoa melhor e mais feliz.[3]

Nove testemunhas

Outros relataram ter a sensação coletiva de presenciar formas humanas inteiras deixando o corpo do moribundo, como no exemplo a seguir, relatado por um amigo do vigário Hans Martensen-Larsen em 1930, descrito por ele da seguinte forma:

Uma tia minha, muito devota e querida, estava morrendo. O que vou relatar agora foi vivenciado por nove pessoas, todas presentes na sala em que ela morreu. Quando minha tia deu o último suspiro e sua filha, segurando a mão dela, disse "agora ela se foi", todos eles – o marido, os filhos e os criados – viram uma figura de luz flutuar da cabeceira da cama pelo quarto, em direção à janela, e sair por ela em direção ao lado de fora.[4]

Revelações na luz

Na maioria das vezes, a luz não emana da pessoa que está morrendo ou mesmo de um ser angelical. Tampouco, necessariamente, isso ocorre no momento da morte. No caso dessa mulher, a luz que se seguiu à morte da irmã somente se espalhou pelo quarto e teve um significativo efeito espiritual em todos que a viram.

Há cerca de dez anos, minha amada irmã estava morrendo de câncer em casa, em seu quarto. Eu estava presente com minha outra irmã e meu cunhado. Cerca de uma semana antes de falecer de fato, uma luz branca e brilhante envolveu o quarto onde estava. Todos nós conseguíamos vê-la. Senti um amor intenso e uma profunda conexão com todos na sala, inclusive com outras "almas" que não eram visíveis, mas cuja presença nós sentíamos.

Eu não vi mais nada além dessa luz branca e da minha irmã doente. Por muitos anos tive a impressão de que a luz me disse:

— Esta casa, essas coisas, não são reais.

Fiquei confusa sobre o porquê de eu ter esses pensamentos, mas agora entendo que estava vivenciando o que minha irmã moribunda estava vivenciando. Que revelação! Não há palavras para expressar o impacto que essa experiência teve sobre mim. Isso com certeza era algo que eu nunca tinha pensado antes.[5]

A experiência da luz tem características únicas. Algumas vezes emana da pessoa que está morrendo e outras parece surgir do nada. Quando isso acontece, parece não haver uma fonte específica. O quarto se ilumina por conta própria e então escurece com a morte da pessoa – ou pouco depois disso.

A luz é considerada por muitos que a veem de uma beleza impossível de ser descrita. No caso seguinte, era tão linda que, depois de testemunhar a gloriosa luz que esteve presente durante a morte da mãe, ver a luz artificial de uma lâmpada fez com que essa enfermeira ficasse doente por um longo tempo.

Minha mãe ficou doente de repente e piorou muito rápido. Estava bem de saúde e, após receber o diagnóstico, morreu apenas algumas semanas depois. Nossa família não era religiosa, portanto eu não tinha nenhuma base para esse tipo de coisa.

A luz do cômodo mudou. Eu soube disso porque as lâmpadas eram novas, do tipo que emite uma luz que parecia revestir as coisas. Quando essa poderosa luz branca invadiu a sala, quase fiquei enjoada com a luz que vinha das lâmpadas. Minha primeira sensação foi quase de náusea ao ver como elas deixavam minha mãe com uma aparência artificial e desagradável. A nova luz, por outro lado, era gloriosa.

Depois disso, tive certeza de que existe uma vida após esta que vivemos agora. Nos livramos de nossos corpos e vamos para outro lugar. Desde então, aquelas novas lâmpadas horríveis quase me fazem passar mal. Nunca tinha me importado com isso até então, mas ver aquela luz feia ao lado daquela outra linda me deixou desanimada.[6]

Estudos mostram que as pessoas que têm EQM relatam ter "metade do medo de morrer da população normal"[7] como resultado da exposição à luz brilhante que normalmente aparece durante a experiência. Ela foi descrita como uma luz com consistência e que muitas vezes traz consigo a visão de um ser brilhante de luz que é quase sempre descrito como um anjo da guarda ou uma divindade. À exposição a essa luz creditam-se as mudanças que ocorrem na personalidade e duram por toda a vida. Também se relata uma diminuição do medo da morte e uma melhora na saúde de maneira geral como resultado da exposição à luz. E como se isso não fosse paranormal o suficiente, aqueles que se expõem à luz durante as EQM têm quatro vezes mais probabilidades de ter experiências psíquicas verificáveis do que o resto da população.[8] A história que você acabou de ler acima não é uma EQM, mas sim uma EMC, o que significa que essa pesquisa fascinante sobre os efeitos da luz no observador ainda não foi feita em EMC. Espero que essa pergunta intrigante inspire meus colegas pesquisadores a explorar mais esse conceito, e que todos nós possamos ler mais sobre isso no futuro. Mais informações sobre os aspectos transformadores das EQM estão no capítulo 4, "A luz transformadora".

Névoa

Semelhante à luz, a névoa pode aparecer em um cômodo inteiro ou ficar restrita ao corpo da pessoa que está morrendo. Muitos dos que testemunham os últimos momentos de alguém veem uma névoa saindo do corpo. Ela é quase sempre definida como uma bruma branca ou cinza – ou mesmo rosa ou esverdeada – e fria ao toque, como neblina. Algumas testemunhas relatam que ela se dissipa no ar como névoa, enquanto outras a viram formar uma bola que desaparece por uma abertura no ar, levando-as a crer que a névoa tem um destino certo.

Ao longo dos anos, ouvi muitos relatos de experiências sobrenaturais de médicos e enfermeiras, e foi através deles que descobri que há mais na experiência de um paciente do que geralmente é reportado em seus registros médicos. Foi no meu cargo não oficial de "dr. Morte" – após a publicação de meu primeiro livro – que ouvi pela primeira vez um dos mais bizarros desses mistérios não resolvidos: o encontro de um médico com a névoa.

Ver para crer

Chamarei essa próxima pessoa de dr. Smith. Ele tinha 30 e poucos anos quando conversamos pela primeira vez, mas a experiência que me contou ocorreu durante sua residência, alguns anos antes.

Era uma noite tranquila na ala, ele contou. Dr. Smith estava sentado na sala de espera dos médicos enquanto conversava com alguns colegas e aproveitava para estudar periódicos de medicina. De repente, a porta da sala se abriu e uma enfermeira entrou.

— Uma das suas pacientes não está se sentindo bem — ela disse ao dr. Smith. — Está ofegante, murmurando, com os olhos arregalados...

Ela se afastou ainda no meio da frase após o dr. Smith se levantar, ir para o corredor e ambos correrem para o quarto particular da paciente. A enfermeira saiu e o dr. Smith ficou sozinho com a paciente. Levou um momento para que seus olhos se acostumassem à escuridão do quarto.

A paciente tinha quase 90 anos, fumava e sofria de doença cardíaca leve com um caso grave de DPOC (doença pulmonar obstrutiva crônica) agravado por um resfriado cada vez mais forte. Fora hospitalizada devido a uma preocupação com seus níveis de oxigênio, que tinham ficado muito mais baixos do que nas visitas anteriores.

Com um simples giro de botão, ele aumentou o oxigênio que chegava até ela por meio de um tubo nasal e ajustou o fluxo de fluido intravenoso. O médico esperava que esses ajustes a fizessem se sentir melhor, mas, após uma checagem, ficou preocupado com o coração dela, que lhe parecia fraco.

— E então, de repente, uma névoa saiu de seu corpo. Era rosada e pairava como uma nuvem — disse ele. — Nada havia me preparado para aquilo. Você com certeza não lê sobre isso nos livros de medicina.

O dr. Smith observou por alguns instantes até que a nuvem se dissipou. Ele se sentiu gelado e temeu que o equipamento tivesse tido algum tipo de falha mecânica, só que mais tarde o departamento de manutenção lhe garantiu que o maquinário não poderia emitir nenhuma nuvem ou neblina.

Em seguida, verificou o coração da paciente e não conseguiu ouvir nada. O monitor cardíaco emitia bipes e o eletrocardiograma mostrava uma linha reta.

— E foi isso — disse ele. — O que foi aquela nuvem?[9]

O momento pode ser marcado

É interessante notar que este é outro relato que inclui uma névoa rosada.

Esse estudo de caso sobre uma névoa visível em um leito de morte chega por meio de uma enfermeira chamada Karen, que contou sua história para um jornal de Spokane, Washington, depois que um colunista perguntou aos leitores: "Alguém sabe de fato quando o espírito ou a alma humana deixa o corpo físico?". Ela tentou responder a essa pergunta com uma experiência própria:

> Há mais de vinte anos, tive uma experiência que ainda está fresca em minha memória. Eu trabalhava na unidade de terapia intensiva de um hospital e um dos meus pacientes era um jovem que havia sofrido um acidente de carro. [...] Ele estava sendo mantido vivo por aparelhos

e seus pais já haviam concordado com a doação de órgãos, estávamos apenas aguardando o início do processo. Numa manhã cedo, eu e sua mãe estávamos ao lado da cama observando aquele belo rapaz que parecia estar dormindo. Enquanto seu peito subia e descia, senti – em vez de ver – uma estranha mudança na iluminação do quarto. Uma névoa cor-de-rosa surgiu sobre seu corpo, onde pairou por um instante antes de subir pelo quarto e desaparecer por completo. O ventilador continuou a mandar ar para os pulmões, mas seu corpo parecia ter se esvaziado, tornando-se uma concha oca. Não há nenhuma prova científica real de que uma criatura viva tenha uma alma, mas naquele momento senti como se tivesse testemunhado a alma deixando seu corpo.[10]

Relatos sobre brumas de fumaça

Há inúmeros relatos de névoa que se forma no entorno de leitos de morte. No entanto, esses relatos são quase sempre descartados pela maior parte da comunidade médica, que os trata como alucinações. Mas nem todos. O médico Peter Fenwick, britânico membro do Royal College of Psychiatrists [espécie de conselho local de psiquiatria da Grã-Bretanha] e neuropsiquiatra de renome, discutiu sobre a fumaça – ou "névoa cinzenta" – que deixa o corpo quando este falece, no livro que publicou em 2008 com a esposa, Elizabeth Fenwick, também ela estudiosa de temas relacionados ao fim da vida.[11] E, em 1970, Robert Crookall, um pesquisador da psique inglês, escreveu sobre a experiência que o dr. R. B. Hout teve com a névoa enquanto observava sua tia falecer:

Minha atenção foi capturada... por algo logo acima do corpo físico, suspenso na atmosfera a mais ou menos sessenta centímetros acima da cama. A princípio, não consegui distinguir nada mais do que um vago contorno de uma substância nebulosa, semelhante a uma bruma, que pairava ali suspensa, imóvel, como uma névoa. Porém, segui observando e vi uma condensação mais densa e sólida desse vapor estranho se formando à minha frente. Depois, para minha surpresa, vi contornos definidos se formarem, e, em seguida, vi que a substância, semelhante a uma neblina, assumia uma forma humana.[12]

Experiência mística

O que se segue é o dramático relato de uma mãe que viu o filho deixar o corpo. Ele faleceu pouco depois, embora o médico achasse que ele fosse sobreviver. Esse fato ocorreu em Seattle, na década de 1990:

> *Eu estava desesperada. Os médicos entraram correndo na sala para socorrer meu filho enquanto eu era levada para fora. Eu podia ver pelas janelas de vidro do corredor enquanto eles trabalhavam. Eu chorava porque já esperava pelo pior. De repente, eu o vi voar para fora de seu corpo! Vi um rastro de névoa ir direto para o alto. Ele ficou próximo ao teto por alguns segundos e depois simplesmente desapareceu! Um dos médicos saiu e me disse que eles o haviam salvado, mas eu sabia que não. Contei que tinha acabado de ver meu filho sair de seu corpo e o médico perguntou se eu gostaria de me sentar. Pouco depois, outro médico saiu e anunciou que ele havia morrido.*[13]

Alguns veem névoa, outros não veem nada

Um dos aspectos mais empolgantes da névoa é que, na maioria das vezes, todos os que estão na sala com a pessoa que está morrendo a veem. Mas há alguns casos particulares que envolvem apenas uma testemunha dentro de um grupo, como este de uma pessoa com quem conversei em uma conferência na Europa:

— Quando minha mãe morreu, vi um rastro de fumaça saindo de sua cabeça. Ele ficou suspenso por um momento e depois flutuou até o teto, permaneceu lá por alguns instantes, atravessou a parede e desapareceu. Minha irmã estava no quarto conosco e não viu nada de anormal. Até hoje ela não acredita em mim, mas eu tenho certeza do que vi.[14]

Já ouvi relatos semelhantes de outras pessoas, dizendo que somente elas haviam visto a névoa saindo de um paciente moribundo, enquanto outras não viram nada. Para deixar as coisas ainda mais confusas, a pessoa que vê a névoa quase sempre é ateia e não acredita em alma nem em coisas parecidas com uma alma – nem qualquer coisa considerada sobrenatural. No entanto, ela é a pessoa na sala que relata de forma inflexível que uma névoa apareceu.

Não faço ideia de por que isso acontece, apenas sei que acontece. Como um paralelo, deixe-me dizer que durante avistamentos em massa de figuras religiosas, como as visões da Virgem Maria que ocorreram no Cairo, Egito, em 1968, o professor Otto Meinardus, de Harvard, relatou que muitos dos que haviam testemunhado as visões – ocorreram várias ao longo de muitos meses – eram ateus declarados, enquanto religiosos fervorosos ficaram frustrados por não terem visto nada.[15]

Para mim, relatos como o do Egito – e muitos outros similares – apenas aumentam o mistério em torno de todos os tipos de visões.

O juiz psíquico

E, para completar, aqui está outra experiência que envolve uma névoa durante a morte, esta de John Edmonds, presidente da Suprema Corte de Nova York. O juiz Edmonds investigou médiuns com a intenção de expô-los como fraudes e depois ele mesmo se tornou um médium, desenvolvendo habilidades psíquicas que compartilhava com orgulho.

Em seu diário, em 24 de novembro de 1851, ele escreveu sobre ter visto a morte de seu cunhado, episódio no qual uma névoa era claramente visível:

> *Ele havia dado seu último suspiro e vi o que supus ser seu corpo espiritual sair de seu corpo mortal na forma de uma nuvem e, diretamente sobre ele e ainda no quarto onde estava, assumir uma forma humana, que, contudo, parecia não ter inteligência. De repente, ela se iluminou, ganhou vida e inteligência, e eu fiquei ali, impressionado com o fato de isso ter sido causado pela saída da alma do corpo carnal e pela entrada no corpo espiritual. Assim que essa inteligência surgiu, ele olhou ao redor, como se não soubesse bem onde estava, mas, quase que no mesmo instante, pareceu recobrar que sua condição atual não lhe era estranha e saber, por meio de instruções prévias, que estava agora no mundo espiritual.*[16]

Caso de combinação: Névoa e EE

Esta é uma das EE mais únicas e extraordinárias que já ouvi, pois contém tanto a névoa quanto uma intensa experiência extracorpórea, uma visão conjunta de um médico e uma enfermeira de uma mulher que acabara de falecer em um acidente de carro e flutuava na forma de uma nuvem branca sobre o marido, que por sua vez estava prestes a passar por uma cirurgia de emergência. Aqui vai ela.

O artista gráfico Jeff Olsen havia sofrido um terrível acidente de carro em Utah com sua família, o que resultou na morte de sua esposa e de um de seus dois filhos.

Olsen deixou seu corpo quase imediatamente, flutuando acima da cena do acidente no que ele chamou de uma bolha de luz que emanava paz e era livre de dor. Nessa bolha também estava sua esposa, Tamara. Ele sabia que ela estava morta por causa do acidente lá embaixo, mas agora, na bolha, ela conversava com ele e insistia para que continuasse vivo e cuidasse do filho deles que tinha sobrevivido, Spencer, que chorava de dor e medo no banco de trás. A consciência de Olsen se apagou.

A próxima coisa que Olsen se lembra foi de estar em um hospital, ainda fora de seu corpo, e de vagar pelos corredores, capaz, segundo ele, de ver a vida inteira das pessoas com quem cruzava. Logo ele encontrou a si mesmo em uma sala cirúrgica e então olhou para baixo, para seu corpo com as pernas esmagadas, o braço direito destruído e o abdome num caos indescritível. *Aquilo sou eu?*, pensou.

— Eu não poderia voltar para aquilo! Então me lembrei do que Tamara havia dito [na bolha].[17]

Olsen sabia que não tinha outra escolha a não ser voltar. Depois disso, sua consciência se apagou mais uma vez, agora no sono profundo da anestesia.

Um dos primeiros cirurgiões que cuidaram dele foi o médico veterano do pronto-socorro, Jeff O'Driscoll. Ele entrou na sala de cirurgia e imediatamente, mesmo em meio ao caos da preparação para a cirurgia de emergência, "sentiu uma presença divina", contou para um entrevistador da revista *Guideposts*.

— E então notei que havia uma luz. Ela tinha o formato de uma mulher e flutuava sobre a cama do paciente. Tinha cabelos loiros cacheados e esvoaçantes e estava vestida com vários tons de branco. Sua forma era quase transparente e o olhar no rosto era sereno. Ela ressoava, parecia de Outro Mundo – dentro de mim eu sabia que era a esposa do homem. A presença divina na sala permitia que eu visse sua alma eterna.[18]

O'Driscoll contou que sentiu a imensa gratidão dela por ele e pelos outros médicos presentes na sala. Ela também lhe disse psiquicamente que o marido precisava sobreviver para cuidar do único filho vivo do casal.

Em outra parte da sala de cirurgia estava Rachel, uma enfermeira do pronto-socorro que trabalhava com O'Driscoll havia vários meses. Ela se aproximou e agarrou o braço dele.

— Você também a viu? — ela perguntou a O'Driscoll.[19]

Ele respondeu que sim, mas, quando olhou de volta para a mesa de cirurgia, Tamara já não estava mais lá.

Vários dias depois, O'Driscoll e Rachel se encontraram com Olsen no quarto de hospital onde compartilharam suas histórias: Olsen contou sobre a experiência extracorpórea e O'Driscoll e Rachel sobre a experiência de morte que tiveram com Tamara, a cintilante esposa de Jeff.

A experiência conjunta colocou um ponto-final nessa história para Olsen, que se sentia atormentado pela culpa por causa do acidente. Mas, depois de ouvir de sua esposa – quando estavam na bolha – que não deveria se sentir culpado pelo acidente, agora ele ficava sabendo que ela havia dito a mesma coisa para seu primeiro cirurgião.

Dezoito cirurgias depois, Olsen deixou o hospital e foi morar com seu irmão. Um dia, Olsen recebeu uma ligação de O'Driscoll, que queria fazer uma visita para ver como ele estava. Olsen aceitou, e os dois passaram horas conversando sobre a experiência ocorrida na sala de cirurgia. Daquele momento em diante, os dois se tornaram grandes amigos.[20]

Com o passar dos anos, fiquei bem próximo tanto de Olsen quanto de O'Driscoll. Considero-os pessoas muito honestas e confiáveis, portanto não estou de forma alguma preocupado com o que aconteceu nesse caso. Esses eventos aconteceram de verdade, e o fato de Tamara ter feito com que o marido, o médico e a enfermeira do pronto-socorro soubessem de sua presença me convenceu, sem sombra de dúvida, de que ela era um espírito muito poderoso e cujos últimos desejos queria que fossem conhecidos por aqueles capazes de realizá-los, a ponto de brilhar o suficiente para chamar a atenção deles.

Portanto, minha pergunta aqui não é *se* isso aconteceu, mas *como* aconteceu. E a isso eu não sei responder, só sei que aconteceu. Isso posto, conversei com cientistas das mais diversas áreas e ouvi possíveis explicações sobre por que experiências de morte assim ocorrem, inclusive a de um psicólogo que disse, e eu o cito de cabeça:

— As leis da física podem mudar nos extremos da natureza. Por isso, se a morte for considerada um extremo, então podemos esperar que aconteçam experiências paranormais de todos os tipos, sobretudo quanto mais nos embrenhamos na morte.[21]

MÚSICA

As principais observações a se fazer sobre a música são que ela não parece emanar de uma fonte específica nem de uma direção específica. Ela é quase sempre descrita como "celestial". Por vezes, quem a ouve a descreve como orquestral, com instrumentos musicais incapazes de serem identificados; outras vezes, pode conter notas longas e contínuas – uma pessoa que passou por uma EQM as descreveu como "tão lindas que não podiam ser imitadas por nada que eu conheça". Essa mesma pessoa, que ouviu a música na morte de sua mãe, chamou-a de "um som senciente, um tipo de música que me fez crer que se tratava de um ser vivo, que respirava".[22] Meu mentor nessa área, o dr. George Ritchie, deu a melhor descrição de todas. Ele contou que a música que ouviu na sua EQM era "mais parecida com Beethoven do que com os Beatles".[23]

As pessoas que passaram por uma EQM sempre me dizem que só de pensar na música – que sempre parece incorporar sua singularidade à consciência de quem a ouve – são transportadas para um "lugar místico", enquanto tentar recriá-la é um exercício inútil. Até mesmo as pessoas com mais inclinação para a música, pelo que sei, nunca foram capazes de reproduzir os sons, apesar da obsessão que nasce naqueles que continuam por anos tentando. Assim conta outra pessoa que passou por uma EQM:

— Não obstante, anseio pelo dia em que a ouvirei de novo.[24]

Música mística

Aqui está um breve caso sobre a música mística presente no inovador corpo de pesquisa coletado por Edmund Gurney, Frederic W. H. Myers e Frank Podmore, fundadores da SPR na Inglaterra do século XIX.

Em 1881, um tal de sr. L. escreveu para Gurney contando sobre a morte da mãe. Ele falou que, assim que sua mãe morreu, duas mulheres (talvez amigas da falecida) saíram do quarto e ouviram "uma música baixa, suave e muito melodiosa, como se cantada pela voz de três meninas".[25] Tiveram a impressão de que viesse da rua. Outras duas pessoas também ouviram a música de diferentes lugares da casa, embora o sr. L. mesmo não tenha ouvido nada. Depois, as duas mulheres ouviram a música mais uma vez – com bastante intensidade – enquanto subiam as escadas de volta para o quarto onde a falecida ainda estava. Só após o evento que as quatro pessoas conversaram e perceberam ter ouvido a mesma música e as mesmas vozes melódicas. Uma delas a descreveu "que era como se várias vozes cantassem em uníssono perfeito a melodia mais doce de todas, que aos poucos se dissipou ao longe".[26] Para mim, são interessantes os comentários feitos pelo médico, que, de acordo com relatos, não acreditava no sobrenatural, mas ainda assim apresentou os fatos como eles ocorreram: de natureza claramente sobrenatural.

> *Lembro-me perfeitamente das circunstâncias. A pobre sra. L. morreu em 28 de julho de 1881. Fui chamado por volta da meia-noite e permaneci até sua morte, em torno das duas e meia da madrugada. Como não havia nenhuma enfermeira qualificada presente, fiquei lá e ajudei os amigos a "preparar" o corpo para o enterro. Éramos quatro ou cinco no processo, e, a meu pedido, a governanta da casa do sr. L. e um empregado foram até a cozinha atrás de uma veneziana ou tábua reta onde pudéssemos colocar o corpo. Pouco depois de saírem, e enquanto esperávamos que voltassem, ouvimos nitidamente alguns compassos musicais encantadores – não muito diferentes dos produzidos por uma harpa eólica – que pareceram preencher o ar por alguns segundos. Fui até a janela e olhei, pensando que houvesse*

alguém lá fora, mas não vi ninguém, embora a noite estivesse bem limpa e iluminada.

Se isso já não fosse estranho o suficiente, as pessoas que foram até a cozinha também ouviram os mesmos sons quando estavam nas escadas voltando, lá do outro lado da porta. Esses são os fatos, e acho que é o certo dizer que não acredito nem um pouco no sobrenatural, no espiritismo [etc.].[27]

Dos arquivos de Moody

Aqui está um caso dos meus próprios arquivos, o de um homem descrevendo a morte por câncer – até certo ponto pacífica – de seu pai e uma nota musical que marcou o período em que ele estava morrendo:

Aconteceu algo estranho que ainda hoje eu não compreendo. Durante suas últimas quatro horas de vida, ouvi um zumbido ou vibração bastante nítidos – como se fosse uma nota musical – que nunca tinha ouvido antes e nunca mais ouvi de novo.

A nota era agradável e não variava, mas parecia música. Sem dúvidas era música. Ela não vinha do meu pai, era mais como se viesse através dele. Senti como se ele e eu estivéssemos conectados e conversássemos em algum outro lugar, numa espécie de mundo intermediário. Era evidente que ele estava vendo coisas que eu não conseguia ver. Por exemplo, ele conversava com a mãe que já havia falecido. O zumbido era algo parecido com o zumbido de um equipamento elétrico e parecia literalmente encher o ar de energia, porém nunca mencionei isso a ninguém... porque ficou evidente na hora de que se tratava de um som que vinha de outro lugar. Quando ele faleceu eu segurava sua mão, e menos de um minuto depois a nota musical desapareceu. Naquele momento, senti... como se a espécie de fio que me ligava ao mundo espiritual tivesse se desconectado. Contudo, sei que foi desconectado apenas temporariamente. Aquela música de outro lugar me garantiu que existe vida após a morte, onde voltarei a ver minha mãe e meu pai.[28]

Música poderosa e mágica

E, para não deixar dúvidas, aqui estão mais dois casos do *Phantasms of the Living*, de pessoas que passaram pela experiência de compartilhar essa música poderosíssima com seus entes queridos:

> *Em 1870 perdi uma de minhas queridas filhas, de apenas 21 anos de idade. Ela morreu ao meio-dia de aneurisma. À noite, estava com a minha outra única filha quando, de repente, ouvimos a música espiritual mais graciosa de todas – embora parecesse vir de muito longe, meus ouvidos ficaram machucados de ouvi-la com tanta atenção. Por algumas boas horas, minha filha querida e eu ficamos com medo de nos perguntarmos se tínhamos ouvido mesmo aquilo, pois temíamos que tudo não tivesse passado de uma ilusão, mas descobrimos que ambas tínhamos sido abençoadas e privilegiadas.*[29]

O segundo caso é intrigante. Ele envolve duas pessoas: uma que ouviu música celestial e, ao mesmo tempo, outra que viu uma figura branca voar pela sala. Aqui estão as evidências fornecidas por cada uma das envolvidas. Primeiro, as da senhora C.:

> *Em outubro de 1879, eu estava hospedada em Bishopthorpe, perto de York, com o arcebispo de York. Eu estava dormindo com a srta. Z. T. quando, de repente, vi uma figura branca voar pelo quarto, indo da porta até a janela. Não era nada além de uma forma sombria e passou num instante. Fiquei muito aterrorizada e gritei imediatamente:*
> *— Você viu aquilo?*
> *E, no mesmo instante, a srta. Z. T. exclamou:*
> *— Você ouviu aquilo?*
> *Então eu disse no mesmo instante:*
> *— Vi um anjo voando pela sala.*
> *E ela disse:*
> *— Ouvi um anjo cantando.*
> *Nós duas ficamos muito assustadas por um tempo, mas não contamos nada para ninguém.*[30]

E então a srta. T. disse:

Já era tarde da noite, por volta de 17 de outubro de 1879, quando a senhora C. (na época senhora K. L.) e eu nos preparávamos para ir dormir, depois de termos conversado um pouco, quando ouvi algo como uma música muito baixa e tive a impressão de sentir o que as pessoas chamam de "uma presença". Estendi minha mão e toquei a senhora C., dizendo:
— Você ouviu isso?
Ela disse:
— Ah, não! Acabei de ver algo atravessando a sala!
Nós duas ficamos muito assustadas e tentamos pegar no sono o mais rápido possível. Mas lembro-me de perguntar à senhora C. o que exatamente ela tinha visto, no que ela respondeu:
— Uma espécie de sombra branca, como um espírito.[31]

Os membros da SPR consideraram esse caso uma prova concreta de uma experiência compartilhada. Em sua maneira contida de escrever, eles o chamaram de "mais evidente", porque

a percepção foi visual para uma pessoa e auditiva para a outra. Ao mesmo tempo, a mesma ideia parece ter sido sugerida a ambas. Para o propósito em vista, o caso... é, talvez, mais forte do que parece. Pois o fato de a experiência visual e a auditiva não terem sido compartilhadas indica de maneira clara que nenhuma delas se deveu a uma causa externa real, e se elas foram alucinações, então (já que nenhuma palavra foi dita até que ambas tivessem passado pela experiência) parece muito possível, de qualquer forma, que uma delas tenha gerado a outra por meio de transferência de pensamento.[32]

Caso de combinação: um espetáculo de música e luzes

Lembro-me de ouvir um caso combinado de uma paciente que veio para receber aconselhamento sobre o luto. Ela tinha passado dois dias no quarto de hospital onde o marido, sob cuidados paliativos, estava morrendo de câncer no pâncreas. No final do segundo dia, à medida que ele, sob fortes sedativos, se aproximava da morte, ela notou uma luz se formar no peito dele e se mover em direção ao abdome. Era dia e as luzes do quarto estavam apagadas, o que enfatizava o aumento gradual do brilho daquela luz, que ela descreveu como "brilhante".

Ao mesmo tempo, surgiu uma espécie de música coral, um belo canto em palavras que ela não conseguiu entender ou reproduzir, embora tenha tentado fazê-lo, sem sucesso, na sessão de terapia do luto.

Essa combinação de luz e música mudou o humor dessa mulher. Ela passou de um sentimento de profunda tristeza pela morte iminente do marido para um sentimento de profunda alegria e uma sensação de que aquilo não significava o fim da vida do marido, mas sim o início de uma "nova fase" que começaria quando ele "se fosse, o que [ela] não via mais como a morte".

Em cerca de uma hora, a linha do monitor cardíaco parou de se mover, e, com isso, a luz e a música se dissiparam. Logo uma enfermeira entrou para se certificar de que o esperado havia acontecido.

— Sinto muito — disse a enfermeira —, seu marido faleceu.

Por incrível que pareça, a mulher não veio falar comigo sobre luto, mas sim sobre a culpa por não ter sentido nada com a morte do marido.

— É comum entre as pessoas que tiveram uma experiência de morte compartilhada não sentir tristeza — eu disse a ela. — Uma experiência de morte compartilhada indica a existência de vida após a morte. Com a luz e a música, você teve um vislumbre do futuro do seu marido e percebeu que a morte é apenas uma fase, uma passagem para outro tipo de consciência.

Isso explicou outro sentimento dela, comum entre meus pacientes em luto. Ela disse:

— Agora não tenho medo da morte. Sinto que fui deixada para trás.[33]

POR QUE A LUZ, A NÉVOA E A MÚSICA INDICAM UMA VIDA APÓS A MORTE

A ideia de notar a presença de névoa, luz e/ou música no momento da morte de uma pessoa é relativamente comum. De acordo com um estudo realizado pelos pesquisadores Peter Fenwick e Sue Brayne, mais de 25% dos entrevistados – enfermeiros, médicos e cuidadores – que trabalham em casas de repouso falaram que viram uma luz em torno do paciente que estava morrendo.[34] A maioria deles considerou esses eventos extremamente espirituais e sentiu, como afirmou um cuidador, que "há uma espécie de transição ocorrendo com o espírito, e com a mente também, não apenas com o físico".[35]

Voltando à pergunta feita pelo colunista do jornal de Spokane mencionada no início deste capítulo – "Alguém sabe de fato quando o espírito ou a alma humana deixa o corpo físico?" –, a resposta é sim, muito provavelmente. Embora não exista uma pesquisa médica séria específica sobre o momento exato, é possível extrapolar a partir de observações feitas por quem presenciou os eventos relacionadas à emissão de névoa, música e luz a partir de uma pessoa que está morrendo. A névoa parece surgir assim que a morte acontece. Não ocorre minutos depois, mas imediatamente, como se o que quer que fosse que a mantivesse no corpo tivesse rompido um elo e a névoa fosse liberada. A segunda consistência, e a mais notável de todas, é que os relatos sobre a nuvem de névoa dizem que ela se move para um lugar diferente no quarto e corre em direção a uma espécie de portal acima da cama. Para onde esse portal leva é outro mistério.

Outra semelhança é que a névoa é visível e consiste num tipo de substância ou plasma palpável. Não posso presumir que o plasma seja inteligente, mas, na maioria dos relatos, ele se mantém unido em uma só forma e se move em conjunto. Se é inteligente ou apenas tem afinidade consigo mesmo, eu não sei.

Não conheço nenhum pesquisador que esteja explorando os mistérios da luz, da névoa ou da música. O motivo para essa falta de atenção não é falta de interesse. O médico Peter Fenwick fez um excelente trabalho ao coletar essas histórias e publicar muitas delas em periódicos para que outros pesquisadores pudessem observá-las. Estudar a substância responsável por esse fenômeno ainda não foi possível simplesmente porque ninguém sabe quando ou onde essas experiências ocorrerão. Portanto, digamos que, para capturar a névoa e analisar seu conteúdo, seria necessário que a equipe médica carregasse algum tipo de dispositivo de captura que lhes permitisse sugar a névoa através de um tubo de sucção.

É bastante improvável que algum hospital permita que esse dispositivo seja obrigatório, e mais ainda que enfermeiros ou médicos o utilizem. Talvez relatem EMC com cada vez mais frequência, mas o foco de sua atenção não estará nelas. Afinal, já se tentou fazer esse tipo de pesquisa com experiências extracorpóreas, mas os médicos e administradores dos hospitais não enxergam a importância disso para os pacientes e não cooperam com os pesquisadores. Os hospitais são instituições muito atarefadas e não veem a importância em se estudar experiências de morte, a não ser que o estudo envolva evitar a morte. E talvez seja assim que tem que ser.

Portanto, até que outros métodos de pesquisa sejam criados, os mistérios que cercam a luz, a névoa e a música não deixarão de ser um mistério. Apesar da falta de metodologia para futuras pesquisas (ao menos por enquanto), em termos de quantidade, o grande número de estudos de caso que li e ouvi basta para que eu acredite que eles possuam um valor relevante e sejam capazes de provar que o espírito ou a alma vivam para além da morte carnal.

8

Motivo 7: O psicomanteum

Genialidade é encontrar a ligação invisível entre as coisas.
— **Vladimir Nabokov**

As experiências relacionadas à vida após a morte entram e saem de moda ao longo do tempo. As EQM, por exemplo, eram muito conhecidas no mundo da Grécia antiga. Sua popularidade aumentou e diminuiu nos séculos subsequentes. Com o advento das tecnologias modernas de ressuscitação, hoje muito mais pessoas sobrevivem a situações de quase-morte do que no passado. Dessa forma, desde meados da década de 1970 até os dias atuais, as experiências de quase-morte se tornaram um fenômeno quase que comum.

Uma técnica relacionada à vida após a morte muito conhecida por milhares de anos em todo o mundo – até cerca de cem anos atrás – quase desapareceu por completo. Essa técnica envolve o uso de um espelho para facilitar uma vívida visita, ou reencontro, por assim dizer, da mente consciente com um ente querido que já partiu. As pessoas olham para uma superfície refletiva, como água parada, um cristal ou um espelho – hoje em dia, o espelho é o mais usado devido à sua conveniência – em uma sala escura, à espera de que parentes ou amigos falecidos apareceram no reflexo.

Realizei uma pesquisa sobre essa técnica e relatei minhas descobertas em artigos de pesquisa como o *Journal of Near-Death Studies* [Periódico de Estudos sobre a Quase-Morte].[1] Para ajudar a corroborar minhas descobertas, cito aqui uma importante pesquisa realizada por Arthur Hastings, professor e diretor do William James Center for Consciousness Studies [Centro William James para Estudos sobre a Consciência], em Palo Alto, Califórnia. Na pesquisa, Hastings submeteu cem participantes de maneira individual ao psicomanteum, em um processo que durou de três a quatro horas. Todos já tinham perdido algum ente querido e queriam abrandar o luto provocado pela perda.[2] Dos cem participantes, 63 relataram terem tido contato com o falecido[3] e 34 relataram conversas mentais com o falecido.[4] Os testes mostraram que o luto diminuiu em 92 dos participantes.[5]

Na minha opinião, o mais notável na minha pesquisa foi o seguinte: até mesmo entre meus alunos de pós-graduação em psicologia, professores universitários e colegas psicólogos com quem experimentei essa técnica pela primeira vez, existia a esmagadora crença de que o que eles vivenciaram não era algum tipo de sonho, mas sim um evento real.

Um dos professores resumiu esses primeiros testes após uma conversa breve, porém comovente, que teve com sua falecida avó.

— Eu vi minha avó, mas será que foi um sonho ou uma invenção, ou será que foi real? Eu não sei.[6]

ENTRAM OS GREGOS

Graças à minha pesquisa, viajei por diversas culturas e séculos, através dos quais descobri que, por todo o mundo, em tempos antigos e modernos, com ou sem intenção, as pessoas perceberam que, ao olhar para profundezas cristalinas, podiam abrir uma porta para um mundo visionário.

Os mais bem-sucedidos nessa área foram os antigos gregos. Eles realizavam a técnica de observar espelhos em câmaras chamadas psicomanteum. Essas câmaras de visão especialmente projetadas ficavam em labirintos subterrâneos chamados oráculos dos mortos. Esses oráculos existiam por toda a Grécia e suas ruínas permanecem até hoje.

A arquitetura deles indica que os pacientes passavam vários dias dormindo e comendo em dormitórios enormes, à medida que o ambiente escuro limpava suas mentes do mundo exterior e lhes permitia ficar sozinhos tempo suficiente para pensar no ente querido que havia partido e de quem eles estavam à procura. Quando o momento chegava, um sacerdote os acompanhava até uma grande câmara dominada por um recipiente de metal polido contendo uma certa quantidade de água. A superfície refletiva e o ambiente sombrio da câmara de visão inspiravam uma experiência visionária, quase sempre uma que lhes permitia interagir com aquilo que desejavam.

Os psicomanteuns da Grécia antiga eram bem grandes. Sotiris Dakaris, pesquisador de arqueologia grega antiga, mostrou que eram formados por complexos de cavernas, com dormitórios e salas de estar onde os clientes ficavam por semanas na escuridão quase completa se preparando para a viagem ao outro mundo. Dentro desses psicomanteuns, Dakaris encontrou enormes caldeirões de bronze, que eram polidos até ficarem com sua superfície espelhada, o que facilitava a experiência de aparição. Passar algum tempo na escuridão os sensibilizava e os preparava para o momento em que seriam novamente expostos a uma luz mais clara e para o encontro com o espelho, com o objetivo de criar uma explosão de imagens.[7]

Essa técnica era muito bem-sucedida, conforme evidenciado pelas placas de pedra encontradas escavadas no solo, como se fossem lápides, e que continham gravações de notas de agradecimento aos deuses – a quem eles creditavam essa incrível experiência.

O episódio de contemplação descrito em *A odisseia*, de Homero, é o mais famoso. Ulisses contou que viajou para um oráculo dos mortos onde vários cidadãos olhavam para uma poça refletora feita de sangue animal, de onde saíam "as almas dos mortos que haviam falecido", incluindo "rapazes e noivas, velhos que tinham sofrido muito, delicadas virgens para quem a tristeza era uma coisa nova, outros mortos em batalha, guerreiros vestidos com armaduras manchadas de sangue".[8]

O que Ulisses viu o deixou "pálido de medo", assim como a imagem de sua mãe, que anunciou, sem que ele soubesse, que tinha morrido de solidão por causa de seu filho errante.⁹ Ulisses falou: "Quando ouvi isso, desejei jogar meus braços em seu pescoço. Três vezes tentei abraçar o fantasma, três vezes ele escapou das minhas mãos, como uma sombra ou um sonho".¹⁰

AVENTURAS DO REINO DO MEIO

Após pesquisar os oráculos gregos, fiquei fascinado com as possibilidades de observação no espelho e me perguntei se poderia transformar isso em uma ciência utilizável, fazendo com que se tornasse uma experiência que pudesse ser replicada a qualquer momento e estudada em um ambiente de laboratório. Pensei nessa prática de encontro com os mortos por meio de uma superfície refletora como o Reino do Meio. A prática já foi chamada em diversas culturas por uma grande variedade de nomes. Em essência, se trata de um espaço limítrofe entre este mundo e a vida após a morte, onde os vivos e os mortos podem se encontrar.

Achei essa ideia muito interessante por vários motivos. O primeiro e mais importante era que a observação do espelho poderia ser um meio muito eficaz de terapia do luto para pacientes incapazes de superar a depressão e o luto provocados pela morte de um ente querido.

Será que a experiência de observar o espelho poderia aliviar o luto nos tempos modernos, assim como fazia na Grécia antiga? Ver um ente querido falecido, nem que fosse apenas mais uma vez, poderia ser um ponto de virada importante para os pacientes superarem o luto e seguirem adiante com suas vidas.

Escrevi outras perguntas que gostaria de ver respondidas ao me lançar em um estudo sobre o mundo pouco ortodoxo da observação de espelhos:

Isso explica por que tantas pessoas veem fantasmas?

Um estudo médico excelente mostrou que até um quarto dos norte-americanos já teve, pelo menos uma vez, um encontro com alguém que já tinha falecido.¹¹

Quando falo em vivenciar aparições de pessoas falecidas, não me refiro apenas a ver, mas também a sentir, ouvir ou cheirar. Esses encontros são indícios de que as lembranças dos nossos entes queridos estão enraizadas no fundo do nosso inconsciente. Representaria um grande avanço na pesquisa psicológica se todos nós pudéssemos ter essa experiência à vontade.

Seria possível "ver" fantasmas em um ambiente de laboratório através da observação de um espelho?

Já que sentir a presença de fantasmas parece acontecer do nada e de maneira espontânea, não existe uma maneira metódica de estudar esse fenômeno. Portanto, o estudo de experiências com fantasmas não passa de um estudo de histórias que acontecem a bel-prazer, sem nenhuma maneira de controlar sua ocorrência.

Mas se a observação do espelho fosse um método capaz de induzir experiências com fantasmas, então significaria que elas poderiam ser criadas em um ambiente de laboratório e estudadas por um cientista. Ao realizar um eletroencefalograma (EEG) nos indivíduos, poderíamos observar o tipo de ondas cerebrais que uma pessoa tem quando, por exemplo, observa um fantasma.

Essa ideia me deixou muito empolgado. Não só poderíamos observar a fisiologia do cérebro que permite que isso aconteça, mas também poderíamos investigar quaisquer conexões diretas entre o cérebro e uma possível vida após a morte.

A observação de espelhos pode possibilitar a visualização da mente inconsciente?

Desde que o estudo da psicologia teve início, pesquisadores como Jung e Freud insistiram que grande parte, se não a maior parte, do que acontece na mente humana ocorre no inconsciente. Em essência, isso significa que quem somos e como agimos e reagimos ao mundo ao nosso redor é em grande parte invisível e fora do nosso controle.

Será que a observação de espelhos pode tornar possível a exploração consciente do inconsciente, tornando-o visível?

A observação de espelhos pode possibilitar a compreensão do processo criativo?

Muitos escritores, artistas, cientistas e até mesmo líderes empresariais atribuem à mente inconsciente a sua criatividade. O uso sistemático da observação de espelhos poderia superar o bloqueio criativo?

Eu já havia examinado o processo criativo de muitos artistas e cientistas, e descobri que eles atribuíam muitas de suas obras mais importantes a áreas inexploradas do cérebro. Salvador Dalí, o pintor surrealista, criou métodos que o despertavam durante os sonhos, de modo que pudesse replicar as qualidades surrealistas deles na tela.[12] Desse modo nasceram os relógios derretidos e muitas de suas imagens bizarras. E Thomas Edison fazia o mesmo por meio de técnicas que capturavam os pensamentos que surgiam durante aquele estado de fuga que existe entre dormir e estar acordado.[13] Estudos realizados por Delphine Oudiette, do Instituto do Cérebro de Paris, comprovaram que essas técnicas são eficazes na solução de problemas criativos.

A observação de espelhos pode ser uma forma de acessar a criatividade oculta dentro de cada um de nós?

O estudo de observação de espelhos pode ser uma forma de explicar a propensão da humanidade a acreditar em forças sobrenaturais, ou é de fato uma forma de alcançar o reino do sobrenatural?

O estudo da observação de espelhos pode revelar se de fato existe uma realidade sobrenatural. A observação de espelhos abre uma porta para outro reino? Essa é uma porta que poderíamos aprender a abrir à vontade?

Depois de anotar essas perguntas, preparei uma declaração e um objetivo a respeito do trabalho que estava prestes a fazer:

Como seres humanos, somos atormentados pelo medo e pela ansiedade da morte.

Como sociedade, colocamos a morte em seu lugar, criando cemitérios que a mantêm fora de nossas vistas. Temos filmes de terror para nos lembrar do horror da morte, mas, fora isso, não falamos muito sobre a morte, exceto quando é necessário.

De muitas maneiras, essas restrições têm o objetivo de nos dizer que existe um mundo dos vivos e um mundo dos mortos, e que um lado nunca pode se aventurar no outro.

No entanto, em minha experiência, há uma zona intermediária entre os vivos e os mortos.

Sem dúvida, há certas experiências de consciência viva que nos indicam que sobrevivemos à morte. As experiências de quase-morte são um desses fenômenos, assim como ver aparições de pessoas falecidas, sair do corpo, canalizar sabedoria e fazer viagens xamânicas. Essas experiências são vistas como uma transição entre a vida e a morte. Por se relacionarem com ambas e nenhuma ao mesmo tempo, podem ser chamadas de aventuras do Reino do Meio, um lugar onde os vivos fazem a transição para uma dimensão de conhecimento chamada vida após a morte.

Com tudo isso em mente, meu objetivo era explorar as visões nos espelhos e verificar se elas estavam incluídas numa dessas maneiras de entrar no Reino do Meio.

O PSICOMANTEUM E SEUS CONVIDADOS

Decidi criar meu próprio psicomanteum. Não precisava de um grande psicomanteum como nos tempos antigos. Bastava um cômodo escuro e um pouco iluminado, uma cadeira confortável e um espelho bem polido pendurado alto o suficiente para que eu não me visse quando me sentasse à frente dele. A única coisa visível deveria ser a imensidão cristalina do espelho enquanto refletisse a luz fraca atrás de mim – uma lâmpada de vinte watts para fornecer iluminação mínima era o suficiente. Na seção de recursos no final do livro, dou instruções de como construir o próprio psicomanteum.

A verdadeira chave para uma sessão bem-sucedida de observação no espelho era o adequado estado mental do cliente que compartilhava meu objetivo de responder a uma pergunta: *é possível facilitar as aparições de entes queridos de forma consistente em pessoas normais e saudáveis?*

Elaborei um conjunto de critérios simples para os voluntários que participariam do teste:

- Eles precisariam ser pessoas maduras e interessadas na consciência humana.
- Precisariam estar emocionalmente estáveis, serem curiosos e articulados.
- Não poderiam ter nenhum distúrbio mental ou emocional.
- Não poderiam ter nenhuma ideologia oculta, uma vez que tal inclinação poderia atrapalhar a análise dos resultados.

Com esses critérios em mente, entrei em contato com dez indivíduos e perguntei se gostariam de participar do meu Experimento Reencontros.

Meu método de prepará-los para o psicomanteum era simples e permanece assim até hoje.

No dia marcado (um paciente por dia), eles trariam objetos de recordação e álbuns de fotos da pessoa que esperavam ver. Viriam vestidos com roupas confortáveis e teriam tomado um café da manhã leve, sem bebidas cafeinadas, para que pudessem relaxar melhor.

Iniciaríamos as sessões do espelho com uma caminhada tranquila pelo campo, explorando a motivação da pessoa para tentar ver o falecido. Era-lhes dito que não havia garantias de que veriam seus entes queridos, mas que tentaríamos, o que eliminava a pressão para que fossem bem-sucedidos e apenas deixassem a visão no espelho acontecer, ou não.

Depois da caminhada, comíamos um almoço leve, com sopa e frutas, e, em seguida, discutíamos em detalhes sobre a pessoa que tinha morrido e o relacionamento que existia entre os dois.

Normalmente, o participante mencionava lembranças marcantes, e muitas vezes elas eram reforçadas pelos objetos trazidos e que tinham sido dispostos bem entre nós. Um homem trouxe o equipamento de pesca do pai. Uma mulher trouxe o chapéu da irmã. Outro, as medalhas de guerra do pai. Todas essas coisas eram lembranças pungentes e tangíveis da pessoa falecida.

Às vezes, pedia ao participante que se deitasse em uma cama. Ela era equipada com alto-falantes que emanavam uma música capaz de ser sentida por todo o corpo através de condução óssea.

Essas sessões preparatórias duravam até o anoitecer. Então, na mística hora do pôr do sol, eu acompanhava o paciente até a cabine de observação de espelhos e acendia uma lâmpada que tinha a mesma potência de uma única vela. Lá, a pessoa era instruída a concentrar o olhar no espelho e a relaxar, limpando a mente de tudo, exceto dos pensamentos sobre a pessoa falecida. A pessoa podia ficar na sala o tempo que quisesse, mas era pedido que não usasse relógio para evitar que olhasse as horas.

Uma pessoa ficava de vigia na sala ao lado durante toda a sessão, caso fosse necessária alguma ajuda. Quando o participante saía – após mais ou menos uma hora –, era incentivado, mas não obrigado, a discutir o que tinha acontecido pelo tempo que desejasse. Algumas dessas sessões de *debriefing* se estendiam por mais de uma hora. Eu fazia questão de nunca os apressar. A sessão não terminava até que o sujeito decidisse que havia terminado. Como nem todas as pessoas contavam – ou contavam tudo – o que tinham vivenciado, quando compartilhei minhas descobertas mais tarde, fiz uso de algumas estimativas.

Eu tinha algumas hipóteses antes de começar essa pesquisa. Esperava que apenas um ou dois dos participantes vissem um parente morto. Suspeitava que quem vivenciasse uma aparição duvidaria da realidade do que tinha visto.

O panorama, porém, foi muito diferente. Dos dez pioneiros submetidos a esse processo, cinco tiveram poderosas aparições de parentes mortos, e todos acreditavam que tinham realmente visto seus entes queridos falecidos e se comunicado com eles.

Durante todo o tempo em que trabalhei no projeto do psicomanteum, a reação dos participantes sempre me fascinou, sobretudo no início, quando metade deles teve experiências tão poderosas que estavam certos de que o que tinha acontecido no psicomanteum eram contatos reais com entes queridos falecidos. Ficou claro que essas experiências aumentaram a confiança deles na existência de uma vida além da existência carnal. Essas respostas, vindas de indivíduos altamente funcionais, constituem mais um motivo para crer em uma vida futura.

A seguir, alguns casos antigos que ilustram o que quero dizer.

Primeiro paciente do psicomanteum

O primeiro paciente oficial que testou o psicomanteum foi uma mulher a quem chamarei de Rita. Ela trabalhava como conselheira escolar e havia voltado a estudar. Na época, ela era uma de minhas alunas da pós-graduação e tinha 40 e poucos anos.

Ela tinha ido visitar seu falecido marido – que havia morrido dois anos antes – e ficou muito entusiasmada com o conceito do psicomanteum. Fizemos a preparação e então ela foi para a câmara, onde ficou cerca de quarenta e cinco minutos no processo de observação do espelho.

Ela saiu de lá com um grande sorriso no rosto e um resultado surpreendente: em vez de ver seu falecido marido, foi seu pai quem se manifestou no espelho. Primeiro, apareceu vividamente no espelho e, à medida que a conversa avançou, ele saiu do espelho e foi para o cômodo, onde a conversa continuou.

Rita aceitou a aparição de seu pai em vez da de seu marido e explicou o acontecido:

— Sei que vim para ver meu marido, mas talvez a pessoa que eu precisasse ver fosse meu pai.

Eles interagiram por um longo tempo na câmara, e Rita me ligou no dia seguinte para contar que seu pai apareceu mais uma vez para ela, dessa vez aos pés da cama enquanto se preparava para ir dormir.[14]

Como era natural, fiquei surpreso com aquilo. Ver seu pai em vez de seu marido foi uma surpresa. Mas o fato de ele ter saído do espelho e depois ter aparecido mais uma vez, à noite, aos pés da cama, foi outra.

Lendo relatos antigos sobre a observação de espelhos, sabia que isso poderia acontecer. Mas o fato de ter acontecido tão cedo e de forma tão vívida foi muito especial.

Orientação parental

Um cirurgião que morava na Costa Leste dos EUA veio para ver a falecida mãe. Ele sentia ter uma grande dívida de gratidão com ela devido ao seu sucesso. Ela apareceu para ele no espelho sentada em um sofá. Ambos tiveram uma conversa sem utilizar palavras – tudo ocorreu através de interações mentais.

— Houve alguma dor quando você morreu? — ele perguntou.

— Nenhuma — respondeu ela —, a transição foi fácil.

— O que você acha da mulher com quem vou me casar? — ele continuou.

— Ela é uma escolha muito boa — respondeu, mais uma vez sem palavras. — Você precisa continuar se esforçando nessa relação, não seja o mesmo de antes. Tente ser mais compreensivo.

Depois de cerca de dez perguntas, a mãe desapareceu. Foi um momento muito emocionante para o cirurgião, que sentiu ter mergulhado em um reino do qual só tinha ouvido falar e no qual nunca tinha acreditado de verdade até então.[15]

Como um filme antigo

Um homem de 30 e poucos anos ficou arrasado com a perda de sua esposa – ela era uma alcoólatra inveterada e bebeu até morrer. Ele se sentia culpado pela morte dela, pois achava que deveria ter sido capaz de controlar o vício da mulher.

Ele me contou sua história, concentrando-se nos poucos anos que havia passado com a esposa e nas dificuldades que enfrentou devido às bebedeiras dela. Quando terminou, chorava e estava muito triste.

Seu humor mudou completamente após a sessão de observação no espelho. Sua falecida esposa apareceu em uma trilha arborizada na floresta onde eles costumavam passear. Ela falou de maneira franca com ele sobre a bebida.

— Não é sua culpa — disse, transmitindo a mensagem sem usar palavras. — Depois de um tempo, parei de me importar se eu bebia demais ou não. Já não conseguia mais parar.[16]

Cerca de dez anos depois, ele me fez uma visita. Estava feliz, havia se casado novamente e me agradeceu por tê-lo orientado na sessão de observação do espelho com sua falecida esposa. Explicou que havia deixado de se sentir culpado e que aquilo mudara sua vida.

Aparição por procuração

Uma experiência psicomântica que me surpreende muito é a que chamo de aparição por procuração, quando um cliente está preparado para ter uma visão específica e, em vez disso, outra pessoa vê a aparição. Isso já aconteceu pelo menos seis vezes em meu psicomanteum e sempre me intriga.

A primeira delas ocorreu com uma mulher que veio de Oklahoma para ver o filho então morto havia menos de um ano.

Enquanto nos preparávamos para a sessão, ela mencionou, um pouco atônita, que por um tempo evitou contar à mãe para onde ia e por quê. Sua mãe era muito religiosa e, para ela, o psicomanteum parecia mais uma sessão de conjuração do que uma terapia do luto. Quando finalmente contou o motivo da viagem, a mãe deixou claro que a religião delas não acreditava nessas coisas de ver parentes mortos, mesmo que o procedimento fosse orientado por um psiquiatra.

A mulher se preparou para o psicomanteum, mas, como às vezes acontece, não viu nada. Muito desapontada, ela arrumou suas coisas e, no dia seguinte, dirigiu de volta para Oklahoma.

Pensei que aquele seria meu último encontro com ela, mas três dias depois ela ligou. Ria muito enquanto contava o ocorrido. Mais cedo, sua mãe estava sentada na sala de estar quando, disse ela, seu neto entrou no recinto e sentou-se na frente dela. A senhora não ficou assustada. Na verdade, ficou feliz com o fato de que a visão que sua filha tinha se preparado para ver fora vivenciada por ela.[17]

EXPERIÊNCIAS VARIADAS

Com resultados como esse, descobri que o psicomanteum era uma forma bastante interessante de terapia do luto. Em vez de precisar conversar com um terapeuta sobre a perda de um ente querido, ali a pessoa tinha a oportunidade de conversar diretamente com o ente querido. Mas fiquei impressionado com a quantidade de pessoas que queriam vir para o que agora chamo de Teatro da Mente. Graças ao boca a boca, aos programas de rádio, às menções em conferências e, por fim, a um livro, recebi pessoas vindas de todos os cantos do país e do mundo. Logo já tinha uma lista cheia de gente interessada em ver seus entes queridos falecidos.

Era óbvio que eu havia subestimado o apelo do psicomanteum. Comecei a imaginar que meu Teatro da Mente rural seria como os antigos oráculos gregos. Naquela época, centenas de pessoas viajavam todos os anos para os oráculos atraídas pelo interesse em ver os falecidos. Viajavam a pé e muitas vezes esperavam do lado de fora por dias. Acampavam em condições rudimentares ou alugavam um quarto enquanto esperavam serem admitidas nas cavernas lotadas.

Temia que meu oráculo moderno não fosse diferente.

Em pouco tempo, a carga de pacientes se tornou avassaladora. Como o psicomanteum ainda estava em fase experimental, eu queria gerenciar todos os aspectos da experiência do reencontro. Isso significava que, por dia, eu precisava dedicar toda a minha energia a apenas um paciente – o que era bastante exaustivo. Sobretudo se levarmos em consideração que a maioria das pessoas estava em uma situação emocional frágil devido ao luto. Por vezes as sessões se estendiam até tarde da noite, e vinham seguidas, no outro dia, por outras com alguém tão carente quanto a anterior. Logo fiquei sobrecarregado de trabalho e vi meus problemas de tireoide piorarem – eles nunca desapareciam por completo, mesmo tomando todos os remédios de maneira correta.

A única coisa que me manteve firme foram os estudos de caso. Eles confirmaram de maneira fascinante a eficácia e o valor dessa versão modernizada da técnica utilizada com maestria pelos gregos. Nos primeiros meses, atendi mais de cem pacientes por meio do psicomanteum. Esse número se manteve estável por alguns anos, até que tive de reduzir bastante a quantidade de pacientes devido à exaustão. Mesmo com uma carga de trabalho reduzida, ainda consegui chegar a várias conclusões sobre os vários tipos de experiências pelas quais os pacientes passam por meio dessa técnica incrível.

Não quem eles esperavam ver

Uma das categorias em que muitas dessas experiências se enquadram era o encontro com uma pessoa falecida que não era quem eles tinham a intenção de ver. Imagino que por volta de um quarto dos pacientes tenha se encontrado com alguém inesperado durante a visita. Além disso, muitas dessas aparições não se limitavam a ficar no espelho e saíam para ficar com a pessoa. Era como se o espelho fosse uma espécie de portal por onde o falecido pudesse passar. Quando isso acontecia, muitas vezes os pacientes relatavam que eram "tocados" pela aparição ou que podiam sentir sua presença.

Um exemplo é o de um homem que se preparou o dia todo para ver o pai – falecido quando o participante tinha apenas 12 anos de idade. Após se preparar por horas, o homem se surpreendeu ao ser cumprimentado por seu parceiro de negócios no espelho, uma pessoa de quem ele nem gostava muito. Assim ele relatou os acontecimentos:

Quando ele entrou na cabine de aparições, eu o vi com nitidez. Estava a menos de um metro de mim. Minha surpresa era tamanha que fiquei sem reação. Era ele, bem ali. Tinha o meu tamanho e eu podia vê-lo da cintura pra cima. Sua forma era completa, não era transparente. Quando ele se movia, eu enxergava o movimento da cabeça e dos braços, tudo em três dimensões.

Ele estava feliz em me ver. Eu estava surpreso, mas ele não. Minha impressão é que ele sabia o que estava acontecendo e queria me tranquilizar. Dizia para eu não me preocupar e que estava tudo bem. Sei que ele pensava que um dia ficaríamos juntos novamente. A esposa também estava morta e ele me enviava o pensamento de que estavam juntos, mas que, por algum motivo, eu não deveria vê-la.

Eu fiz várias perguntas. Queria saber algo que sempre havia me preocupado sobre a filha dele. Mantive contato com três de seus filhos e os tinha ajudado, mas com sua segunda filha as coisas não iam muito bem. Entrei em contato com a garota, contudo ela em parte me culpava pela morte do pai. Quando ficou mais velha, disse que [seu pai] havia trabalhado demais. Então, perguntei o que fazer. Ele me deu todas as garantias sobre o que eu queria saber, e isso esclareceu algumas coisas para mim.[18]

Sem dúvida, esse homem sentiu que seu sócio havia saído do espelho para se sentar com ele. Isso permitiu a ele "colocar de lado" as preocupações com a família do parceiro e que fizessem as pazes.

No estudo que realizei em 1992, cerca de 50% dos meus pacientes relataram ter se comunicado com a pessoa que apareceu no espelho.[19] Dos dezesseis pacientes que conseguiram ver alguém no espelho, seis disseram ter falado com a pessoa falecida.[20] Não quero dizer que ouviram os pensamentos da pessoa falecida, mas que ouviram de fato a voz audível dela.

Minha primeira vez

Então, falarei sobre isso agora, começando com um pouco de contexto sobre onde e como explorei essa técnica. Ao longo dos anos, experimentei a observação de espelhos de várias maneiras diferentes e em vários lugares diferentes, inclusive na Grécia, onde tive o privilégio de visitar os locais de alguns dos principais oráculos do país. Outras vezes, fiz isso através de uma bola de cristal sob a orientação do já falecido doutor William Roll, um pesquisador muito respeitado de fenômenos estranhos. Ele tinha uma bola de cristal em seu escritório e um dia me mostrou como a usava para acessar a criatividade quando necessário. E eu também realizava sessões de observação no espelho em casa. Convidava amigos e alunos para participar de sessões de mesa nas quais usávamos pequenas velas como iluminação de fundo e, às vezes, várias bolas de cristal, de modo que cada pessoa tivesse o próprio espéculo e, assim, uma chave particular para sua mente inconsciente. Nessa época, eu já tinha me mudado para uma antiga casa de moagem que ficava bem no interior, e o riacho que passava ao lado dela proporcionava uma fonte de ruído branco natural constante que relaxava os participantes.

Essas sessões ajudavam os participantes, independentemente do que eles buscavam. Alguns buscavam relaxar ou apenas uma oportunidade de deixar o estresse do dia a dia para trás. Outros, algo muito mais profundo. Alguns encontraram as respostas para entender infâncias problemáticas ou relacionamentos difíceis.

Outros ainda foram a lugares inesperados, ou seja, se conectaram com entes queridos que já tinham partido – o que era raro acontecer devido à falta de privacidade e de preparação. Os entes queridos apareciam no espéculo de cristal, o que podia causar suspiros de surpresa ou mesmo um desejo – não correspondido – de que o falecido ficasse por ali um pouquinho mais.

Foi só depois de montar o psicomanteum perfeito na minha casa de campo que eu próprio tive uma experiência de observação no espelho – que iria me deixar embasbacado. Eu buscava uma experiência com minha avó por parte de mãe, Wattleton. Eu estava sozinho no dia, então me preparei com tranquilidade e peguei álbuns de fotos de família de quando eu era criança com a avó Wattleton e outros parentes. Quando eu era criança, meu pai estava no exército, e isso era uma grande fonte de depressão para minha mãe. Assim, meus avós me criaram e, basicamente, eu os via como meus pais. Sentia muita falta da avó Wattleton e queria muito vê-la de novo. Após horas me preparando, me acomodei na câmara do psicomanteum e esperei que ela aparecesse.

Ela apareceu para mim, mas apenas em um lampejo. Parecia feliz e muito mais jovem do que eu me lembrava. Tentei conversar, mas não tive sucesso. Ela simplesmente desapareceu.

Segui observando o espelho por mais algum tempo, na esperança de que ela reaparecesse, mas isso não aconteceu. Por fim, saí da câmara e voltei para a mesa de jantar próxima ao riacho. Na época, eu estava testando o psicomanteum com vários dos meus alunos e todos tiveram sucesso. Não só tinham visto aparições de seus entes queridos como também puderam interagir com eles, alguns de forma tão intensa que insistiam que o encontro tinha sido "pra valer", como disse um deles. Eu me perguntava: *por que eu não tinha tido a mesma experiência?*

Mais tarde, naquele mesmo dia, enquanto lia no sofá, minha avó apareceu. Mas, em vez da avó Wattleton, quem apareceu foi a avó Moody, que era a de quem eu menos gostava. Ela também tinha ajudado a me criar, mas seu jeito mais severo fez com que não fôssemos tão próximos quando eu era criança. Para dizer a verdade, eu tinha medo dela.

Mas agora eu não tinha medo. Fiquei feliz por ela ter aparecido. Embora não tivéssemos nos comunicado verbalmente durante o tempo em que ela esteve lá, senti anos de animosidade se dissiparem no ar, substituídos pela percepção de que eu fora mimado na infância e esperava respeito demais dos idosos que cuidavam de mim. Se não por outra razão, essa primeira sessão no novo psicomanteum foi um sucesso.[21]

Visões para levar

Comecei a chamar as visões como a que eu tive de visões para levar, porque ocorriam mais tarde, depois que o paciente já tinha saído do psicomanteum. Vinte e cinco por cento dos reencontros ocorreram após as pessoas já terem saído da cabine de observação e voltado para casa ou hotel.[22] Um desses casos é o de uma respeitada jornalista televisiva que foi ver o filho que havia cometido suicídio alguns anos antes. Ela não viu nada enquanto estava na câmara de espelhos. No entanto, horas mais tarde, já no hotel, seu filho apareceu. Aqui está o que ela tinha a dizer:

Não sei exatamente a que horas acordei, mas, quando acordei, senti uma presença no quarto e vi um jovem em pé entre a televisão e a cômoda.
No início, ele não tinha expressão alguma e olhava para mim. Eu estava com tanto medo que meu coração batia a cem quilômetros por minuto. Ainda bem que eu estava em uma cama king-size, senão teria caído dela, de tão assustada que estava.
O que passava pela minha cabeça era: "Ah, meu Deus, deve ter outra entrada para o quarto!". Isso ilustra quão real ele era ali de pé.
Não era um sonho, eu estava bem acordada. Eu o vi claramente, todo o seu corpo, exceto o rosto. Eu olhava para ele e ele olhava para mim. Não sei quanto tempo passou, mas foi o suficiente para que eu me assustasse – e olha que eu não me assusto fácil.
Mas então percebi que estava tendo uma aparição: aquele era meu filho. A princípio, não se parecia com ele, mas, juntando tudo, percebi que era, sim, ele. Na verdade, a aparição se parecia exatamente como ele há dez anos.
Então, tudo ficou mais calmo. Fiquei tranquila em relação ao meu filho, sabia que ele estava bem e que me amava. Esse foi um momento crucial para mim. Foi uma experiência maravilhosa.[23]

Encontros visionários que parecem reais

Ao longo dos anos, submeti centenas de pessoas a esse procedimento e, entre elas, um grande número de pacientes saiu do psicomanteum convencido de que o encontro que tinham acabado de ter havia sido real.

Veja o que um deles disse:

— Não tenho dúvida de que a pessoa que vi no espelho era minha mãe! [...] No entanto, ela parecia mais saudável e feliz do que no fim de sua vida. Seus lábios não se mexeram, mas ela falou comigo e eu ouvi muito bem o que ela tinha a dizer. Ela disse: "Eu estou bem".[24]

E aqui está o que outro paciente disse sobre seu encontro real:

Eu vi muitas nuvens, luzes e movimentos de um lado para o outro no espelho. Havia luzes nas nuvens que também mudavam de cor. Por um momento, pensei que iria ver [meu marido]. Mas não foi isso que aconteceu. Em vez disso, de repente senti uma presença. Eu não o via, mas sabia que estava bem do meu lado. Então, eu o ouvi falar. Ele me disse:
— Continue assim, você está vivendo da maneira certa e está criando as crianças da maneira certa.
Em seguida, comecei a ver coisas... Não fiquei nem um pouco assustada. Pelo contrário, nunca estive tão relaxada desde a sua morte.[25]

O mais interessante para mim foram as mudanças que ocorreram com as pessoas que tiveram uma experiência de aparição. Todos esses pacientes definiram os reencontros como "reais", ou seja, não foram fantasias ou sonhos.[26] Alguns contaram que puderam sentir o cheiro, ouvir e até mesmo tocar o ente querido, e o que viram era sólido e tridimensional. Muitas vezes meus clientes disseram algo como: "Assim como estou sentado aqui, olhando para você, eu estava lá sentado com eles".

Como a experiência era real, os participantes sinalizavam que viam a vida por uma nova perspectiva. Como resultado de ver um ser que pensavam que tivesse sido extinto pela morte, eles se tornaram pessoas mais gentis, mais compreensivas e com muito menos medo da morte.

INTERESSE NACIONAL

Até mesmo a imprensa nacional se mostrou interessada pelo psicomanteum. Oprah Winfrey enviou duas convidadas para a câmara a fim de obter uma visão objetiva do que acontecia durante uma sessão. A apresentadora parecia reticente com a ideia de exibir essa história no programa, talvez por temer uma reação negativa de grupos religiosos. Em seguida, os convidados saíram do psicomanteum e contaram ao público da TV que seus entes queridos haviam de fato aparecido para eles. Uma delas até teve a sensação de alguém se ajoelhando ao seu lado enquanto conversava com um ente querido falecido. A convidada parecia muito feliz e calma à medida que contava o que tinha acontecido.

— Quando as pessoas saem de lá, uma certa paz parece se instalar nelas — eu disse a Oprah.

O mesmo não podia ser dito de Oprah, que estava visivelmente abalada com tudo o que havia acontecido.

— Tenho muitas, muitas, muitas perguntas sobre isso — ela disse.

Eu dei de ombros.

— Eu também — falei, arrancando risos da plateia.[27]

Já a história da comediante Joan Rivers é diferente. Ela foi ao psicomanteum fazer um quadro para seu programa vespertino. Antes de entrar, ela era só piadas, o que não me incomodava. Afinal de contas, ela era do humor e, naquele dia, o objetivo era tirar sarro do psicomanteum até o momento de entrar na câmara.

Quando saiu, seu comportamento havia mudado radicalmente. Ela chorava sem parar após conversar com seu falecido marido, Edgar. Ela acreditava que a conversa havia sido ao vivo e em pessoa e não tinha dúvidas sobre a veracidade da observação no espelho. Recebera informações sobre o suicídio de Edgar que, até então, eram novas para ela. Informações essas que preenchiam lacunas em aberto sobre a intrigante morte do marido. Ela não quis contar o que tinha descoberto, mas seu comentário de despedida foi:

— Obrigada, dr. Moody. Eu precisava muito disso.[28]

PROVA CONCRETA?

Terapia do luto é a essência do que eu faço. Entre os pedidos mais comuns que recebo das pessoas que estão sofrendo com o luto, um parecia ser o mais impossível: ter apenas mais cinco minutos com o ente querido que se foi. Tentei atender a esse desejo seguindo as instruções de uma antiga forma de terapia do luto e, na maioria das vezes, sinto que consegui realizar esse desejo com sucesso.

Nunca declarei que esses eventos são "reais". Nunca disse que os mortos retornam. Mas citei as pessoas que tiveram essas experiências, as que dizem que suas aparições visionárias foram de fato a de um ente querido que apareceu para ajudá-las no processo do luto.

Sou muito franco ao dizer que não faço ideia do que acontece no espelho ou o que é que alguns dizem que sai dele. É uma invenção da mente? Um sonho lúcido? Outra realidade acessada através de um simples processo usado com sucesso ao longo da história? Eu não sei a resposta.

O que eu sei é que a maioria das pessoas que passam pelas sessões de observação no espelho acredita muito no que aconteceu, como mostram as estatísticas de minha pesquisa:

- **Cerca de 25% dos participantes encontraram uma pessoa falecida diferente daquela que planejavam contatar.**[29] Não sei por que isso acontece, mas mais de um participante com quem isso aconteceu disse que a pessoa que viu não era aquela que precisava ver, embora tenha ficado satisfeito com o contato alternativo.
- **Cerca de 10% das pessoas relatam que uma aparição pareceu sair do espelho e, às vezes, as tocar: uma mão colocada em sua mão, talvez, ou até mesmo um beijo carinhoso.**[30] Um exemplo extremo foi o de uma mulher que viu seu filho falecido e que, segundo ela, a ergueu e a abraçou antes de ir embora.
- **Cerca de metade dos participantes conversou com a aparição e, na maioria das vezes, essas conversas foram mentais, por meio de palavras não ditas.**[31] Essas são comunicações psíquicas que parecem

estranhas no início, mas logo se tornam normais à medida que a conversa progride.

- **Em cerca de 25% dos casos, a aparição não foi presenciada na câmara do espelho, mas sim em outro lugar e quase sempre dentro de vinte e quatro horas.**[32] Esses encontros tardios quase sempre acontecem em um ambiente meditativo: durante um longo passeio solitário, vendo televisão, preparando-se para dormir, desfrutando de um bom livro em casa – para citar apenas algumas situações possíveis. Alguns encontros ocorrem mais de uma vez, mas não mais de duas ou três vezes.
- **Quase todos os participantes julgaram o reencontro como real, e não um sonho ou fantasia.**[33] Ao descrever a experiência, um homem disse: "Foi tão real quanto encontrar meu pai em uma rua qualquer da cidade".
- **Quase todos os participantes foram afetados de maneira positiva pela experiência de aparição e mudaram a visão que tinham sobre a vida e sobre a vida após a morte de uma forma que consideraram positiva.** Na maioria dos casos, acho que essas mudanças são semelhantes àquelas experimentadas depois que alguém passa por uma EQM. Seu medo da morte diminui e a pessoa se torna mais positiva em relação à vida em geral.[34]

Embora eu tenha testemunhado as impressões sobre o que disseram, viram e sentiram, não fui capaz de provar que a experiência foi real – não de forma objetiva. Eu sabia que passar por uma experiência como essa era algo subjetivo, pois só a pessoa que a vivencia sabe como foi.

Mas então isso mudou, e mudou de uma forma muito intensa. De repente, como resultado de três fotografias e duas testemunhas, passei a ter evidências concretas que provavam que os reencontros tinham sido reais. Não eram fantasias, não eram sonhos, mas sim encontros reais com entes queridos que já se foram. Este é o caso que mudou tudo para mim.

O CASO DO CISNE NEGRO

Em 2011, uma mulher veio da América do Sul em seu jatinho particular com a intenção de se comunicar com a filha, uma jovem que havia falecido de câncer na Carolina do Norte. A mulher estava acompanhada da irmã e do marido, um rico empresário.

Em vez de seguir minhas instruções e descansar no hotel antes de virem até o psicomanteum, ela e a irmã vieram direto do avião. Mesmo cansada após o longo voo, ela não queria passar pelo longo processo de preparação necessário para uma experiência bem-sucedida. Em vez disso, exigiu um "curso curto" que se resumiria a conversarmos por mais ou menos uma hora sobre sua filha e o tamanho da dor que sentia. Ela me mostrou algumas fotos da filha e contou várias histórias que lhe aqueciam o coração. A irmã também contribuiu com algumas recordações, contudo, apesar das muitas informações que abordamos, a mãe parecia muito cansada e ansiosa, por isso eu não esperava que a experiência no psicomanteum tivesse muito sucesso.

A mulher entrou na sala de observação de espelhos e, cerca de uma hora e meia depois, saiu decepcionada. Ela não teve nenhuma experiência e não viu um motivo para seguir adiante com a sessão.

As mulheres foram para o hotel no início da tarde e prometeram voltar no dia seguinte depois de uma boa noite de sono. Ao chegarem ao quarto, se acomodaram em suas camas e começaram a conversar sobre a jovem que tinham ido ver.

Por volta das 15h30 – de acordo com o registro de uma das fotografias –, três orbes no formato de grandes bolas de praia apareceram em áreas diferentes do quarto. Eles eram translúcidos e através deles era possível ver o outro lado do quarto.

Nenhuma das mulheres ficou surpresa ou incomodada com os orbes flutuantes. Pelo contrário, ficaram intrigadas. A irmã tirou três fotos dos orbes e guardou o iPhone. Segundo ela, a mulher que viera ver a filha começou a falar com o orbe que estava mais perto e, por meio dele, de alguma maneira, conseguia conversar com a filha! O diálogo foi agradável e repleto de lágrimas, de acordo com o que a irmã disse a mim e à minha esposa.

E foi isso. Depois de alguns minutos, os orbes desapareceram e as duas mulheres ficaram sozinhas no quarto.

Neste momento, quero dizer que não sou especialista em análise de fotos, nem estava lá para ver esses orbes – que apareceram em plena luz do dia – se manifestarem ou para vivenciar o que a mãe ouviu e viu emanando deles.

Mas sei que os orbes foram fotografados e que não eram meros "reflexos de lente", uma vez que as fotos os mostram em diferentes partes do quarto e, apesar disso, eles tinham sempre o mesmo tamanho e aparência. E sei que a mulher que tinha vindo receber uma visita a recebeu através dos orbes e, isso é o mais importante, ficou muito emocionada e contente com tudo o que aconteceu naquela tarde.

No dia seguinte, a mulher decidiu não entrar no psicomanteum. A irmã dela entrou em contato com a minha esposa e contou que a conexão que a mulher tivera com a filha tinha sido muito forte e não achava que seria necessário tentar mais uma vez.[35]

Esse caso responde à pergunta se esses encontros são reais e visíveis para outras pessoas? Em outras palavras, posso dizer com segurança que foram encontradas evidências concretas que a observação de espelhos pode resultar em um encontro real com entes queridos? No caso único apresentado aqui, posso dizer que sim. E acrescentarei: se existe um caso com provas concretas, então existem muitos outros, constituindo assim provas suficientes para afirmar que as experiências no psicomanteum podem ser consideradas eventos comprovados de maneira concreta.

No fundo, esse estudo de caso é a teoria do cisne negro das experiências do psicomanteum. Essa teoria surgiu da crença dos zoólogos de que todos os cisnes eram brancos. Mas eles não eram. O explorador holandês Willem de Vlamingh começou a explorar a Austrália em 1697 e foi o primeiro europeu a ver cisnes negros.[36] Com essa descoberta, surgiu uma nova ressalva científica: a teoria do cisne negro, na qual basta a descoberta de um cisne negro para provar que nem todos os cisnes são brancos. Ou, no caso dos psicomanteuns, basta que um encontro seja comprovado, em que duas ou mais pessoas presenciam o encontro, para mostrar que ele pode acontecer várias e várias vezes.

É muito apropriado – e irônico – que eu inclua uma citação sobre o que hoje é conhecido como a teoria do cisne negro, originalmente postulada por David Hume, um dos maiores céticos da filosofia em relação à vida após a morte. Nassim Taleb levou as ideias de Hume e de outros filósofos sobre a teoria do cisne um passo além em seu livro *Iludidos pelo acaso* – que é aplicável a todo este livro, aos seus estudos de caso, aos pesquisadores que os coletam e os estudam e ao estudo da vida após a morte em geral. Taleb comenta a afirmação de Hume: "Nenhuma quantidade de observações de cisnes brancos é suficiente para inferir que todos os cisnes são brancos, mas a observação de um único cisne negro basta para refutar essa conclusão".[37]

POR QUE O PSICOMANTEUM MOSTRA QUE EXISTE VIDA APÓS A MORTE

O costume de se comunicar com entes queridos que já tinham partido era muito difundido entre os gregos. Assim como era em tempos medievais – pelo mesmo motivo –, sobretudo em épocas de peste. A prática de ir ao encontro dos mortos era amplamente conhecida na Grã-Bretanha e nos Estados Unidos do século XIX, quando ambas as culturas desenvolveram interesse em pesquisar o assunto, o que era feito por grupos como a SPR. A observação de espelhos era uma das práticas realizadas nessas igrejas, muitas das quais eram frequentadas por celebridades da época. O psicólogo William James realizava sessões espiritualistas, assim como o biólogo evolucionista Alfred Russel Wallace. Os pioneiros no estudo da radioatividade, Marie Curie e seu marido, Pierre, também podiam ser encontrados em igrejas espiritualistas, com um interesse latente em interagir com outras forças invisíveis. Entre outros famosos que se dedicavam às práticas espiritualistas, como a contemplação de espelhos, estavam Mark Twain, Frederick Douglass e a Rainha Vitória.

Esse interesse se prorrogou até o século XX, quando milhões de famílias tiveram seus filhos queridos levados pelos horrores da Primeira Guerra Mundial. Para os pais dos soldados mortos na guerra, a observação de espelhos se tornou uma prática espiritual cujas bases eram a dor das pessoas causada pela perda de seus entes queridos e o desejo de se comunicarem com os que tinham partido.

Imagens de pessoas observando um espelho à luz de velas e vendo os espíritos dos mortos eram comuns no início do século XX. Reuni uma coleção dessas imagens. Encontrei muitas delas em cartões-postais e um pouco menos em cartões de propaganda que as empresas distribuíam. Nenhum dos cartões-postais que coletei continha carimbos com datas posteriores a 1915. O hiato na propaganda da observação de espelhos me faz pensar se o advento do rádio – e mais tarde da televisão – havia extinguido essa prática antiga.

Seja qual for a causa, o que era um hábito comum havia cerca de um século é hoje bastante contraintuitivo. Contudo, a popularidade em evocar um falecido através da observação de espelhos está voltando a crescer, agora como um método aprovado de terapia do luto na escola da psicologia transpessoal.

Isso significa, é claro, que mais pesquisas são necessárias a fim de demonstrar o contato genuíno com o falecido. Estou ansioso por isso. Porém, para mim, as fotos dos orbes da mulher são suficientes para indicar de maneira objetiva a existência de uma vida após a morte. Entrego o assunto da observação de espelhos para outros pesquisadores para que encontrem mais provas nessa área de estudo.

Conclusão

O verdadeiro ceticismo revela a verdade.

— **Dr. Raymond Moody**

Este livro nasceu após sessenta anos de entrevistas, observações, pesquisas, experiências pessoais e reflexões sobre talvez o maior mistério da existência humana: será que todas essas experiências humanas extraordinárias e inspiradoras, juntas, provam a existência de uma vida para além da morte?

Posso responder a essa pergunta de forma positiva. Sim, elas provam. Mas, para entender por que isso acontece, precisamos analisar três níveis diferentes e igualmente importantes da questão.

O primeiro e mais importante é o nível da ética profissional.

O segundo é o nível puramente pessoal, ou seja, o que eu, Raymond Moody, penso ao responder a essa pergunta.

O terceiro consiste no que quer dizer *prova*, para começo de conversa.

Vamos considerar cada uma dessas questões em ordem.

ÉTICA: IMPORTÂNCIA PARA A PESSOA DE LUTO

Como médico e também como ser humano, sei que a ética profissional deve ser a primeira preocupação em qualquer tentativa de reunir e propor provas racionais da existência de uma vida após a morte. Platão ressaltou que é impossível separar a investigação racional sobre a vida após a morte das complexidades e emoções envolvidas em consolar alguém.[1]

Ou seja, as questões sobre a vida após a morte se apresentam às pessoas de maneira natural, em fases previsíveis e cruciais ao longo do desenvolvimento psicológico e espiritual de um indivíduo. O luto pela perda de um ente querido talvez seja o exemplo mais conhecido dessa fase de desenvolvimento. As pessoas em luto podem buscar garantias de que seus entes queridos falecidos estejam bem e que um dia vão se ver novamente.

PESSOAL: COMO EU ME SINTO EM RELAÇÃO A ESSA PERGUNTA?

Declarações positivas sobre a ideia de haver uma vida após a morte podem consolar e confortar aqueles que estão sofrendo por causa do luto. Quando as pessoas que fazem as declarações positivas têm diplomas de doutorado atrelados a seus nomes, o efeito dessas declarações pode ser muito mais forte. Agora, vamos supor que um indivíduo ou uma organização com um certificado profissional venha a público e afirme ter comprovado a existência da vida após a morte. Essa afirmação, sem dúvida, melhoraria o humor e aliviaria a angústia de muitos daqueles que estavam de luto.

Suponha ainda que, um ou dois anos depois, uma falha incorrigível na alegação original viesse à tona e uma retratação, por esse motivo, fosse feita. Agora imagine esse cenário sob a perspectiva de alguém que havia buscado consolo nessa alegação. Esse indivíduo talvez mergulhasse de cabeça, mais uma vez, nas profundezas de seu desespero após receber a notícia de que a declaração esteve errada todo esse tempo. Além disso, é bem possível que se irritasse, e com razão, com o médico – ou médicos ou organização – por trás da declaração que se mostrou falsa.

O que quero dizer é que é errado brincar com uma palavra tão poderosa quanto *prova* quando se trata de uma questão emocional humana tão pesada como a vida após a morte.

Dito isso, o que dizer das experiências como as reunidas neste livro? Elas podem ser transformadas em provas de uma vida após a morte que qualquer pessoa, inclusive quem não é especialista, possa entender por conta própria? Para essa pergunta, minha resposta é positiva. Após sessenta anos investigando a questão como um detetive, acumulando fatos, circunstâncias e tendo sido exposto àqueles que tiveram experiências de morte muito dramáticas de maneira brutal, não consigo pensar em nenhuma alternativa plausível além de que "nossa consciência continua a existir em outra conjuntura de realidade quando nossos corpos físicos morrem". Sim, sou forçado a dizer isso, embora a incompreensão me faça gaguejar ao dizê-lo. Ainda não internalizei por completo a ideia de que existe uma vida após a morte, embora as circunstâncias me façam dizer que sim, com certeza acredito que exista uma vida após a morte.

Por exemplo, tenho vários amigos médicos que foram transformados por experiências pessoais de quase-morte. Todos eles me disseram de maneira unânime que suas experiências de morte não foram apenas reais, foram hiper-reais, muito mais reais, de fato, do que nossa realidade normal desperta. Então eu me pergunto: eu confiaria no julgamento médico desses queridos amigos se eu ficasse doente ou me machucasse? Em todos os casos, minha resposta é um retumbante *sim!*

Desse modo, me vejo em uma situação difícil. Mais uma vez, o julgamento unânime deles é que suas experiências de quase-morte foram mais do que reais. Portanto, é difícil para mim encontrar uma razão convincente para rejeitar o julgamento deles sobre esse assunto, ao passo que eu confiaria totalmente em suas opiniões médicas, mesmo em situações de vida ou morte.

Agora, enquanto professor de lógica, sei muito bem que esse não é um argumento válido e racional no sentido técnico da coisa. Pelo contrário. Só que esse tipo de raciocínio é tudo o que eu tenho para seguir adiante enquanto tento chegar a um acordo com o desafiador enigma cognitivo e espiritual que é o tema da vida após a morte.

Essa confiança no julgamento de meus colegas explica, em grande parte, por que eu, Raymond Moody, aceito que *existe* uma vida além da morte.

Mas e quanto às outras pessoas? Existe algum fator mais geral aplicável a todos?

Isso nos traz ao terceiro nível de pensamento sobre as provas da existência de vida após a morte, ou seja, antes de mais nada, o que é prova? E ela se aplica aos mistérios da sobrevivência consciente da morte física?

O QUE É PROVA?

Em minhas décadas como professor de filosofia, pesquisando e lecionando sobre a questão da sobrevivência da consciência no pós-morte, sempre voltávamos à pergunta: temos provas? Já definimos o que é *prova*?

Conforme discutido na introdução, sabemos que uma prova é um meio racional de fazer com que todos que a seguem cheguem à mesma conclusão lógica, mas há muito mais a ser considerado nessa definição, como acabamos de descobrir nestas páginas.

Meus cursos de filosofia eram focados na análise dos mais sérios obstáculos à crença na vida após a morte propostos por proeminentes pensadores. Historicamente, as verdadeiras dificuldades foram apontadas por dois renomados filósofos britânicos, David Hume (1711-1776) e A. J. Ayer (1910-1989). Hume indicou, de maneira correta, que provar a existência de uma vida após a morte exigiria princípios lógicos que vão além dos que temos à disposição.[2] Muitos anos depois, Ayer especificou por que a lógica como a conhecemos não funciona. Ou seja, é inteligível dizer, por exemplo, que uma pessoa sobreviveu a uma mudança completa de personalidade, de estilo de vida ou crença. Mas é ininteligível, continuou Ayer, afirmar que uma pessoa sobreviveu à aniquilação de seu corpo individual.[3]

Hume e Ayer chamaram a atenção para as barreiras da vida real que uma prova séria e racional da vida após a morte precisa superar. A lógica, tal como a conhecemos, opera com declarações verdadeiras ou falsas de significado literal. Alegações sobre a vida após a morte, por serem ininteligíveis, não se encaixam nesse modelo. Portanto, a lógica comum não serve para provar a existência de uma vida após a morte.

Hume e Ayer estavam certos e, por estarem certos, o trabalho de ambos apontou para a solução das dificuldades que eles identificaram.

Ayer escreveu sobre a ininteligibilidade da noção de vida após a morte em seu livro clássico *Language, Truth and Logic* [Linguagem, verdade e lógica], de 1936. Ayer é um dos meus heróis intelectuais, e li seu livro em 1963, quando estava me formando em filosofia. Os escritos de Ayer permitiram que muitas gerações de leitores de filosofia vissem por si próprios que a noção de vida após a morte não tem significado determinável ou inteligível. Sua discussão serviu de alerta para todos que fantasiavam que provar a existência da vida após a morte fosse uma questão simples.

Então, Ayer teve uma experiência de quase-morte no final da década de 1970.

Ouvi dele em pessoa o grande impacto que isso causou em sua vida (transformação!) quando nós dois, alguns anos depois, fomos convidados de um programa noturno da BBC Radio em Londres. As EQM foram o tema da discussão, e Ayer e eu nos encontramos nos bastidores antes do programa. Senti-me muito honrado por ele ter discutido sua experiência de quase-morte comigo. Perguntei se ele achava que sua experiência de quase-morte poderia ter sido um delírio. E ele respondeu na mesma hora, de forma enfática, que com certeza não tinha sido. Ayer foi além, disse que sentiu que sua experiência tinha sido proposital e estruturada especificamente para ele. Ele sentiu que uma presença senciente, sem entrar nos pormenores, estava por trás do planejamento individual de sua experiência.

O livro de Ayer, *The Unintelligibility of Talking about Life after Death* [A ininteligibilidade de falar sobre a vida após a morte], de 1936, era agora para ele – após passar por uma EQM – ininteligível! Ele acreditava muito na vida após a vida. Agora ele precisava argumentar contra sua própria premissa inicial, e a linha de investigação que ele havia fechado se abriu mais uma vez.

Hoje em dia, as coisas são diferentes. Há uma percepção cada vez maior de que é sensato submeter a um estudo rigoroso até mesmo as coisas ininteligíveis que paralisam a mente. Novas técnicas foram desenvolvidas, mostrando que até mesmo a própria ininteligibilidade tem uma estrutura discernível, com muitos tipos e padrões diferentes, e não é mais um obstáculo na busca de provar a existência da vida após a morte.

Um novo dia está nascendo no importante estudo da vida após a morte. Isso nos leva a uma oitava razão que sustenta a existência de uma vida após a morte e reúne as outras sete razões, pois as muitas experiências humanas que pesquisamos podem ser consideradas provas legítimas de uma vida após a morte. Em outras palavras, é bastante natural prognosticar, com base no que aprendemos, que nosso eu consciente surgirá em outra estrutura de realidade quando morrermos. Portanto, com base na realidade de uma vida além da morte, o que devemos fazer ou pensar?

Vai contra a minha natureza aconselhar alguém. Além disso, não sou o melhor exemplo de como as pessoas devem gerir suas vidas pessoais. Porém, vou abrir uma exceção neste caso por causa do grande sofrimento, da grande dor e das muitas atribulações que muitos de nós estamos enfrentando.

Você pode ser uma das pessoas que estão de luto por causa da morte de um ente querido. Você pode ser uma das pessoas que foram diagnosticadas com uma doença incurável. Você pode ser uma das pessoas que estão envelhecendo e começou a se perguntar o que a vida significa, afinal de contas. Você pode ser uma das pessoas cujo prazer em viver está sendo muito restringido pelo medo constante e intrusivo da morte. Ou você pode ser uma das pessoas que são naturalmente curiosas – intensas e irresistivelmente curiosas – sobre tudo e qualquer coisa.

Se você se encaixa numa dessas descrições, então é bem provável que esteja se perguntando – e se preocupando – se existe mesmo uma vida após a morte. Se for esse o caso, posso te dar um conselho pessoal baseado em meus sessenta anos estudando com bastante interesse esse mistério: anime-se. Após décadas de investigação persistente, cética e rigorosa, confio na existência de uma vida após a morte. Portanto, na esperança de que você se sinta reconfortado, consolado e elucidado, te ofereço esse conselho e essas reflexões.

Sim, existe mesmo uma luz terna e reconfortante no fim do túnel.

Agradecimentos

Escrever é uma profissão solitária. No entanto, ironicamente, é preciso uma vila para concluir um livro, sobretudo um com o assustador título de *A prova da vida além da vida*.

Para começar, gostaríamos de agradecer às dezenas de pessoas que compartilharam suas experiências de morte conosco e com outros pesquisadores, algumas delas séculos atrás, na esperança de descobrir *o como, o quê* e *o porquê* de essas experiências paranormais acontecerem. Ao longo dos anos, conversamos com milhares de pessoas que quase morreram, mas voltaram para contar suas experiências incríveis, pessoas que compartilharam as experiências de morte de entes queridos ou até mesmo com pessoas que partilharam experiências de morte de quem não conheciam. É preciso muita coragem para contar esses relatos, mas sem eles o campo de estudos sobre a morte não existiria, nem haveria nenhuma informação para estudar os mistérios da morte. Em sua essência, o estudo da morte é o estudo de histórias. Sem o registro adequado desses eventos, estaríamos perdidos. Com eles, encontramos nosso caminho.

O estudo da consciência – sobretudo o da sobrevivência da consciência após a morte – é de interesse imensurável para médicos, cientistas, clérigos e filósofos que são atormentados pela antiga questão: o que acontece quando morremos? Pode parecer absurdo voltar no passado milhares de anos só para agradecer a Aristóteles, Platão e outras grandes mentes da Grécia antiga que estudaram esse tema, mas é justo que eles sejam incluídos em nossos agradecimentos. Eles formaram a base para as discussões sobre a possibilidade de uma vida após a morte que usamos até hoje. O mesmo vale para outros pesquisadores do passado, como Edmund Gurney, William Henry Frederic Myers e Frank Podmore, que dedicaram grande parte de suas vidas a encontrar e examinar as centenas de estudos de caso que compõem sua obra: *Phantasms of the Living* (volumes I e II). Esses livros estabeleceram o padrão de rigor e clareza de pensamento no universo dos estudos sobre a morte. O mesmo pode ser dito da obra de sir William Barrett, um físico de Dublin cujo livro *Death-bed Visions* é uma clássica obra desse campo e que levou seu autor a declarar publicamente que as evidências contidas nele comprovam a existência de um mundo espiritual e a sobrevivência após a morte.

Nos tempos atuais, as obras de muitos pesquisadores influenciam os estudos sobre a morte: o trabalho do médico Bruce Greyson, cujos estudos, de maneira geral, criaram um caminho a ser seguido por outros pesquisadores; o doutor Michael Nahm, que nomeou e definiu a lucidez terminal e foi pioneiro nos estudos sobre a morte das mais diversas maneiras; o médico Jeffrey Long e sua esposa, Jody Long, que fundaram a NDERF e figuram entre os melhores pensadores no campo dos estudos sobre a morte. O mesmo pode ser dito sobre o dr. Ken Ring, cujo trabalho e espírito pioneiros fizeram com que ele se tornasse um dos principais membros fundadores do movimento das EQM. O médico Melvin Morse estudou o poder de transformação das EQM em adultos e crianças, levando a uma melhor compreensão dos efeitos a longo prazo desta e de outras experiências de morte.

Os primeiros estudos feitos pelo médico Michael Sabom sobre as EQM levaram a um avanço no estudo da consciência. Ele não acreditava nas descrições "exageradas" de EQM apresentadas no livro *A vida depois da vida* e se propôs, junto com Sarah Kreutziger, assistente social e psiquiatra, a descobrir a verdade. Esse esforço resultou no livro *Recollections of Death* [Lembranças da morte], obra que deu respaldo ao trabalho de Raymond. Dr. Sabom, dr. Moody, dr. Greyson, John Audette e Ken Ring viriam a se tornar os fundadores da IANDS.

O médico Peter Fenwick, neuropsiquiatra e professor titular do King's College em Londres, na Inglaterra, é uma fonte de sabedoria e pesquisa, sobretudo no que diz respeito a EMC. O mesmo vale para a doutora Penny Sartori, cujo trabalho como enfermeira em uma unidade de terapia intensiva na Inglaterra lhe proporcionou encontros em primeira mão com centenas de casos de EQM, algumas das quais se trata de detalhadas experiências de morte compartilhada. O médico cardiologista holandês Pim van Lommel merece elogios por seu estudo abrangente que envolveu 344 sobreviventes de parada cardíaca e suas experiências de quase-morte, material esse que foi compilado em seu best-seller *Consciousness Beyond Life* [Consciência além da vida], um extenso estudo que confirmou grande parte das pesquisas sobre EQM existentes.

O falecido médico George Ritchie foi magnífico na vida de Raymond, um bom amigo e um excelente professor. Ele compartilhou sua EQM com Raymond – e o fazia com qualquer um que sentisse a necessidade de ouvi-la com todos os seus surpreendentes aspectos. O mesmo vale para o médico Eben Alexander, que se tornou um grande amigo de Raymond alguns anos antes da publicação de seu grande best-seller, *Proof of Heaven*. Ele é um homem generoso que compartilhou sua história com milhares de pessoas e, com sua esposa, Karen Newell, expandiu os horizontes do universo da saúde holística graças ao trabalho incessante no campo da acústica sagrada.

No aspecto pessoal, Raymond dedica este livro à sua esposa, Cheryl, cuja forte personalidade, senso de humor e perseverança são características essenciais em uma parceira quando se vive com um pesquisador vitalício. Raymond também dedica este livro aos seus quatro filhos: o mais velho, Avery, médico, e Samuel, professor de filosofia, são ambos motivo de muito orgulho. E Carter e Carol, os mais novos, enchem Raymond de alegria à medida que trilham seus caminhos na vida.

Paul dedica este livro à esposa, Darlene, que sempre o apoiou, ciente de seu processo de escrita e sempre o encorajando. Ela é, sem dúvidas, a pessoa mais excepcional da família.

Paul e Raymond trabalharam juntos por quase quarenta anos, colaboraram em seis livros e fizeram dois filmes. Durante esse tempo, Paul entrevistou centenas de pessoas que tiveram EQM, EMC e outras experiências de morte. É uma honra ter trabalhado tão de perto com Raymond, um professor, muso, guia e, o mais importante de tudo, um amigo.

Finalmente, à equipe da Beyond Words Publishing. Michele Ashtiani Cohn, diretora de criação, que, com seu marido, Richard Cohn, editor e presidente, viu algo de que gostou neste livro e o colocou sob seus cuidados. Graças a eles fomos apresentados a Bailey Potter, cujas mãos editaram de maneira magistral o manuscrito. Não se pode nunca subestimar o valor de uma boa editora, sobretudo quando ela consegue tornar um par de escritores melhores do que eles seriam sem ela. Emmalisa Sparrow Wood, editora de produção; Kristin Thiel, revisora-chefe; Ashley Van Winkle, revisora de textos; Brennah Hermo, marketing e publicidade; Bill Brunson, tipografia; e Devon Smith, designer da capa e do interior limpo e legível do livro. Todos eles são, como o nome da editora indica, sem palavras.

Questões para discussão

1. É possível se preparar para receber uma análise de vida positiva?

As análises da vida de alguém estão entre os aspectos mais instigantes presentes em uma EQM. A ideia de rever a própria vida em detalhes é difícil de engolir para alguns. Afinal, essas pessoas não analisam apenas a própria vida, também analisam a vida daqueles com quem interagiram, ou seja, sentem na pele como a outra pessoa se sentiu devido às suas ações. Isso pode ser ruim e angustiante se eles foram indelicados com o outro, ou muito bom se foram gentis e simpáticos. No caso de uma experiência de morte compartilhada, a ideia de um ente querido analisar sua vida nos mínimos detalhes é ainda mais difícil de imaginar.

Isso fez com que algumas pessoas transformassem a análise de vida em uma prática espiritual costumeira. Elas se esforçam para sempre ter em mente que um dia reverão tudo o que fizerem, de todas as perspectivas possíveis. Assim, elas pensam antes de reagir e se certificam de responder com gentileza à raiva de alguém. Preferem serem justas mesmo quando ninguém está olhando e seguem o conselho que a mãe de Thumper o faz declarar após ele dizer coisas desagradáveis sobre Bambi: "Se você não tem nada de bom para dizer, então é melhor não dizer nada".[1]

Quando estudei filosofia grega, descobri um grupo de filósofos que analisava o dia anterior em detalhes, dentro de suas mentes, antes de levantarem da cama. O cerne do grupo ao qual pertenciam girava em torno da reencarnação, então fazer isso fortalecia suas memórias. Dessa forma, pensavam que estariam mais bem preparados para escolher a próxima vida depois de morrerem.[2] Reencarnação à parte, já fiz esses exercícios de fortalecimento várias vezes ao longo da minha vida, praticando-os com regularidade por alguns meses. Posso atestar que esses exercícios foram eficazes em me manter alerta sobre como minhas palavras e ações influenciavam os outros.

Tenha em mente que o progresso pode ser lento e que os benefícios serão notados a longo prazo. O mais importante é relaxar e aceitar que você é um ser humano. Amar a si mesmo é, afinal, parte do que você está buscando.

2. Como o conhecimento geral sobre experiências de morte compartilhada pode afetar nossa sociedade como um todo?

Alguns especulam que, se todos soubessem a respeito das experiências de morte compartilhada e suas implicações na vida após a morte, isso transformaria – espiritualmente – o mundo inteiro. O amor e a bondade se espalhariam como uma pandemia de paz. Parece algo maravilhoso, mas duvido que os efeitos seriam assim tão dramáticos. Por que eu acho isso? Porque deveríamos ser gentis, simpáticos e felizes apenas por estarmos vivos, mesmo que não haja provas de uma vida após a morte. Em vez disso, há cada vez menos gratidão no mundo, com mais e mais pessoas demonstrando raiva e infelicidade com tudo ao seu redor. O fato de não haver provas de uma vida após a morte deveria ser motivo para aproveitar a vida, não para sermos menos felizes.

Em resumo, estou dizendo que é da natureza humana gostar de conflitos, consigo mesmo e com os outros. O que é necessário não é uma prova de que exista vida após a morte, mas sim uma mudança na natureza humana para que o mundo se transforme.

Além disso, na verdade, para a maioria de nós já é difícil imaginar a própria morte, quanto mais imaginar uma vida após ela. Parafraseando

Sigmund Freud, a maioria de nós acha que será um mero espectador da própria morte e assistirá à passagem de outro alguém enquanto seguimos pela nossa eternidade.

3. Por que algumas pessoas têm experiências de morte compartilhada e outras não?

Não tenho a menor ideia. Sei que cerca de 10% a 20% das pessoas que se recuperam de uma parada cardíaca (o padrão de excelência de uma experiência de quase-morte) relatam terem tido uma EQM,[3] o que deixa aberta a possibilidade de existirem muitas outras experiências que não são relatadas. Talvez a subnotificação também seja um problema em se tratando de EMC.

Parte do desafio é que, embora saibamos por que as EQM ocorrem, ou seja, uma ressuscitação, não sabemos por que as EMC ocorrem. Estar perto de alguém que está fisicamente morrendo é, claro, um dos motivos. Mas isso nem sempre é necessário, como mostram as pessoas que têm experiências precognitivas, em que a EMC pode envolver alguém que esteja morrendo de maneira inesperada muito longe dali.

Não existe um estudo sobre a frequência com que as EMC ocorrem. Sei, por meio de conversas com colegas e pacientes, que existem muito mais EMC do que eu poderia esperar. Se eu perguntar aos participantes de uma conferência quantos deles já tiveram – ou se conhecem amigos ou familiares que já tiveram – uma EMC, uma porcentagem muito alta de mãos se levantará.

Assim como acontece com as EQM, descobrir que existe um nome e uma definição para esses episódios ajuda as pessoas a compreender melhor o que as leva a ter essa experiência incrível.

4. Qual é a importância médica das experiências de morte compartilhada?

Pouquíssimos médicos são capazes de responder a perguntas sobre experiências de quase-morte e experiências de morte compartilhada. Não porque não estejam interessados, mas porque o treinamento pelo qual passam não inclui lidar com questões místicas, como as que envolvem a vida após a morte. Por causa disso, e sem nenhuma nota de cinismo, é verdade afirmar que os médicos consideram as perguntas envolvendo a vida após a morte irrelevantes para o papel clínico que desempenham.

Por que os médicos precisariam saber sobre EMC? Pelo menos por duas razões clínicas:

    a. As EMC podem ser perturbadoras, tanto mental quanto fisicamente, para o paciente. Uma pessoa que passou por uma EMC precisa, pelo menos, poder conversar com um especialista sobre o que aconteceu, nem que seja apenas para desabafar e tirar um peso do peito. Um médico deve ser capaz de cumprir essa função, mesmo que minimamente.

    b. Um médico – qualquer médico – precisa ser capaz de assegurar àqueles que compartilharam suas experiências de morte que eles não estão sozinhos. O fato de um paciente saber que o que ele vivenciou também acontece com outras pessoas é um grande alívio.

5. Se os médicos não estão preparados para falar sobre experiências de morte compartilhada, então quem está?

A pessoa com quem você deve conversar dependerá das suas necessidades. Se estiver em busca de ajuda para lidar com o luto e desejar uma abordagem cognitiva para enfrentar a morte de um ente querido, recomendo fortemente consultar um psicólogo. Certifique-se de que o profissional seja treinado em terapia do luto e esteja disposto e apto a tratar das suas preocupações, mesmo que elas tenham um viés metafísico.

Se quiser se aprofundar no tema de forma mais ampla, uma boa conversa com uma pessoa treinada em exploração racional, como um estudante de filosofia, seria útil para te ajudar a enfrentar os mistérios da vida após a morte de forma racional. Alguns filósofos têm muito interesse em questões que envolvem a vida após a morte e estão dispostos a conversar sobre histórias assim, que remontam aos gregos antigos, como Platão e Pitágoras. É um curso de estudo empolgante que se aprofunda em uma das perguntas mais feitas pela humanidade: o que acontece quando morremos?

6. **Para onde vamos daqui? Como será o futuro das pesquisas sobre experiências de morte compartilhada e vida após a morte?**

Acho que o futuro da pesquisa sobre a vida após a morte passa por remodelar nossas mentes de modo que interajam com experiências de morte compartilhada de uma nova maneira. Ao prepará-las com antecedência através do estudo, podemos explicar de forma mais clara e inteligível as experiências de quase-morte e as experiências de morte compartilhada para os outros. Fazer essa preparação acarretará num verdadeiro avanço na investigação racional da vida após a morte.

Isso pode soar extraordinário e incrível, eu sei. No entanto, me baseio em sessenta anos de pesquisa sobre EQM e EMC e tenho muita confiança de que posso amparar minha afirmação, ou seja, que o conhecimento é a chave para os avanços filosóficos, com êxito.

7. **Que conselho você daria para as pessoas que têm medo da morte?**

De modo geral, todos nós temos medo da morte. Portanto, não acho que seja realista dizer para alguém que não tenha esse medo. Em vez disso, eu digo para estudarem a literatura médica que mostra existir uma sobrevivência à morte corporal. Converse com pessoas que tiveram experiências de quase-morte ou experiências de morte compartilhada. Elas estão próximas a você em todos os lugares. Como encontrá-las? Descubra uma maneira de trazer o assunto das EQM ou EMC à tona. Você ficará surpreso e feliz por ter feito isso. Muitas vezes, o medo se trata apenas de falta de conhecimento. Portanto, sim, aprenda com o estudo desses fenômenos através de livros e conversas. Não tenha medo da educação. No fim, ela é sua amiga.

> Você já teve uma experiência de quase-morte, uma experiência de morte compartilhada ou alguma experiência similar que gostaria de compartilhar? Você tem perguntas sobre a vida após a morte? Entre em contato conosco acessando **proofoflifeafterlife.com** e preenchendo o formulário.

Como construir o próprio psicomanteum?

Após aprender sobre esse procedimento, muitas pessoas querem experimentá-lo por si próprias. Se você se enquadra nessa categoria, estas são as instruções básicas para evocar os espíritos dos falecidos através da observação de espelhos. A primeira coisa a ter em mente é que não existe uma fórmula exata, mas vivenciar um estado de espírito relaxado facilita esse tipo de experiência.

Você precisará preparar um espaço para se encontrar com os espíritos dos falecidos. Escolha um cômodo que você consiga escurecer fechando a porta, baixando as persianas ou fechando as cortinas. O closet é uma boa opção. Coloque um espelho alto o suficiente na parede para que você não consiga ver seu reflexo enquanto estiver sentado em uma confortável cadeira a cerca de um metro da parede. Uma cadeira reclinável seria melhor, já que permitiria você relaxar o corpo de uma maneira confortável.

O espelho precisa ser grande o suficiente de modo que ocupe a maior parte do seu campo visual. De novo, não se prenda às dimensões exatas do espelho. O que eu usei tinha mais ou menos um metro e meio por um metro e meio, mas espelhos menores também servem. Coloque uma lâmpada pequena, de cerca de vinte watts, atrás de sua cadeira, de modo que a luz chegue em todo o cômodo e ilumine o espelho.

O ideal é excluir o máximo de reflexos que você puder, mas excluir todos é praticamente impossível. É uma questão de tentativa e erro até você encontrar uma disposição que pareça confortável.

No início, quando você começar a observação de espelho, é melhor não ter nada específico programado. Apenas observe o espelho e relaxe. Abra sua mente livre e veja o que acontece. No começo, a maioria vê névoa e nuvens, que depois podem vir a se transformar em visões de fato. Muitos dizem que a primeira coisa que veem são paisagens, montanhas ou lagos de florestas. Ou ainda pessoas interagindo em ambientes complexos, como dentro de um prédio ou em um cenário urbano. Às vezes, os observadores de espelhos têm ideias criativas. Ao longo dos anos, muitos artistas me contaram que usavam a observação de espelhos para explorar sua criatividade e forjar novas ideias para quadros ou escrever histórias.

Depois de se familiarizar com observar o espelho sem um objetivo específico, você pode passar para o próximo passo, o de evocar o falecido. Escolha uma pessoa que já morreu e que você gostaria de ver mais uma vez. De preferência, peça a um amigo ou parente de sua confiança que te ajude nessa jornada. O assistente deverá fazer perguntas sobre o ente querido perdido, sobretudo perguntas que você talvez não teria pensado por conta própria. A ideia de ter um amigo fazendo perguntas é que ele possa ajudar o processo de pensar e sentir ser iniciado.

Não há um limite de tempo específico nesse processo. O objetivo é continuar a conversa com o assistente até que o ente querido falecido esteja vivo em sua mente. Depois disso, sente-se na cadeira diante do espelho e olhe para ele como se estivesse olhando para a mais infinita imensidão.

A magia dessa experiência não vem do espelho, mas da sua mente. Relaxe, acomode-se e mergulhe na sensação que você tem quando está prestes a dormir, um estado conhecido como hipnagógico. Não se pressione por causa do tempo. Tire o relógio e silencie o celular, coloque-os fora de seu alcance antes de começar a observar. Deixe que o processo se desenrole em seu próprio ritmo.

Recomendo anotar suas impressões após cada sessão em um caderno. Com o tempo, à medida que compreender melhor o processo, você alcançará o estado visionário de forma mais rápida e eficaz.

Notas

Introdução: Para além das experiências de quase-morte

1. Raymond Moody, *Life After Life* (St. Simons Island, GA: Mockingbird Books, 1975).
2. William James, *The Varieties of Religious Experience* (Cambridge, MA: The Riverside Press, 1902), 226.
3. Uma versão de "Uma EMC pessoal minha" foi publicada pelo médico Raymond Moody e Paul Perry em *Glimpses of Eternity: Sharing a Loved One's Passage from This Life to the Next* (Nova York: Guideposts, 2010), 48-50.
4. C. S. Lewis, *Mere Christianity* (New York: Macmillan, 1952), 39.

Capítulo 1: Experiências de morte compartilhada (EMC)

1. Gregory Vlastos, *Studies in Greek Philosophy*, vol. 2 (Princeton, NJ: Princeton University Press, 1995), 8.
2. Platão, "Phaedo," in *The Collected Dialogues of Plato*, eds. Edith Hamilton e Huntington Cairns (Princeton, NJ: Princeton University Press, 1961), 68.
3. Platão, *Phaedo*, trad. Edward Meredith Cope (Cambridge: The University Press, 1875), 20.
4. Platão, "Apology," in *The Dialogues of Plato*, trad. Benjamin Jowett (Oxford, UK: Oxford University Press, 1924), 133-34.
5. Louisa May Alcott, Her *Life, Letters, and Journals*, ed. Ednah Dow Littlehale Cheney (Boston: Little, Brown, and Company, 1919), 97-98.

6. Diane Goble, "EQM de Diane G", Fundação para Pesquisa de Experiências de Quase-Morte, acessado em 4 de janeiro de 2023, https://www.nderf.org/Experiences /1diane_g_nde.html.
7. Entrevista de Raymond Moody com uma pessoa que passou por uma EMC, 2019.
8. Erlendur Haraldsson (psicólogo islandês e autor de *I Saw a Light and Came Here*) em comunicação pessoal com Paul Perry, março de 1990, 1995, 2000.
9. Melvin Morse e Paul Perry, *Transformed by the Light: The Powerful Effect of Near-Death Experiences on People's Lives* (New York: Villard Books, 1992), 58-60.
10. Melvin Morse (pesquisador da vida após a morte e autor de *Closer to the Light*, com Paul Perry), em debate com Raymond Moody e Paul Perry em uma conferência em Seattle, Washington, 1989.
11. C. G. Jung, *Jung on Death and Immortality*, ed. Jenny Yates (Princeton, NJ: Princeton University Press, 1999), 156.
12. Doutor Alexander Batthyany (diretor do Instituto Viktor Frankl), durante um debate com Paul Perry, 2020.
13. D. Scott Rogo, *A Psychic Study of "the Music of the Spheres"* (Ann Arbor, MI: University of Michigan, 1972), 64-66.
14. Michael Nahm, "Terminal Lucidity in People with Mental Illness and Other Mental Disability: An Overview and Implications for Possible Explanatory Models," *Journal of Near-Death Studies* 28, n. 2 (2009): 90, acessado em 7 de fevereiro de 2023, https://digital.library.unt.edu/ark:/67531/metadc461761/.
15. Entrevista de Raymond Moody com um cliente do psicomanteum, 1991.
16. Joan Rivers (comediante, atriz e produtora) em um debate com Raymond Moody, 1992.
17. Programa de Oprah Winfrey, 8ª temporada, episódio 208, "Comunicando-se com os mortos," veiculado em 18 de outubro de 1993.

Capítulo 2: Motivo 1: Experiências extracorpóreas (EE)
1. Queen Noor, *Leap of Faith: Memoirs of an Unexpected Life* (New York: Miramax Books, 2003), 236.
2. Noor, *Leap of Faith*, 236.
3. Uma pessoa que passou por uma EQM, em um debate com Paul Perry em uma conferência em Santa Barbara, California, 2018.
4. Entrevista de Raymond Moody com um cirurgião em uma conferência em Milão, Itália, 2010.

5. Melvin Morse (pesquisador da vida após a morte e autor de *Closer to the Light*, com Paul Perry), em um debate com Raymond Moody e Paul Perry, por volta de 1993.
6. Entrevista de Raymond Moody com Viola Horton, sua família e um médico, 1975; O estudo de caso foi incluído no documentário *Life After Life*, de Peter Shockey (diretor), estrelado por Raymond Moody, 1992; relato de Viola Horton apresentado por Raymond Moody e pelo *The Learning Channel* em "Dr. Morse apresenta: experiência de quase-morte com muitos eventos verificados provando que foram reais", Melvin Morse, 28 de fevereiro de 2011, https://www.youtube.com/watch?v=MFCnPOTCYJE
7. Uma versão dessa história foi publicada em Raymond Moody, MD, com Paul Perry, *Glimpses of Eternity: Sharing a Loved One's Passage from This Life to the Next* (Nova York: Guideposts, 2010), 90-91.
8. Entrevista de Raymond Moody com um médico, por volta de 1989.
9. Eventos provenientes das discussões e correspondências de Raymond Moody com Michael Sabom e Sarah Kreutziger, por volta de 1977.
10. Michael B. Sabom, *Recollections of Death: A Medical Investigation* (New York: HarperCollins, 1982).
11. Sabom, *Recollections of Death*, 36.
12. Sabom, *Recollections of Death*, 106.
13. Sabom, *Recollections of Death*, 30–31.
14. Sabom, *Recollections of Death*, 26.
15. Sabom, *Recollections of Death*, 36.
16. Sabom, *Recollections of Death*, 84.
17. Penny Sartori, "A Long-Term Study to Investigate the Incidence and Phenomenology of Near-Death Experiences in a Welsh Intensive Therapy Unit," *Network Review: Journal of the Scientific and Medical Network*, n. 90 (2006), republicado no site da International Association for Near-Death Studies, https://iands.org/research/nde-research/important-research-articles/80-penny-sartori-phd-prospective-study.html?start=1.
18. Sartori, Long-Term Study.
19. Janice M. Holden, "More Things in Heaven and Earth: A Response to 'Near-Death Experiences with Hallucinatory Features'", *Journal of Near-Death Studies* 26, n. 1 (2007): 40, https://digital.library.unt.edu/ark:/67531/metadc799193/m2/1/high_res_d/vol26-no1-33.pdf.
20. Holden, "More Things," 40.

21. Holden, "More Things," 40.
22. Holden, "More Things," 40.
23. Jeffrey Long, "Near-Death Experiences Evidence for Their Reality," *Journal of the Missouri State Medical Association* 111, n. 5 (setembro-outubro 2014): 372–80, https://www.ncbi.nlm.nih.gov/pmc/articles/PMC6172100/.
24. Long, "Near-Death Experiences," 374.
25. Long, "Near-Death Experiences," 374.
26. Long, "Near-Death Experiences," 374.
27. Long, "Near-Death Experiences," 374.
28. Long, "Near-Death Experiences," 374.
29. Jeffrey Long, "Evidence for Survival of Consciousness in Near-Death Experiences: Decades of Science and New Insights," 21 de julho de 2021, https://theformulaforcreatingheavenonearth.com/wp-content/uploads/2022/04/05-RU-Jeffrey-Long.pdf.
30. Long, "Evidence for Survival of Consciousness," 10–11; EQM de Kate L, Fundação para a Pesquisa de Experiências de Quase-Morte, https://www.nderf.org/Experiences/1kate_l_nde.html.
31. Long, "Evidence for Survival of Consciousness," 11.
32. Entrevista de Paul Perry com Jeffrey Long, por volta de 2010-2012.
33. Entrevista de Perry com Jeffrey Long.
34. Entrevista de Perry com Jeffrey Long.
35. Jeffrey Long com Paul Perry, *God and the Afterlife: The Groundbreaking New Evidence for God and Near-Death Experience* (New York: HarperOne, 2016).
36. Entrevista de Perry com Jeffrey Long.
37. Entrevista de Perry com Jeffrey Long.
38. Long, "Evidence for Survival of Consciousness," 11.
39. Long, "Evidence for Survival of Consciousness," 11.
40. Long, "Evidence for Survival of Consciousness," 12.
41. Long, "Evidence for Survival of Consciousness," 12.
42. Entrevista de Perry com Jeffrey Long.
43. Entrevista de Perry com Jeffrey Long.
44. Charlotte Marial *et al.*, "Temporality of Features in Near-Death Experience Narratives," *Frontiers in Human Neuroscience* 11 (2017): 4, https://www.frontiersin.org/articles/10.3389/fnhum.2017.00311/full.

45. "Key Facts about Near-Death Experiences," site da Associação Internacional para Estudos de Quase-Morte, atualizado pela última vez em 18 de julho de 2021, https://iands.org/ndes/about-ndes/key-nde-facts21.html?start=1.
46. George Ritchie (psiquiatra americano e autor de *Ordered to Return: My Life After Dying*), em debates com Raymond Moody ao longo de quase trinta anos de amizade.
47. George Ritchie, debates.
48. "Wilder Penfield (1891-1976)," site da Universidade McGill, acessado em 8 de fevereiro de 2023, https://www.mcgill.ca/about/history/penfield.
49. Laura Mazzola, Jean Isnard, Roland Peyron, e Francois Mauguiere, "Stimulation of the Human Cortex and the Experience of Pain: Wilder Penfield's Observations Revisited," *Brain* 135, n. 2 (fevereiro de 2012): 631–40, https://doi.org/10.1093/brain/awr265.
50. Richard Leblanc, "The White Paper: Wilder Penfield, Stream of Consciousness, and the Physiology of Mind," *Journal of the History of the Neurosciences* 28, n. 4 (2019): 416–36, https://doi.org/10.1080/0964704X.2019.1651135.
51. Wilder Penfield, *The Mystery of the Mind* (Princeton, NJ: Princeton University Press, 1975), 85–87.
52. Penfield, *The Mystery of the Mind*, 115.

Capítulo 3: Motivo 2: Experiências precognitivas (EP)

1. Sir William Barrett, *Death-Bed Visions: The Psychical Experiences of the Dying* (Detroit: Aquarian Press, 1986), 162.
2. Entrevista de Raymond Moody com uma pessoa que passou por uma EMC, 7 de janeiro de 2023.
3. Edmund Gurney, Frederic Myers e Frank Podmore, *Phantasms of the Living*, vol. 2 (London: Rooms of the Society for Psychical Research, 1886), 182; uma versão dessa história foi publicada em Moody com Perry, *Glimpses of Eternity*, 109–110.
4. Gurney, Myers e Podmore, *Phantasms of the Living*.
5. Gurney, Myers e Podmore, *Phantasms of the Living*.
6. Gurney, Myers e Podmore, *Phantasms of the Living*.
7. Sir William Barrett, *Death-Bed Visions: How the Dead Talk to the Dying* (United Kingdom: White Crow Books, 2011), 59.
8. Entrevista de Raymond Moody com uma pessoa que passou por uma EMC, 2009; uma versão dessa história foi publicada em Moody com Perry, *Glimpses of Eternity*, 144.
9. Entrevista de Raymond Moody com uma pessoa que passou por uma EMC, 2005.

10. Gurney, Myers e Podmore, *Phantasms*, vol. 2, 235.
11. Entrevista de Perry com uma pessoa que passou por uma EMC, 15 de janeiro de 2023.
12. Uma versão dessa história foi publicada em Moody com Perry, *Glimpses of Eternity*, 59-62; uma versão dessa história também foi publicada no livro do médico Melvin Morse e de Paul Perry, *Parting Visions* (New York: HarperPaperbacks), 19-21.
13. Morse e Perry, *Parting Visions*, 45.
14. Morse e Perry, *Parting Visions*, 45.
15. Morse e Perry, *Parting Visions*, 46-48.
16. University of Missouri-Columbia, "People Who Rely on Their Intuition Are, at Times, Less Likely to Cheat," *ScienceDaily*, 24 de novembro de 2015, https://www.sciencedaily.com/releases/2015/11/151124143502.htm.
17. C. G. Jung, *Jung on Synchronicity and the Paranormal* (Princeton, NJ: Princeton University Press, 1997), 58-59.
18. Erlendur Haraldsson et al., "Psychic Experiences in the Multinational Human Value Study: Who Reports Them?," *Journal of the American Society for Psychical Research* 85 (abril de 1991): 150.
19. Erlendur Haraldsson, "Survey of Claimed Encounters with the Dead," *Omega* 19, n. 2 (1988-1989): 105, efaidnbmnnnibpcajpcglclefindmkaj/https://notendur.hi.is/erlendur/english/Apparitions/omega.pdf.
20. Haraldsson, "Survey of Claimed Encounters with the Dead," 3, 110.
21. Haraldsson, "Survey of Claimed Encounters with the Dead," 106.
22. Haraldsson, "Survey of Claimed Encounters with the Dead," 1, 106-107.
23. Haraldsson, "Survey of Claimed Encounters with the Dead," 2, 109.
24. Erlendur Haraldsson (professor de psicologia na Universidade da Islândia), em debates e correspondências com Paul Perry, por volta de 1988.
25. Haraldsson, "Survey of Claimed Encounters with the Dead," 104.
26. Haraldsson, "Survey of Claimed Encounters with the Dead," 2, 109-110.
27. Haraldsson, discussão e correspondência com Perry, por volta de 1988.
28. Haraldsson, discussão e correspondência com Perry, por volta de 1988.
29. Haraldsson, "Survey of Claimed Encounters with the Dead," 111.
30. Erlendur Haraldsson, em debates e correspondências com Perry, por volta de 1988.
31. Erlendur Haraldsson, em debates e correspondências com Perry, por volta de 1988.
32. Erlendur Haraldsson, em debates e correspondências com Perry, por volta de 1988.
33. Stephen Hawking, *A Brief History of Time* (New York: Bantom, 1998), 1.

Capítulo 4: Motivo 3: A luz transformadora

1. Charles Dickens, *A Christmas Carol* (Orinda, CA: SeaWolf Press, 2019), 17-18.
2. Dickens, *A Christmas Carol*, 2.
3. Charles Flynn, "Meanings and Implications of NDEr Transformations: Some Preliminary Findings and Implications," *Journal of Near-Death Studies* 2, n. 1 (junho de 1982): 3, https://digital.library.unt.edu/ark:/67531/metadc1051956/.
4. Melvin Morse e Paul Perry, *Transformed by the Light: The Powerful Effect of Near-Death Experiences on People's Lives* (New York: Villard Books, 1992), 29.
5. Morse e Perry, *Transformed by the Light*, 58-60.
6. Entrevista de Raymond Moody com uma pessoa que passou por uma EMC, por volta de 1992.
7. Entrevista de Moody com uma pessoa que passou por uma EMC, por volta de 1991.
8. Entrevista de Moody com uma pessoa que passou por uma EQM, 2021.
9. Entrevista de Moody com uma pessoa que passou por uma EQM, 1991.
10. Entrevista de Moody com uma pessoa que passou por uma EQM, 2010.
11. Entrevista de Moody com uma pessoa que passou por uma EQM, 1991.
12. Entrevista de Moody com uma pessoa que passou por uma EQM, 2009.
13. Michael Eden, "Brain Surgery Left Me with Special Gift, Says Herefordshire Modeller," *Hereford Times*, outubro de 22, 2022, https://www.herefordtimes.com/news/23068056.brain-injury-made-ace-modeller-says-herefordshire-man/.
14. Entrevista de Moody com uma pessoa que passou por uma EQM, 2010.
15. Entrevista de Moody com uma pessoa que passou por uma EQM, por volta de 1991.
16. Platão, *The Republic*, trad. Desmond Lee (London: Penguin Classics, 2007).
17. Entrevista de Moody com uma pessoa que passou por uma EQM, por volta de 1992.
18. Diretrizes para "Como apoiar uma pessoa que passou por uma EQM" reunidas durante uma conferência sobre a vida após a morte em Seattle, mediada por Raymond Moody, com um painel de pesquisadores, incluindo Melvin Morse e Paul Perry, por volta de 1990.
19. Uma versão dessa história foi publicada no livro de Morse e Perry, *Transformed by the Light*, 74.
20. Melvin Morse e Paul Perry, *Closer to the Light: Learning from the Near-Death Experiences of Children* (New York City, NY: Villard Books 1990), 152.
21. Morse e Perry, *Closer to the Light*, 151-53.
22. Morse e Perry, *Closer to the Light*, 153.

23. Dickens, *A Christmas Carol*, 94.
24. Platão, *The Republic*, 329a–331c.

Capítulo 5: Motivo 4: Lucidez terminal (LT)

1. Michael Nahm e Bruce Greyson, "The Death of Anna Katharina Ehmer: A Case Study in Terminal Lucidity," *Omega* 68, n. 1 (2013-2014): 81-82, https://www.researchgate.net/publication/260250637_The_Death_of_Anna_Katharina_Ehmer_A_Case_Study_in_Terminal_Lucidity.
2. Nahm e Greyson, "The Death of Anna Katharina Ehmer," 82.
3. Nahm e Greyson, "The Death of Anna Katharina Ehmer," 82-83.
4. Nahm e Greyson, "The Death of Anna Katharina Ehmer," 83.
5. Nahm e Greyson, "The Death of Anna Katharina Ehmer," 84.
6. Nahm e Greyson, "The Death of Anna Katharina Ehmer," 82.
7. Nahm e Greyson, "The Death of Anna Katharina Ehmer," 83.
8. A. D. (Sandy) Macleod, "Lightening Up Before Death," *Palliative & Supportive Care* 7, n. 4 (2009): 513-516, https://doi.org/10.1017/S1478951509990526.
9. Doutor Alexander Batthyány (diretor do Instituto de Pesquisa para Psicologia Teórica e Estudos Personalistas da Universidade Pázmány, Budapeste), em debate com Paul Perry, 2021.
10. Michael Nahm (pesquisador da vida após a morte, biólogo e parapsicólogo), em debate com Paul Perry, 2021.
11. Michael Nahm, "Terminal Lucidity in People with Mental Illness and Other Mental Disability: An Overview and Implications for Possible Explanatory Models," *Journal of Near-Death Studies* 28, n. 2 (2009): 89, acessado em 7 de fevereiro de 2023, https://digital.library.unt.edu/ark:/67531/metadc461761/.
12. Nahm em debate com Paul Perry, 2021; Michael Nahm, "Terminal Lucidity Versus Paradoxical Lucidity: A Terminological Clarification," *Alzheimer's & Dementia* 18, n. 3 (março de 2022): 538-39, https://doi.org/10.1002/alz.12574.
13. Nahm, "Terminal Lucidity in People with Mental Illness."
14. Basil Eldadah, "Exploring the Unexpected: What Can We Learn from Lucidity in Dementia?," National Institute on Aging, 11 set. 2019, https://www.nia.nih.gov/research/blog/2019/09/exploring-unexpected-what-can-we-learn-lucidity-dementia.
15. René Descartes, *Discourse on Method and Meditations*, trad. Elizabeth Sanderson Haldane, G. R. T. Ross (New York: Dover Publications, 2003), 23.

16. Scott Haig, MD, "The Brain: The Power of Hope," *Time*, 29 de janeiro de 2007, http://content.time.com/time/magazine/article/0,9171,1580392-1,00.html.
17. Jewel Perry (pai de Paul Perry e veterano da Segunda Guerra Mundial WWII), em debate com Paul Perry, 1995.
18. Nahm em debate com Perry, 2020.
19. James Fieser, "Continental Rationalism," University of Tennessee at Martin, revisado em 1º de junho de 2020, https://www.utm.edu/staff/jfieser/class/110/7-rationalism.htm, from Samuel Enoch Stumpf and James Fieser, *Philosophy: A Historical Survey with Essential Reading*s, 10. ed. (New York: McGraw Hill, 2019).
20. Michael Nahm, entrevistado por Zaron Burnett III, "Terminal Lucidity: The Researchers Attempting to Prove Your Mind Lives on Even after You Die," *Mel Magazine*, 26 de setembro de 2018, https://medium.com/mel-magazine/terminal-lucidity-the-researchers-attempting-to-prove-that-your-mind-lives-on-even-after-you-die-385ac1f93dca.
21. Basil A. Eldadah *et al.*, "Lucidity in Dementia: A Perspective from the NIA," *Alzheimer's & Dementia* 15 (2019): 1104–1106, https://www.sciencedirect.com/science/article/pii/S1552526019340804.
22. Nahm, "Terminal Lucidity in People with Mental Illness," 91.
23. Nahm, "Terminal Lucidity in People with Mental Illness," 90.
24. Nahm, "Terminal Lucidity in People with Mental Illness," 91.
25. Alexandre Jacques François Brierre de Boismont, *Hallucinations, or, The Rational History of Apparitions, Visions, Dreams, Ecstasy, Magnetism, and Somnambulism* (Philadelphia: Lindsay and Blakiston, 1853), 243.
26. Benjamin Rush, *Medial Inquiries and Observations, Upon the Diseases of the Mind* (Philadelphia: Kimber & Richardson, 1812), 257.
27. Andrew Marshal e Solomon Sawrey, *The Morbid Anatomy of the Brain in Mania and Hydrophobia: With the Pathology of These Two Diseases as Collected from the Papers of the Late Andrew Marshal* (London: Longman, Hurst, Rees, Orme & Brown, 1815), 150-51.
28. Aristóteles, *De Anima*, trad. R. D. Hicks (New York: Cosimo Classics, 2008) 73.
29. Libre Texts, "Chapter 12: Peripheral Nervous System—12.1A: Overview of Sensation," in *Anatomy and Physiology (Boundless)*, 362-63, 17 jan. 2023, https://med.libretexts.org/Bookshelve/Anatomys_and_Physiology/Anatomy_and_Physiology_(Boundless)/12%3A_Peripheral_Nervous_System/12.1%3A_Sensation/12.1A%3A_Overview_of_Sensation.pdf.

30. Wilder Penfield, *The Mystery of the Mind* (Princeton, NJ: Princeton University Press, 1975), 88.
31. Entrevista de Paul Perry com uma pessoa que passou por uma EMC, novembro de 2022.
32. Entrevista de Raymond Moody com uma pessoa que passou por uma EMC, Afterlife Awareness Conference, Portland, OR, junho de 2014.
33. Peter Fenwick e Elizabeth Fenwick, *The Art of Dying: A Journey to Elsewhere* (London: Continuum, 2008), 91.
34. Peter Fenwick, "Dying: A Spiritual Experience as Shown by Near-Death Experiences and Deathbed Visions," arquivo de publicações da Faculdade Real de Psiquiatria, https://www.rcpsych.ac.uk/docs/default-source/members/sigs/spirituality-spsig/spirituality-special-interest-group-publications-pfenwickneardeath.pdf.
35. "Julie P.'s NELE," After Death Communication Research Foundation (ADCRF) [Fundação para a pesquisa da comunicação após a morte], acessado em 8 de fevereiro de 2023, https://www.adcrf.org/julie_p_nele.htm.
36. "Julie P.'s NELE," After Death Communication Research Foundation [Fundação para a pesquisa da comunicação após a morte].
37. "Julie P.'s NELE," After Death Communication Research Foundation [Fundação para a pesquisa da comunicação após a morte].
38. J. C Eccles, *Facing Reality: Philosophical Adventures by a Brain Scientist* (New York: Springer-Verlag, 1970), 56.
39. Judith Matloff, "The Mystery of End-of-Life Rallies," *New York Times*, 24 jul. 2018, https://www.nytimes.com/2018/07/24/well/the-mystery-of-end-of-life-rallies.html.
40. Natasha A. Tassell-Matamua, PhD e Kate Steadman, "Of Love and Light: A Case Report of End-of-Life Experiences," *Journal of Near-Death Studies* 34, n. 1 (2015), 12, https://doi.org/10.17514/jnds-2015-34-1-p5-26.
41. Tassell-Matamua e Steadman, "Of Love and Light," 13.
42. Tassell-Matamua e Steadman, "Of Love and Light," 15–16.
43. Karlis Osis e Erlendur Haraldsson, *At the Hour of Death* (New York: Hastings House, 1995).
44. Osis e Haraldsson, *At the Hour of Death*, 40.
45. John H. Lienhard, *Engines of Our Ingenuity*, episode 2077, "Last Words," University of Houston's College of Engineering, KUHO, Houston Public Radio, n.d., mp3, https://www.uh.edu/engines/epi2077.htm.
46. Francis Crick, *The Astonishing Hypothesis: The Scientific Search for the Soul* (New York: Touchstone, Simon and Schuster, July 1995), 3.

Capítulo 6: Motivo 5: Musas, curas e habilidades espontâneas
1. Lawrence G. Appelbaum et al., "Synaptic Plasticity and Mental Health: Methods, Challengese and Opportunities," *Neuropsychopharmacology* 48, n. 1 (janeiro de 2023): 113-120, https://www.ncbi.nlm.nih.gov/pmc/articles/PMC9700665/.
2. Frederick Ayer, Jr., *Before the Colors Fade: A Portrait of a Soldier: George S. Patton, Jr* (New York: Houghton Mifflin, 1964), 98.
3. Ayer, Jr., *Before the Colors Fade*, 97-98.
4. Rajiv Parti, médico (curandeiro baseado na consciência, especialista em controle da dor, anestesista cardíaco), em debate com Raymond Moody, 9 de janeiro de 2014.
5. Dr. Rajiv Parti e Paul Perry, *Dying to Wake Up* (New York: Atria, 2017), 30.
6. Parti, *Dying to Wake Up*, 55.
7. Parti, *Dying to Wake Up*, xiii.
8. Parti, *Dying to Wake Up*, xiv.
9. Parti, *Dying to Wake Up*, 58.
10. Parti, *Dying to Wake Up*, 63.
11. Parti, *Dying to Wake Up*, 163-64.
12. Frank Herbert, *Dune* (New York: Berkley Medallion Books, 1977), 31.
13. "Sanna F SDE," site da Fundação para pesquisa de experiências de quase-morte, 5117 EMC de Sanna F 9509, acessada em 9 de fevereiro de 2023, https://www.nderf.org/Experiences/1sanna_f_sde.html.
14. "EMC de Sanna F," https://www.nderf.org/Experiences/1sanna_f_sde.html.
15. "EMC de Sanna F," https://www.nderf.org/Experiences/1sanna_f_sde.html.
16. Sanna Festa, email para Paul Perry, 5 de janeiro de 2023.
17. Sanna Festa, email para Perry.
18. Sanna Festa, email para Perry.
19. Penny Sartori, Paul Badham e Peter Fenwick, "A Prospectively Studied Near-Death Experience with Corroborated Out-of-Body Perceptions and Unexplained Healing," *Journal of Near-Death Science* 25, n. 2 (2006): 73, https://digital.library.unt.edu/ark:/67531/metadc799351/m2/1/high_res_d/vol25-no2-69.pdf.
20. Sartori, Badham e Fenwick, "A Prospectively Studied," 73.
21. Sartori, Badham e Fenwick, "A Prospectively Studied," 73.
22. Sartori, Badham e Fenwick, "A Prospectively Studied," 69-82.
23. Penny Sartori, "(a ex-enfermeira dra. Penny Sartori estuda experiências incríveis de pessoas que voltaram dos mortos), entrevistada por Brian McIver, *The Daily*

Record, 25 de janeiro de 2011, https://www.dailyrecord.co.uk/news/real-life/ex-nurse-dr-penny-sartori-studies-1093165.

24. Entrevista de Paul Perry com uma pessoa que passou por uma EMC, 21 de janeiro de 2023.
25. Tony Cicoria, médico (cirurgião ortopédico), citação de debates e correspondências com Raymond Moody e Paul Perry, por volta de 2018; Tony Cicoria e Jordan Cicoria, "Getting Comfortable with Near-Death Experiences—My Near-Death Experience: a Telephone Call from God," *Journal of the Missouri State Medical Association* 111, n. 4 (2014): 304, https://www.ncbi.nlm.nih.gov/pmc/articles/PMC6179462/.
26. Cicoria, "My Near-Death Experience," 304.
27. Cicoria, "My Near-Death Experience," 305.
28. Cicoria, "My Near-Death Experience," 305.
29. Cicoria, debates e correspondências com Moody e Perry.
30. Cicoria, "My Near-Death Experience," 305.
31. Cicoria, "My Near-Death Experience," 305.
32. Tony Cicoria, médico, "The Electrifying Story of The Accidental Pianist & Composer," *Missouri Medicine* 111, n. 4 (jul.-ago. 2014): 308, https://www.ncbi.nlm.nih.gov/pmc/articles/PMC6179476/.
33. Cicoria, "The Electrifying Story of The Accidental Pianist," 308.
34. "Cirurgião de Nova York sobrevive após ser atingido por um raio e descobre uma nova habilidade musical surpreendente", *Orthopedics Today*, 1º de agosto de 2009.
35. Cicoria, "The Electrifying Story of The Accidental Pianist," 308.
36. "Cirurgião de Nova York sobrevive após ser atingido por um raio", *Orthopedics Today*.
37. Oliver Sacks, *Musicophilia* (New York, NY: Alfred A. Knopf, 2008), 7.
38. Cicoria, "My Near-Death Experience," 307.
39. Cicoria, "My Near-Death Experience," 307.

Capítulo 7: Motivo 6: Luz, névoa e música

1. Uma versão dessa história foi publicada no livro do médico Raymond Moody com Paul Perry, *Glimpses of Eternity: Sharing a Loved One's Passage from This Life to the Next* (New York: Guideposts, 2010), 5-8.
2. Carl Gustav Jung, *Memories, Dreams, Reflections* (New York: Vintage Books, 1989), 289.
3. Entrevista de Raymond Moody com uma pessoa que passou por uma EMC (enfermeira de uma casa de repouso), por volta de 2010.

4. Hans Martensen-Larsen, *Ein Schimmer Durch den Vorhang* (Berlin: Furche Verlag, 1930), 26, traduzido por Michael Nahm (publicado em seu livro alemão *Wenn die Dunkelheit ein Ende findet-Terminale Geistesklarheit und andere Phänomene in Todesnähe* (Amerang: Crotona Verlag, 2020) e compartilhado com Paul Perry via correspondência, por volta de 2020.
5. Uma versão dessa história foi publicada no livro do médico Raymond Moody com Paul Perry, *Glimpses of Eternity: Sharing a Loved One's Passage from This Life to the Next* (New York: Guideposts, 2010), 85.
6. Entrevista de Raymond Moody com uma pessoa que passou por uma EMC, por volta de 2009.
7. Melvin Morse e Paul Perry, *Transformed by the Light: The Powerful Effect of Near-Death Experiences on People's Lives* (New York: Villard Books, 1992), 58.
8. Morse e Perry, *Transformed by the Light*, 58.
9. Entrevista de Paul Perry com uma pessoa que passou por uma EMC, 2019.
10. Catherine Johnston e Rebecca Nappi, "EndNotes: A Nurse's Tale: The Spirit Leaves the Body," *Spokesman-Review*, 12 de julho de 2012, https://www.spokesman.com/blogs/endnotes/2012/jul/12/nurses-tale-spirit-leaves-body/.
11. Peter Fenwick e Elizabeth Fenwick, *The Art of Dying* (New York: Bloomsbury Academic, 2008), 160–61.
12. Robert Crookall, *Out of the Body Experiences* (New York: Citadel Press Books, 1992), 153, https://archive.org/details/robertcrookalloutofthebodyexperiences/page/n5/mode/2up.
13. Entrevista de Raymond Moody com uma pessoa que passou por uma EMC, por volta de 1999.
14. Entrevista de Raymond Moody com uma pessoa que passou por uma EMC, por volta de 2010.
15. Doutor Otto Meinardus (teólogo), em um debate com Paul Perry, 2005.
16. John W. Edmonds, *Spiritualism*, ed. George T. Dexter (New York: Cambridge University Press, 2011), 166.
17. Jeff Olsen e Jeff O'Driscoll, "Their Shared Near-Death Experience Formed an Unbreakable Bond," *Guideposts*, acessado em 8 de fevereiro de 2023, https://guideposts.org/angels-and-miracles/life-after-death/their-shared-near-death-experience-formed-an-unbreakable-bond/; e em uma entrevista com Perry em 1999.
18. Olsen e O'Driscoll, *Guideposts*.

19. Olsen e O'Driscoll, *Guideposts*.
20. Entrevista de Moody e Perry com duas pessoas que passaram por uma EMC (Jeff Olsen e Jeff O'Driscoll), 2010-atual; "The Near-Death Experience of Jeff Olsen," YouTube, entrevista com Anthony Chene, Anthony Chene Production, 46:55, https://www.youtube.com/watch?v=1FD5lReqe64; Jeff O'Driscoll, https://www.jeffodriscoll.com.
21. Entrevista de Raymond Moody com um psicólogo.
22. Entrevista de Paul Perry com uma pessoa que passou por uma EMC, por volta de 2015.
23. George Ritchie (psiquiatra americano e autor de *Ordered to Return: My Life After Dying*), em debates com Raymond Moody ao longo de quase trinta anos de amizade.
24. Entrevista de Moody com uma pessoa que passou por uma EMC, por volta de 2015.
25. Barrett, *Death-Bed Visions*, 97, originalmente em Gurney, Myers e Podmore, *Phantasms of the Living*, vol. 2, 639.
26. Gurney, Myers, Podmore, *Phantasms of the Living*, 98, originalmente em Edmund Gurney, Frederic Myers e Frank Podmore, *Phantasms of the Living*, vol. 2 (London: Rooms of the Society for Psychical Research, 1886), 639.
27. Gurney, Myers, Podmore, *Phantasms of the Living*, 98, originalmente em Gurney, Myers e Podmore, *Phantasms of the Living*, vol. 2, 641.
28. Uma versão dessa história foi publicada no livro do médico Raymond Moody com Paul Perry, *Glimpses of Eternity: Sharing a Loved One's Passage from This Life to the Next* (New York: Guideposts, 2010), 145.
29. Gurney, Myers e Podmore, *Phantasms of the Living*, vol. 2, 223.
30. Gurney, Myers e Podmore, *Phantasms of the Living*, vol. 2, 203.
31. Gurney, Myers e Podmore, *Phantasms of the Living*, vol. 2, 202-3.
32. Gurney, Myers e Podmore, *Phantasms of the Living*, vol. 2, 203.
33. Entrevista de Moody com uma pessoa que passou por uma EMC, por volta de 2009.
34. Peter Fenwick, Hilary Lovelace e Sue Brayne, "Comfort for the Dying: Five Year Retrospective and One Year Prospective Studies of End of Life Experiences," *Archives of Gerontology and Geriatrics* 51, n. 2 (setembro-outubro 2010): 4 https://www.academia.edu/22946305/Comfort_for_the_dying_five_year_retrospective_and_one_year_prospective_studies_of_ end_of_life_experiences.
35. Fenwick "Comfort for the Dying," 4.

Capítulo 8: Motivo 7: O psicomanteum

1. Raymond A. Moody Jr., doutor e médico, "Family Reunions: Visionary Encounters with the Departed in a Modern-Day Psychomanteum," *Journal of Near-Death Studies* 11, n. 2 (dezembro de 1992): 83–121, https://digital.library.unt.edu/ark:/67531/metadc799174/m2/1/high_res_d/vol11-no2-83.pdf.
2. Arthur Hastings, PhD, "Effects on Bereavement Using a Restricted Sensory Environment Psychomanteum," *The Journal of Transpersonal Psychology* 44, n. 1 (2012): 4, https://atpweb.org/jtparchive/trps-44-12-01-000.pdf.
3. Hastings, "Effects on Bereavement," 7.
4. Hastings, "Effects on Bereavement," 11.
5. Hastings, "Effects on Bereavement," 7.
6. Entrevista de Raymond Moody com um paciente do psicomanteum, 1990.
7. Sotiris Dakaris (arqueólogo clássico grego), em um debate com Raymond Moody, 1989–1991.
8. Homero, *The Odyssey*, traduzido por W. H. D. Rouse (New York: Penguin Publishing Group, 2015), 11.38–40.
9. *The Odyssey*, 11.43.
10. *The Odyssey,* 11.204–206.
11. Erlendur Haraldsson, "Survey of Claimed Encounters with the Dead," *OMEGA - Journal of Death and Dying* 19, n. 2 (outubro de 1989): 105, https://doi.org/10.2190/nuyd-ax5d-lp2c-nux5.
12. Salvador Dalí, 50 *Secrets of Magical Craftsmanship* (New York: Dover Publications, 1992), 33–38.
13. Bret Stetka, "Spark Creativity with Thomas Edison's Napping Technique," *Scientific American*, 9 de dezembro de 2021, https://www.scientificamerican.com/article/thomas-edisons-naps-inspire-a-way-to-spark-your-own-creativity/.
14. Entrevista de Moody com um paciente do psicomanteum, por volta de 1990.
15. Entrevista de Moody com um paciente do psicomanteum, por volta de 1991.
16. Entrevista de Moody com um paciente do psicomanteum, por volta de 1990.
17. Entrevista de Moody com um paciente do psicomanteum, por volta de 1994.
18. Entrevista de Moody com um paciente do psicomanteum, por volta de 1992.
19. Moody, "Family Reunions," 110.
20. Moody, "Family Reunions," 110.
21. Uma versão dessa história foi publicada no livro de Moody, "Family Reunions", 111–113.

22. Raymond Moody e Paul Perry, *Reunions* (New York: Random House Publishing, 1994), 96.
23. Entrevista de Raymond Moody e Paul Perry com um paciente do psicomanteum, por volta de 1991; Moody, Perry, *Reunions*, 96-97; uma versão dessa história foi publicada no livro de Moody, "Family Reunions" 110-112.
24. Entrevista de Raymond Moody com um paciente do psicomanteum, por volta de 1991.
25. Entrevista de Raymond Moody com um paciente do psicomanteum, por volta de 1990.
26. Raymond Moody, "Family Reunions," 111.
27. *The Oprah Winfrey Show*, 8ª temporada, episódio 208, "Communicating with the Dead," veiculado em 8 de outubro de 1993, sindicado.
28. Joan Rivers (comediante, atriz e produtora), em um debate com Raymond Moody, 1992.
29. Moody, Perry, *Reunions*, 90.
30. Moody, Perry, *Reunions*, 90.
31. Moody, Perry, *Reunions*, 95.
32. Moody, Perry, *Reunions*, 96.
33. Moody, Perry, *Reunions*, 97.
34. Moody, Perry, *Reunions*, 98.
35. Entrevista de Moody com um paciente do psicomanteum, 2011; Paul Perry (dir.), *The Light Beyond: A Talkumentary with Raymond Moody, MD, on Life, Death and the Pursuit of the Afterlife*, estrelando Raymond Moody, Beyond Words Publishing, 6 de dezembro de 2016, DVD e VOD, 1 hora e 20 minutos, história contada em 1:08-1:10.
36. Black Swan, "About," Instituto Hasso Plattner, acessado em 29 de dezembro de 2022, http://blackswanevents.org/?page_id=26.
37. Nassim Nicholas Taleb, *Fooled by Randomness: The Hidden Role of Chance in Life and in the Markets*, 2nd ed. (New York: Random House, 2005), 117.

Conclusão

1. Platão, "Phaedon" em *The Collected Dialogues of Plato*, eds. Edith Hamilton e Huntington Cairns (Princeton, NJ: Princeton University Press, 1961), 95.
2. David Hume, *Dialogues and Natural History of Religion* (New York: Oxford University Press, 2009).

3. A. J. Ayer, "What I Saw When I was Dead," *The Sunday Telegraph*, 28 de agosto de 1988, reimpresso em dr. Peter Sjöstedt-Hughes, "Philosopher of Mind and Metaphysics," acessado em 22 de dezembro de 2022, http://www.philosopher.eu/others-writings/a-j-ayer-what-i-saw-when-i-was-dead/.

Questões para discussão

1. Felix Salten, *Bambi* (Los Angeles: RKO Radio Pictures, 1942), manuscrito do filme em Scritps.com, acessado em 23 de março de 2023, https://www.scripts.com/script/bambi_3526#google_vignette.
2. W. K. C. Guthrie, *A History of Greek Philosophy: Volume One: The Earlier Presocratic and the Pythagoreans, Revised Edition* (Cambridge, UK: Cambridge University Press, 1979).
3. Pim van Lommel, médico, *The Science of the Near-Death Experience* (Columbia: University of Missouri Press, 2017), 45–47.

Sobre os autores

Doutor Raymond A. Moody Jr.
É a maior autoridade em "experiência de quase-morte", uma expressão que ele cunhou e uma experiência que ele definiu no final da década de 1970. Sua obra seminal, *A vida depois da vida,* mudou completamente o modo como vemos a morte – e o morrer – e já vendeu mais de 13 milhões de cópias ao redor do mundo. O *The New York Times* chamou o dr. Moody de "pai da experiência de quase-morte".

Por meio de suas palestras e eventos, já há mais de cinco décadas que o dr. Moody vem educando plateias mundo afora. O Life after Life Institute [Instituto de Vida Após a Vida], além de oferecer cursos on-line e consultas personalizadas, é um local onde pesquisadores e pensadores renomados podem compartilhar suas pesquisas sobre fenômenos de quase-morte. O dr. Moody também oferece acompanhamento filosófico e consultoria sobre a morte, treinando funcionários de casas de repouso, clérigos, psicólogos, enfermeiros, médicos e outros profissionais da área da saúde em questões relacionadas a como superar o luto e a morte.

Dr. Moody é formado em medicina pela Faculdade da Geórgia e concluiu seu doutorado em filosofia pela Universidade da Virgínia, onde também cursou mestrado e bacharelado. Já recebeu muitos prêmios, incluindo o World Humanitarian Award [Prêmio Humanitário Mundial] e uma medalha de bronze na categoria Relações Humanas no Festival de filmes de Nova York pela versão cinematográfica de *A vida depois da vida*. Dr. Moody é chamado com frequência para participar dos mais diversos programas. Já foi convidado três vezes para o *The Oprah Winfrey Show*, bem como para outras centenas de programas, tanto locais como nacionais, como *Today*, *ABC's Turning Point* e *MSNBC: Grief Recovery*.

Paul Perry

Paul Perry é coautor de cinco best-sellers do *New York Times*, incluindo *The Light Beyond*, com Raymond Moody, *Saved by the Light* [Salvo pela luz], com Dannion Brinkley, e *Evidence of the Afterlife* [Evidência de uma vida após a morte], com o médico Jeffrey Long. Perry foi coautor de dezenas de livros sobre experiências de quase-morte, seis deles com o dr. Moody. Seus livros já foram publicados em mais de trinta idiomas em todo o mundo.

Paul também é documentarista e seu trabalho já foi veiculado no mundo todo. Seu filme mais conhecido, *Jesus: the Lost Years* [Jesus: os anos perdidos], é um documentário baseado no livro de sua autoria *Jesus in Egypt* [Jesus no Egito] e já foi veiculado mais de vinte vezes nos Estados Unidos. O filme mais recente que produziu, *The Secrets and Mysteries of Christopher Columbus* [Os segredos e mistérios de Cristóvão Colombo], foi visto quase 4 milhões de vezes no canal britânico de streaming de história Timeline of History. Por seu filme e livro sobre o artista Salvador Dalí, Paul foi condecorado com o título de cavaleiro em Portugal e é o cineasta oficial da família real portuguesa.

Paul é formado pela Universidade Estadual do Arizona e pela Universidade Antioch, em Los Angeles. Também foi bolsista do prestigiado Gannett Center for Media Studies [Centro Gannett para Estudos Midiáticos], na Universidade da Columbia, em Nova York, onde estudou saúde pública. Ele foi professor de redação de revistas na Universidade do Oregon, em Eugene, Oregon, e foi editor-executivo da revista *American Health*, vencedora do National Magazine Awards for General Excellence [Prêmio Nacional de Excelência Geral de Revistas]. Desde que se tornou escritor em tempo integral, Paul escreveu e coescreveu mais de vinte livros dos mais variados assuntos, incluindo biografia, saúde, ciência médica e história.